邱学华 著

QIU XUEHUA LUN
CHANGSHI JIAOYU

大夏书系·邱学华教育文集（卷一）

邱学华论尝试教育

华东师范大学出版社
ECNUP
全国百佳图书出版单位

图书在版编目（CIP）数据

邱学华论尝试教育 / 邱学华著 . —上海：华东师范大学出版社，2016.6
ISBN 978 - 7 - 5675 - 5367 - 5

Ⅰ.①邱 ...　Ⅱ.①邱 ...　Ⅲ.①教学研究—文集　Ⅳ.① G420-53

中国版本图书馆 CIP 数据核字（2016）第 141741 号

大夏书系·邱学华教育文集（卷一）

邱学华论尝试教育

著　　者	邱学华
策划编辑	李永梅　林茶居
审读编辑	齐凤楠
封面设计	奇文云海·设计顾问
出版发行	华东师范大学出版社
社　　址	上海市中山北路 3663 号　邮编　200062
网　　址	www.ecnupress.com.cn
电　　话	021 - 60821666　行政传真　021 - 62572105
客服电话	021 - 62865537
邮购电话	021 - 62869887
地　　址	上海市中山北路 3663 号华东师范大学校内先锋路口
网　　店	http://hdsdcbs.tmall.com
印 刷 者	北京密兴印刷有限公司
开　　本	700×1000　16 开
插　　页	1
印　　张	18
字　　数	218 千字
版　　次	2018 年 3 月第一版
印　　次	2019 年 5 月第二次
印　　数	3 101-6 100
书　　号	ISBN 978 - 7 - 5675 - 5367 - 5/G·9599
定　　价	45.00 元
出 版 人	王　焰

丛书总序

以前曾有出版社和朋友建议我出版文集，我都婉言谢绝了，觉得自己条件尚未成熟，积累还不够丰富。

现在我已81岁了，自称"80后"，从教65年。编著和主编了近300本书，在国内外教育杂志上发表了700多篇文章。看到一些老朋友相继离去，大学同班同学中，已经走了一半，感触良多。人总是要走的，这是自然规律。这触发我决定趁现在自己身体尚好，脑子还清晰，应该着手做这件事了。

我已经出版了很多书，不想按时间顺序重复出版。觉得应该提炼精华的内容，重新组合再创作，奉献给读者。因此，决定按专题归类，分为论数学教育、论尝试教育、数学课堂教学、教育实验研究、教育随笔五个方面。

这套文集，凝聚我一生的心血，把已经出版的近300本书和700多篇文章浓缩在这五本书里。每一本一个专题，可以单独成书。每一本中都有过去发表过的内容，也有新的内容。这样编排，可以从整体上认识我对这一问题的观点及其发展的轨迹，也方便读者根据需要选择，可以选择一套，也可单独选一本。

这套文集有幸由华东师范大学出版社出版。1956年我考入华东师范大学教育系，毕业后留校任教，直至"文革"期间我离开母校，前后读书和工作了15年。今天我有一点成绩，离不开母校的培养。这次母校出版社又为我出版文集，更使我感激不尽。特别要感谢华东师范大学出版社大夏书系李永梅社长的策划和帮助。

当然这套文集的出版，不是我事业的终结，目前我身体很好，争取再干20年，对此我有充分的信心。在有生之年，将继续努力，为祖国的教育事业尽心尽力。以前，我在《人民教育》上写过一篇文章——《笑谈尝试人生》，用这篇文章的最后一段话（有修改）作为结束语，以表达我内心的体悟：

作为一个教师，我当过小学教师、大学教师、中学教师、师范学校教师，我是幸运的。

作为一个共产党员，为国富民强尽心尽力，问心无愧，我是忠诚的。

作为一个教育理论工作者，在大家的帮助下，我构建了具有中国特色的尝试教育理论，我是成功的。

作为一个教育实践工作者，我能走遍祖国的山山水水，为教师传播先进的教育思想，为各民族的孩子上课，我是快乐的。

作为一个父亲，我有美满的家庭，和妻子风雨同舟，相濡以沫度过50多年，两个孩子都有出息，我是幸福的。

作为一个人，我身体健康，身上各个"零件"还没有多大毛病，看来再活20年没问题，哈哈，活到100岁。

回首往事，风风雨雨八十年，在成长的道路上不断尝试，不断成功。我无怨无悔，心满意足，每天都有好心情。这条尝试人生的道路我会继续走下去！

前　言

我把《邱学华论尝试教育》放在文集第一卷是有原因的。

尝试教育研究是我一生中最重要的研究，它耗时最长，规模最大，影响最深，参与人数最多，受益面最广。

为了它，我奋斗了整整六十年时间；为了它，我放弃大学老师安逸的生活，自愿到小学搞实验；为了它，我在"文革"中遭围攻受批判挑刺；为了它，我不顾环境恶劣在农村中学搞实验；为了它，我不怕权威压制打击坚持实验；为了它，我辞去师范学校校长职务；为了它，我放弃休息时间著书立说；为了它，我不辞辛苦跑遍祖国大江南北……

功夫不负有心人，我的"教育梦"终于实现了。尝试教学法已在全国推广应用，已有上百万老师应用，使3000多万学生受益，我再苦再累也值了。特别是尝试教学研究成果荣获2014年"基础教育国家级教学成果一等奖"，我在北京人民大会堂受到习近平主席等国家领导人的接见，内心充满感激。我生在伟大的祖国，伟大的时代，才能做成一件大事，实现我的"教育梦"。

许多朋友问我，为什么能做成这件大事，我在本书最后一篇文章《"尝试教育遍中国"的深层思考》中已作了全面分析，这里我主要说两点：一要集中精力，二要执著坚持。

一个人要做的事太多，必须集中精力，认真做好一件事。人的精力和时间是有限的，什么都想抓，什么都想要，最后肯定做不好。美国微软创始人比尔·盖茨说得好："如果你想同时坐两把椅子，就会掉到两把椅子之间的地上，我之所以成功，因为我一生只选定了一把椅子。"

　　教育周期长，小学一轮六年，中学一轮又六年，探索教育规律用一轮的时间去验证还不行，因而搞教育实验研究必须用几十年的时间。我坚持了60多年，深深地感悟到一件事看准了，就要坚持做到底。只要路是对的，就不怕路远。人的一生发生的事情太多，有困难，有打击，有诱惑，在有生之年，要把握住自己真正的志向，专一地做下去。不是看到希望才去坚持，而是坚持了才看到希望。要摆脱名利、地位的诱惑，不为一时的挫折而改道，这样才能实现一个人事业的辉煌。

　　我撰写的尝试教育方面的文章已经有不少，曾编写了50多本书、撰写了200多篇文章，这本《邱学华论尝试教育》只能有20多万字，不能全部放进来。我选择最重要的有代表性的文章，分成上、下两篇。上篇主要选入尝试教育研究过程中各个阶段的研究报告和论文，下篇主要选入关于尝试教育研究的拓展和深化方面的文章。这样可以使读者了解尝试教育研究发展的轨迹和全貌。研究和评论尝试教育的文章已有十多万篇，为了节省篇幅，我选择主要的文章，采用摘要的形式，作为"附录"附在后面。

　　这本《邱学华论尝试教育》，是一本学习和研究尝试教育最全面的书，从1982年11月发表的第一篇《尝试教学法的实践和理论》，直到最近（2016年4月）写的一篇文章《"尝试教育遍中国"的深层思考》，时间跨度是34年。有些早期的文章已很难找到，这次编入文集，使读者能够深入了解作者的心路历程。为了使读者了解每篇文章的背景和影响，文章前面大都写了简介。

　　为了不落俗套，客气话就不说了。

　　谢谢大家读我这本书。

2016年5月1日于常州香树湾

目录

上 篇

下　篇

附　录

上篇

　　本篇基本上按照时间顺序，刊载各个阶段的研究报告和重要论文。从尝试教学法→尝试教学原则→尝试教学理论→尝试创新理论→尝试学习理论→尝试教育理论，读者可以清楚地看出尝试教育研究发展的轨迹。

　　《我的教育梦》一文是 2016 年写的，此文记录了半个多世纪来我追寻理想的教学法的心路历程，使读者对尝试教学法的产生和发展有一个大致的了解，然后以此为线索再看后面的文章，就知道来龙去脉了。

我的教育梦

——追寻理想的教学法

《我的教育梦》一文，介绍了尝试教学法从萌发先练后讲的思想，到长期准备，再从尝试教学法的实验到尝试教学理论的建立，直至构建尝试教育理论的发展轨迹。

从我 16 岁开始当农村小学代课教师算起，到现在已从教 60 多年了。回首往事，历历在目。我一生中做的最重要的一件事是进行了尝试教学研究，前后整整搞了 50 年，可以这样说，我一生都在追寻一种理想的教学法，实现我的教育梦。

现在我可以自豪地说，我的教育梦已经实现了，尝试教学法已在全国流行。在实践层面上，尝试教学法的使用范围已遍及全国 31 个省、市、自治区以及港澳台地区，使用教师约 80 万，受教学生达 3000 多万，"请不要告诉我，让我先试一试"已成为广大教师中的流行语。在理论层面上，它已建构起比较完整的理论框架；在国际层面上，它已走出国门，逐步走向世界。尝试教学法的研究成果已荣获 2014 年"基础教育国家级教学成果一等奖"，因此我在北京人民大会堂受到习近平主席等党和国家领导人的接见，备受鼓舞。我一生大都行进在尝试的路上，同"尝试"有着不解之缘。因尝试而思考，因尝试而智慧，因尝试而走向成功。（柳斌语）

1. 追梦缘起

在农村小学度过的难忘的五年，对我一生产生了重大的影响，使我深深爱上了小学教育。当时工作热情很高，可是对许多问题想不明白，也解决不了。为什么教师辛辛苦苦而教学质量不高？为什么千叮万嘱，学生还会算错？为什么后进生问题始终解决不了……我要寻找一种理想的教学方法，它能使教师教得轻松，能使学生学得愉快，教学质量又很高。深感自己文化水平和理论水平太低，为了研究小学教育，我决定去大学深造。

我报考大学的目标很明确——为了研究小学教育，为了寻找理想的教学方法，而师范大学里唯有教育系是研究小学教育的。当时报考大学可以填三个志愿，这三个志愿我都填上了"教育系"。结果，我被向往已久的华东师范大学教育系录取了。考进华东师大教育系深造是我一生的转折点，使我走上了教育理论研究的道路。

一个农村小学教师能够进大学深造，我深知学习机会来之不易，如饥如渴地拼命学习。每天早早起来读俄语，中午从不午睡，总是一吃完午饭就到教室去啃书，晚上则泡在图书馆里；星期天常常从早到晚躲进图书馆静悄悄地看书，中午有时啃个馒头充饥。图书馆管理员被我感动了，让我享受教师的优惠：每次可借 10 本书带回宿舍去。这段时间，我几乎读遍了图书馆里小学教育方面的所有藏书，读了许多世界教育名著。

从中外教育史和教育家名著中，我发现古今中外教育家的思想虽各有特点，但都有一个共同点："相信学生，尊重学习，要让学生自己学习"。这个思想成为我今后从事尝试教学研究的主导思想，也是我追寻一种理想的教学方法的出发点。特别是十七世纪捷克教育家夸美纽斯的《大教学论》对我影响很深。这本书的扉页上有一句话："寻找并找出一种教学的方法，使教员因此可以少教，但是学生可以多学。"这句话一直在我脑海中盘旋。几百年来，中外许多教育家都在寻找这种"少教多学"的理想教学方法，这也是我的教育梦，寻找出适合新时代所需要的理想教学法。

五年小学教师的教学实践，使我萌发了寻找理想教学方法的冲动，四年大学的读书思考，使我的教育梦逐渐形成、逐渐清晰起来。

2. 追梦的准备

有了梦想，不能停留在口头上，应该脚踏实地一步一个脚印地作好准备。追寻一个理想的教学方法谈何容易，我花了整整 20 年时间作准备——在华东师大工作的 10 年，"文革"中在农村中学又 10 年。

毕业后留校任教，专攻小学数学教学法，一个农村小学教师当上了大学教师，我激动的心情可想而知，决定为国为民，大干一番。为了深入教改，寻找理想的教学法，我主动请求到华东师大附小搞教改实验。由于大学上课时数不多，我干脆把铺盖搬到附小教师宿舍。一边在大学上课，一边在附小搞教改。

治病首先要找出病根，为什么"学生是课堂的主人""上课要以学生为主"已经提了几十年了，可是学生还是"主"不起来，毛病到底出在哪里呢？我在调查研究中发现，学生"主"不起来的病根出在"先讲后练"的传统教学模式上。教师讲，学生听，教师问，学生答，教师出题，学生做题，已经把学生定位在被动的位置上，学生怎能"主"起来呢！病根找到了，由此我萌发了一个大胆的想法，能否反其道而行之，把"先讲后练"改成"先练后讲"？上课先让学生做题，然后教师再讲，这是尝试教学法的雏形。初试后，发现效果很好，可是在那突出阶级斗争的年代，无法搞系统的教育实验，这种尝试后因"文革"而中断。

"文革"中，我因家庭出身不好等，被迫离开华东师大，调到江苏溧阳农村。那时我已厌倦"文革"的喧闹，还是决定到农村做点实际工作。

我到溧阳县教育局报到，局长问我："这里没有大学，你到哪里工作？"我说："我到中学。"到了妻子下放的茶亭公社，中学校长问我："这里不是大学，你教什么？"我说："我教数学。"其实，我心里明白，教中学数学我是不够格的，充其量我只有初中数学基础，而且多年不用，大部分都忘了。

我一边自学，一边教。先自学例题，看懂了再认真做练习题，而且每道题都做，亲自体会哪道题学生做时会有困难以及编者设计练习的意图。初中的还能对付，高中的遇到困难了——书上的题把我难住了。我又不好意思问别的教师，大学教师连数学课本上的题目都不会做，不成了笑话吗？这样就逼着自己思考、查阅参考书，直到弄明白为止。

后来我想，用这种方法自己都学会了，为什么不把这种自学的方法教给学生呢？一种新教法的模式，逐渐在我头脑中形成。我开始在自己班上实验，先让学生自学课本，看懂例题，然后尝试做题，在学生先做题的过程中，发现学生的困难在哪里，最后针对学生的困难再讲解。这不就是尝试教学模式的雏形吗？这种先练后讲的新教法受到学生欢迎，学生反映邱老师上课他们听得懂、学得会，都喜欢上我的数学课。结果，我这个"不合格"的中学数学教师所教班级的数学成绩居然在全县领先。

在华东师大 10 年，使我萌发从"先讲后练"到"先练后讲"的教学思想；在溧阳农村近 10 年，使我通过亲自实验，逐步形成"先练后讲，先学后教"尝试教学模式的雏形。这就为"文革"后全面开始尝试教学实验研究作好了准备，前后花了 20 年时间。

3. 梦想的起飞

"文革"后，我回到家乡江苏常州。在常州市教师进修学院培训小学数学骨干教师。"追寻理想的教学法"这个教育梦又在我脑海中浮现。1980 年，在改革开放大好形势的鼓舞下，我决定依靠培训班的学员开展"先练后讲"新教法的教学实验。

1980 年，刚刚改革开放，我有幸随江苏省普通教育考察团赴日本爱知县考察访问。

我心里久久不能平静，思绪万千。我是一名普通教师，全省教师有几十万，怎么会选上我？以前由于家庭出身不好，总觉得低人三分，做梦也没有想到自己能够出国考察。

我们是江苏省人民政府委派的代表团，日本方面接待规格较高。所到之处都由市长亲自接待，政府大楼门前高高飘起中国国旗，接待室、学校里都悬挂五星红旗，每一次看到这种场面，我都热血沸腾，激动万分。我代表的是中国，我身后有伟大的祖国，爱国之情油然而生。

我们在日本见到的是现代化的城市，学校有现代化设备，特别是有先进的教学方法。相比之下，我们太落后了。我越看越着急，一直问自己："我能为国家做些什么?！"这次出国访问对我触动很大，也是我人生道路上的一个转折点，扫除了我由于家庭出身不好的自卑感，找回了人的自信和尊严。很多人问我，为什么想到要搞尝试教学研究，为什么能执著坚持30多年，我想从这里可以找到答案，我决心为国为民寻找理想的教学方法。

我从日本访问回来后，加快了"先练后讲"新教法教学实验的步伐。我亲自到实验班上课，积累第一手资料。一年后，实验班学生的自学能力和学习成绩大幅度提高。在一次"三步应用题"的对比测试中，学生自学课本做尝试题的正确率，实验班达到88.2%，而普通班只有54%。期末考试成绩，实验班平均分有96.5分，而普通班只有80.6分。其他学校也取得同样的教学效果，实验取得了成功，证明："学生能在尝试中学习。"用尝试题引路让学生自学方式是一种比较理想的教学方法，原来的大胆设想，已成为现实。

当时对一个问题我琢磨了很久——为这一新法取什么名称。曾想用"五步教学法""探究教学法""先练后讲法"等，都不理想。早晨骑自行车上班是我思考的好机会，早晨空气新鲜，心情舒畅，许多好主意都是在这时想出来的。一天早晨，我在自行车上忽然想到取名为"尝试教学法"。"尝试"两字在中国通俗易懂，而且能够揭示这一新教法的本质，能够将之区别于其他教学法。学生先练是带有尝试性质的，可以做对，也允许做错，在这基础上教师再作针对性的讲解。我觉得用"尝试"比用"发现""探究"更切合中小学的实际情况。

我用三个多月的时间，反复修改后写成论文《尝试教学法的实践和理论》。文中阐明尝试教学法的实质：

尝试教学的实质是让学生在尝试中学习，在尝试中成功。它改变了传统的"先讲后练""先教后学"教学模式，不是先由教师讲解，把什么都讲清楚了，学生再做练习，而是先由教师提出问题，学生在旧知识的基础上，自学课本和互相讨论，依靠自己的努力，通过尝试练习去初步解决问题。最后教师根据学生尝试练习中的难点和教材的重点，有针对性地进行讲解。只要创设一定的教学条件，把学生的主体作用和教师的指导作用有机地结合起来，可使学生的尝试活动取得成功。概括成一句通俗的话："请不要告诉我，让我先试一试。"这句话用学生的口气来说，意为教师不要把现存的结论告诉学生，让他们先去试一试。

尝试教学法有基本操作模式，一般分为五步：第一步，出示尝试题；第二步，自学课本；第三步，尝试练习；第四步，学生讨论；第五步，教师讲解。需要指出的是，这里所提的尝试是有指导的尝试，有教师的指导、学生之间的合作交流，充分发挥教科书的作用。

这篇文章在《福建教育》（1982年11月）杂志上发表。意想不到的是，这篇文章发表后，在国内引起强烈反响，"学生能在尝试中学习"的新观点震动了大家。各地教育杂志相继转载，各地教师纷纷开展实验。各地实验都取得了成功，证明"学生能在尝试中学习"的观点是正确的、有效的，全国掀起了一股尝试热。

4. 梦想受挫和重生

正当我沉浸在实验初获成功的喜悦中时，意想不到的打击来了。1983年，在西安举行的一次全国性的小学数学教学研讨会上，一位小学数学界权威人士在大会上公开指责说："不要提这个法，那个法，小学生还能自学？"大家心里明白他指的是尝试教学法。在教育杂志社编辑的座谈会上，他更露骨地指着《福建教育》杂志社编辑陈笑晴说："你们《福建教育》不要乱发表文章，要跟中央保持一致。"

这位权威人士的话被当成"西安会议精神"传达到全国各地，一时间尝试教学法受批判的消息不胫而走，各地实验纷纷下马，有些教育杂志也不敢发表尝试教学实验的文章了。在江苏情况更糟，一位参加西安会议的江苏代表，在江苏各地传达"西安会议精神"，宣称"小学生不能搞自学，尝试教学法是错误的"。于是，江苏大部分学校的实验都下马了。在常州，原本反对尝试教学法实验的人找到了"理论依据"，讥笑说，"邱学华想创造新教法，异想天开"，"邱学华犯错误了……"。当时，我只是师范学校的一名普通教师，面对内外夹攻这么大的压力，没有胆怯，"文革"中的大风大浪都经历过了还怕这些？可是实验将会夭折，"学生能在尝试中学习"的教学理念将会落空，我焦急万分。当时，"文革"刚结束，极"左"思潮还存在，人们思想中还是一切要"唯上"，那位权威人士的"要跟中央保持一致"这顶大帽子谁戴都受不了。

这事如果发生在过去，尝试教学法可能会被一棍子打死。但是现在不同了，党的十一届三中全会以后，坚持实事求是的思想路线，重申"一切从实际出发""实践是检验真理的唯一标准"。在我最困难的时候，江苏省教育厅和常州市教育局给予了支持和帮助。他们排除干扰，支持我的实验研究。1984 年，我被任命为常州师范学校副校长（主持学校工作），同年底被授予"特级教师"称号，被选为常州市人大常委会委员，并实现了我多年的夙愿——加入了中国共产党。事实证明，教育行政部门支持尝试教学实验，我没有犯错误。

《福建教育》杂志顶住压力，继续报道尝试教学法实验研究成果，连续发表我写的《再谈尝试教学法》《三谈尝试教学法》等。广大教育工作者并没有理会这位权威人士的指责，他们相信实验的效果，尝试教学法以其观点鲜明、操作简便、效果显著而赢得大家的信服，实验范围不断扩大。

1985 年 4 月，由 24 个单位联合发起，在常州市举行全国协作区第一届尝试教学法研讨会，来自全国各地 400 多位代表参加。这是第一次举行全国性的尝试教学研究活动，受到教育媒体的关注，《中国教育报》《福建教育》《江苏教育》《湖南教育》等十几家教育报刊社都派记者到会采访报道。《中国教育报》以最快速度在头版刊登了张玉文记者采访的新闻稿，标题是《常州等地开展小学数学尝试教学法的实验——这种教学方法有利于培养学生自学能力，有利于调动学生积极性，减轻学生课后作业负担》。《中国教育报》是教育部的机关报，张玉文记者的这篇报道在全国引起很大反响。再加上教育理论界人士的参与和支持——纷纷亲自撰文从理论和实践上阐明学生在尝试中学习不但是必要的而且是可能的，尝试教学法终于顶住了"权威人士"的压力，走出困境，继续向前发展。

按理说尝试教学研究已大功告成了，但是广大教师迫切需要更具体的操作方法，光靠几篇文章是不能解决问题的，为此，我决定写一本专著：《尝试教学法》。当时工作十分繁忙，既要当校长，又要搞研究，还要到全国各地推广尝试教学法，我只能利用休息时间写作，前后将近用了一年时间完成了写作，由福建教育出版社出版。

1992 年，举行全国第六届尝试教学学术年会时，国家教委基础教育司专门发来贺电："尝试教学法在十年来的实验中，取得了很好效果，目前已被广泛应用于小学各学科的教学中，并且实验分布在全国许多省、市、自治区，促进了我国各地教法改革的广泛开展"。

5. 梦想重新起航

尝试教学实验研究发展迅猛，许多县、市都在大面积推广，需要我亲临各地去指导，同时尝试教学法还需在理论上进一步提高。而师范校长行政事务繁忙，我家住在常州城区最西边，学校在最东边，每天骑自行车上班往返要两个小时，时间矛盾越来越尖锐。或当校长，或辞去校长搞尝试教学实验研究。我思量再三，又作出一个大胆的出人意料的决定——辞去校长职务，集中精力深入搞尝试教学研究。许多朋友都劝我不要轻易辞去师范校长职务，"有官不当，有权不要，是傻子"，"尝试教学法已经大功告成，见好就收吧"。我认为个人当不当官是小事，两亿多中小学生需要新教法是大事。主意已定，我坚决向上级提出辞职请求，1988 年正式调离常州师范，又婉拒当所长的任命，到常州市教科所当一名普通研究人员。

从二十世纪九十年代开始，我有了新的思考："为什么尝试教学法在中小学各科都呈现积极的反应，是否反映了一种教育规律在起作用？"尝试教学法发轫于小学数学教学，尔后发展到语文、常识等学科；又从小学发展到中学、大学；最后从普教发展到幼教、特教、职教。大量的教学实践充分证明："学生能在尝试中学习"是带有普遍意义的，这凸显了一种教育规律。因此，我萌发出把尝试教学法升华到尝试教学理论的设想，提出"尝试教学理论研究与实践"的研究课题。

这项研究得到国家教委和中央教科所的支持，经全国教育科学规划领导小组审核批准，该课题被列入"八五"规划全国教育科学重点研究课题。尝试教学研究从此进入了一个新的阶段，一个雄心勃勃的研究计划形成了。

构建教学理论是一项复杂的系统工程，靠个人的力量是无法完成的，必须联合各方面的力量。经中国教育学会数学教育研究发展中心批准，成立了尝试教学理论研究会，把全国各地有志于尝试教学研究的同志凝聚起来，在各地建立实验基地学校。我以实验基地学校为依托，细化出 106 个子课题，我的研究重点也逐步转向理论层面。

经过五年的研究，我终于写成了"尝试教学理论研究与实践"研究主题报告，106 个子课题的研究成果也相继形成实验报告和研究论文，最后汇编成近 60 万字的论文集《尝试·成功·发展》，由湖北人民出版社出版。

1996 年 10 月，在湖北省十堰市举行全国协作区第八届尝试教学学术年会，同时举行对国家重点研究课题"尝试教学理论研究与实践"专家鉴定会，全国教育科学规划办金宝成主任主持并委派以四川省社会科学院查有梁研究员为首的专家组（另有朱永新、戴汝潜、姜乐仁、翟天山等人）进行鉴定。

专家组听了来自全国各地代表的发言，又听了运用尝试教学理论上的观摩课，然后再审读课题的研究报告。他们对研究成果给予高度评价，专家组鉴定意见中有三条主要结论：

一是尝试教学理论，主要是在中国古代优秀的教育思想基础上，升华出的现代教学理论。

二是尝试教学理论，从实践到理论已经历了 15 年的实践检验。尝试教学法普适性强，已成为基础教育的重要教学方法之一，值得推广。

三是这一课题的成果，为基础教育的学科科学改革作出了卓有成效的新尝试。

国家重点研究课题"尝试教学理论研究与实践"通过专家鉴定，标志着尝试教学法已升华到尝试教学理论。

在尝试教学理论中我提出了新的教育理念：

学生能在尝试中学习

学生能在尝试中成功

根据这个教育理念，在教学实践的基础上我逐步建立了尝试教学理论体系。这一教学理论的架构为：

以"先让学生试一试"为指导思想；

以"学生能尝试、尝试能成功、成功能创新"为理论核心；

以中华教育思想的精华为理论支撑；

以"先练后讲，先学后教"为操作模式；

以全国范围 3000 万学生为实验基础；

以长达 30 年的教学实验为实践检验。

我历来主张提倡一种教学法，并不意味着排斥另外一种教学法，它们之间不应该是对立的，而应该是相互融洽，综合应用的。实际上一堂课不可能只用一种教学方法，而是"一法为主，多法配合"。

尝试教学法有很大的兼容性，可以吸纳很多教育思想和教学方法，如目标教学、情境教学、合作教学、愉快教学、分层教学、结构教学、多媒体辅助教学等。因而各地学校可以产生各具特色的尝试教学模式，为课堂教学模式的创新留有巨大的空间，给教师选择留有较大的空间，达到既有模又无模的境界。

6. 教育梦的实现

"先让学生试一试"，不仅仅是一种教学方法，而且是一种教育理念、一种精神。它有强大的生命力，拓展的空间是巨大的，随着教学改革的深入，研究领域也不断拓展。

1998 年 10 月，我在湖南省张家界市举行的全国第九届尝试教学学术年会上作了"尝试教学是实施素质教育的有效途径"的主题报告，提出把推广尝试教学法同实施素质教育结合起来。

2000 年 10 月,在山东济南市举行的全国第十届尝试教学学术年会上,我作了"在尝试中创新"的主题报告,把尝试教学与创新教育结合来,完整地提出"学生能尝试、尝试能成功、成功能创新"的新观点。

2002 年 10 月,在广州市举行的全国第十一届尝试教学学术年会上,我作了"尝试教学与新课改"的主题报告,把尝试教学理论同实施新课改结合起来。

2008 年 9 月,在北京举行的全国第十四届尝试教学学术年会上,我作了"尝试教育思想的研究与实践"的主题报告,提出"大尝试"的构想,即尝试思想不仅能被运用到课堂教学中,而且可以被运用到学校管理、班主任工作、团队工作、课外活动、家庭教育中,构建尝试教育思想的理论体系。

2012 年 10 月,在四川省宜宾市举行的全国第十六届尝试教学学术年会上,我作了"尝试教育理论研究与发展"的主题报告,进一步提出用尝试教育思想指导课堂教学,跳出智育看课堂,注重学生的全面发展,重点研究把尝试教育思想应用到德育中。

目前,尝试教育理论的研究与实践还在进行中,正在筹划出版"尝试教育理论研究"丛书,准备再用八年时间完成。

我前面提到了十七世纪捷克教育家夸美纽斯在《大教学论》扉页提到的一句话:"寻找并找出一种教学的方法,使教员因此可以少教,但是学生可以多学。"我可以毫不夸张地说,我已经找到了这种"少教多学"的教学方法,就是尝试自学的方法,并建立了一套理论体系,有 3000 多万学生受用,经过 30 多年长时间的考验,我的教育梦实现了。现在我将从零开始,又有新的教育梦,继续追寻,为之奋斗。

7. 梦想走向世界

中国教育理论界一向崇洋,看不起自己的东西。翻开教学论著作,全是外国的教学理论:布鲁纳的发现教学理论、布卢姆的掌握学习理论、赞柯夫的发展教学理论等等,找不到中国原创的教学理论。纵观中国近代教育理论的发展，先是学日本，后来学美国，新中国成立以后又"全盘苏化"学苏联，改革开放以后又"全面开放"，外国各种各样的教育理论、教育思潮涌进中国。我读过许多版本的《中国教育史》和《外国教育史》，为我国古代光辉灿烂的教育史深感自豪，也为近代的教育理论照搬照抄外国而羞愧。

直到现在，有些人只相信外国人，开口布鲁纳，闭口赞柯夫，总看不起自己，不敢相信自己的东西。我国是有十几亿人口的社会主义大国，有几千年的文明史，还有两千多年的优良教育传统和经验，难道就不能在教育理论研究上走一条创新之路，建立具有中国特色的教学理论？我是憋着这股气而发奋工作的。

50 多年来，我着眼于解决中国教育实际问题，寻找理想的教学方法，通过教育实验，又通过长时间的推广应用得到验证，形成具有中国特色的尝试教学法，后又升华为尝试教学理论，现在又在构建尝试教育理论。

尝试教学法早已引起国外教育界的瞩目。日本新算数研究会副会长片桐重男教授，几次到中国考察尝试教学法，并亲自为《尝试教学法》写序言，指出："尝试教学法先让儿童进行思考讨论，然后给予指导，它不失为一种理想的方法。"日本北海道数学教育研究会林重一教授撰文指出："邱先生一直从事小学数学教学法的研究，所取得的优异研究成果为日本数学界知晓，并作用研究对象进行学习。"

1992 年 5 月 4 日《人民日报（海外版）》以《中国历经十年研究和实验，尝试教学法已获实绩》为题向海外作了报道，世界各地的华侨学校纷纷来信了解详细情况并获取资料。

德国巴州教育督导在上海市师资培训中心工作期间专程到江苏常州的尝试教学实验学校考察，并给予高度评价。回国后，他亲自推荐尝试教学法论文在德国教育杂志《教育世界》上发表，编辑部还专门写了编者按，向德国读者推荐了这篇文章。

2011 年，在深圳市南山区教育局的支持下，举办"首届尝试学习理论国际研讨会"。美国佛州大学教授、美国总统领导下的教育科学基金评审小组三人评审人员之一、国际著名智能测量专家瓦格纳先生、乌克兰基辅市苏霍姆林斯基实验学校校长瓦·哈依鲁莲娜、澳大利亚南澳州教育厅课程开发中心主任约翰·特纳等国际学者都对尝试教学法给予了肯定。

　　我的教育梦终于实现了，花了整整半个多世纪。实现中国梦，也包括一个又一个的教育梦。百年来，中国受世界列强欺凌、压迫的时代一去不复返了，中华民族伟大复兴的时代已经到了，我们在教育理论上要走一条尝试创新之路。

《现代教育》2016 年 3 月

尝试教学法的实践和理论

从 1980 年开始实验，经过两年多时间的实验研究，这是写出的第一篇论文，也是关于尝试教学研究的首篇论文，具有十分重要的意义。首次提出"学生能在尝试中学习"的观点，取名为"尝试教学法"。文中提出尝试教学法的操作程序和理论基础，在指出尝试教学法优越性的同时，又指出它的局限性。此文在《福建教育》（1982 年 11 月）发表后，受到小学数学教育界的关注，各地教师纷纷开始实验，各地教育杂志相继转载或发表介绍该文。

近几年来，我们根据儿童的认识过程和小学数学教学的特点，在教学实践过程中逐步形成一种新的教学法——尝试教学法。这种教学法在全国许多地区试用，取得了较好的教学效果，现在介绍出来，供大家研究。

1. 什么是尝试教学法

简单地说，不是教师先讲，而是让学生在旧知识的基础上先来尝试练习，在尝试的过程中指导学生自学课本，引导学生讨论，在学生尝试练习的基础上再进行讲解。具体可以分为五步教学程序，以下分别介绍操作方法。

第一步：出示尝试题

第一步是提出问题。数学知识大都是通过习题形式出现的。出示的尝试练习题要同课本中的例题相仿，同类型同结构，这样便于学生通过自己阅读课本去解决尝试题。例如：

课本例题：一个商店运进 4 箱热水瓶，每箱是 12 个，每个热水瓶卖 6 元，一共可以卖多少元？（人教社编《小学数学课本》第五册）

尝试题：文具店有 20 盒乒乓球，每盒有 6 个，每个乒乓球卖 2 角，一共可以卖多少元？

课本例题：$\frac{1}{2}+\frac{1}{3}$（人教社编《小学数学课本》第八册）

尝试题：$\frac{1}{4}+\frac{5}{6}$

新课开始，教师在宣布课题时，一定要明确提出，这堂课学的是什么内容，要求是什么，然后再出示尝试题。出示尝试题后，必须激发学生的兴趣，提出启发性的问题。如"教师还没有教，谁会做这道题目？""看谁能动脑筋，自己来解决这个问题？"让学生思考一番，可能有少数优秀生会做，大部分学生则摇头。这时就转入第二步。

第二步：自学课本

出示尝试题后，学生产生了好奇心，同时产生解决问题的愿望。这时引导学生阅读课本例题就成为学生自身的需要。"这道题你们还不会做吧，请翻开课本看看例题是怎样算的，再想想黑板上的题目应该怎样算。"

阅读课本前，教师可预先提一些思考性问题作指导。例如，异分母分数减法可提：

（1）分母不同怎么办？

（2）为什么要通分？有什么道理？

由于尝试题与课本例题相仿，学生经过一定的训练后是能够看懂的。学生可以通过看例题举一反三，学会尝试题的解答方法。

这种带着问题自学课本的方式，目标明确，要求具体，效果好。因为自学课本后，要立即解决黑板上的尝试题，自学课本的效果当时就能看到，这样就可调动学生的积极性。通过自学课本例题，大部分学生对解答尝试题有了办法，都跃跃欲试，时机已经成熟就转入第三步。

第三步：尝试练习

既然学生已经跃跃欲试，教师就顺水推舟让他们试一试。一般让不同学习程度的学生板演，其他同学同时在草稿本上练习。练习时，教师要巡回视察，及时了解学生尝试练习的情况。学生练习时，还可继续看看书上的例题。尝试练习结束后，就转入第四步。

第四步：学生讨论

尝试练习后，可能一部分学生做对了，一部分学生做错了。教师根据学生板演的情况，引导学生评讲讨论——谁做对了，谁做错了，板演的学生可以讲讲自己为什么这样算。对不同的看法也可以争论。在评讲讨论的过程中，学生已在尝试讲算理了。这有利于发展学生的数学语言表达能力以及分析推理能力。学生尝试算、尝试讲以后，迫切需要知道自己算得对吗，讲得对吗。这时听教师讲解已成为他们的迫切需要。火候已到，当即转入第五步。

第五步：教师讲解

学生会做题目，并不等于掌握了知识，还必须懂得算理，理解知识之间的内在联系。因此在学生尝试练习后，教师要进行系统讲解。

这里教师的讲解同过去的旧方法不同，不要都从头讲起，因为学生的起点不一样。学生已经经历了自学课本，并且亲自尝试做了练习题。教师可以针对学生感到困难的地方、教材关键的地方重点进行讲解。最后这一步，教师讲解，可以确保学生系统掌握知识。

以上五步，从教师提出问题，引导学生尝试解决问题，到最后教师画龙点睛讲解的过程，不是固定不变的，应该根据具体情况而灵活调整。

2. 尝试教学法的实践

尝试教学法是在教学实践中逐步形成的。实验时间已有三四年。最初，在常州市一些学校实验，先在我任教的小学数学教学法研究班实验，研究班学员大都是数学骨干教师，先后在几十个班级实验。近几年来，我先后在江苏、浙江、上海、北京、河南、云南、广东等省市的讲课中进行介绍，受到广大教师重视，他们纷纷进行实验。

经过几年的实验，尝试教学法已显示出如下优越性：

（1）有利于培养学生的自学能力和探索精神，促进智力发展。

尝试教学法摆脱了"教师只管教，学生只能听"的旧教学法的束缚。它是在教师指导下，学生先自学课本，再动手尝试练习，然后再听教师讲解。这种教学法，能有效地培养学生的自学能力，同时促进学生智力的发展。

常州市劳动中路小学徐廷春老师所教的四年级实验班，从1981年下半年试用尝试教学法，学生的自学能力逐步得到提高。在四年级讲"三步应用题"时，学生自学课本后做尝试题的正确率，实验班达 88.2%，而普通班只有 54%。江西省于都县的对比实验也证明，应用尝试教学法的实验班学生的自学态度和探索精神都大大超过普通班。调查情况如下：

自学态度调查表

班 级	人 数	代 称	在规定的自学课时间里学习数学的人数	占全班人数的百分比
四（2）	48	普通班	12	25%
四（3）	47	实验班	39	83%

探索精神调查表

班 级	人 数	代 称	自觉试做了某一个练习的人数	占全班人数的百分比
四（2）	48	普通班	3	6.3%
四（3）	47	实验班	35	74%

一个人有一定的自学能力而没有探索精神也不大会有所创造，尝试教学法把培养探索精神和自学能力结合起来了。教育的潜移默化的作用是强大

的，一定的教学方法对形成学生的思想方法和习惯会产生极大的影响。

（2）提高课堂教学效率。

旧教学法的主要特征是学生被动地听教师的讲授。教师讲授时不管学生懂不懂，都要从头讲起，按照一个固定的程式进行。例如讲解一道稍复杂的应用题，先从读题开始，再进行分析、画图、列式、演算，最后写答案，采用琐碎的一问一答的方式，前后要花费 25 分钟左右。这样，教师的讲解占去一堂课的大部分时间，留给学生练习和思考的时间就不多了。有的教师明知满堂灌不好，可是按这套程式一讲，好像决了口的江水，就收不回来了。这套旧办法致使课堂教学效率低。有些教师只得靠课外补课和让学生做大量作业来弥补。

应用尝试教学法必定会促使课堂教学结构改革。尝试教学法一开始就向学生提出问题，让学生自己先尝试一番，在这基础上教师再有针对性地进行讲解。这种方法开门见山，有的放矢，耗时少，效果好。山东省邹县实验小学在不同班级用同一教材作对比实验，结果如下：

山东省邹县实验小学的对比实验调查表

班 级	教学方法	教学内容	教师直接讲授	学生发言人数	讨论时间	巩固练习
四（4）	尝试教学法	列方程解应用题例6	16分钟	全班65人，有59人能说出算法算理	8分钟	5道题
四（5）	传统教学法	同上	30分钟	全班70人，只有个别优秀生发言	无时间讨论	2道题

笔者亲自在四年级实验班上课，教的是异分母分数加减法，仅用 15 分钟进行新课讲解，学生做尝试题已有 87.5% 的正确率。经过讲解，再重点帮助学困生，课堂作业当堂完成，正确率达 96%。

（3）减轻学生作业负担，提高教学质量。

运用尝试教学法后，教师讲解的时间减少，学生练习的时间增多，学生作业基本上能够在课堂上完成。劳动中路小学四年级实验班，课本上的题目还不够在课堂上做，因此可以做到不再布置家庭作业，课外一般是布置"每日一题"，让学生回家思考练习。

由于有充裕的时间让学生在课堂上完成作业，教师就有可能在课堂内巡回辅导，重点辅导后进生。后进生在课堂里做作业，有一个安静的环境，能够安心练习，认真思考，遇到困难可以向老师求教。所以，实验班学生的数学成绩都有不同程度的提高。特别是后进生提高的幅度较大。

（4）方法简单，易学易用。

尝试教学法简单明了，按五步进行，一环套一环，并不需要很高的教学技巧。这种教学法充分利用教科书，不需要另搞一套教材，也不需要复杂的教学设备，因此易学易用。在实验中，青年教师能很快地掌握这种教学法，并取得较好的教学效果。笔者在各地介绍尝试教学法，许多教师听了，立即能在教学中使用。

3. 尝试教学法的理论

为什么尝试教学法能够收到较好的教学效果？我以为有以下几个主要原因：

（1）符合学生学习过程的规律。

学生的学习过程是在教师不断地指导下以及学生不断地尝试过程中逐步完成的。一般可以用如下图解表示：

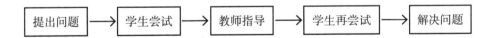

旧的数学教学法的最大的毛病，就是教师在课堂上满堂灌，忽视学生的尝试练习。

尝试教学法是根据学生的认识规律，把学生尝试的过程自觉地放在课堂内完成。这样做能够促使教师及时发现错误，及时在课堂上订正错误，随时消除学生知识上的漏洞，保证提高教学质量。

尝试教学法是在教师指导下进行，并且以教科书为依据，学生进行有目的有要求的尝试练习。它充分发挥了教师的指导作用和教科书辅助的作用。这同盲目的尝试是完全不同的。

（2）符合数学教材的特点。

数学教材有两个突出的特点。一个是系统性特别强。教材分步细，成阶梯式一步一步上升。譬如，例2是在例1的基础上提高一点，例3又在例2的基础上再提高一点。这个特点就使学生自学课本例题来解决尝试题成为可能。另一个特点，数学知识大都是通过习题形式出现的。解题实践是达到理解数学知识和形成技能的必要途径。解答数学习题任务比较明确，计算结果是唯一的，做对做错，学生容易辨别。因此，提出问题与解决问题都比较清楚明确。这个特点也为应用尝试教学法创造了条件。

因此，尝试教学法依据数学教材内在的联系，充分利用了数学教材本身的特点。

（3）符合儿童的心理特点。

儿童具有好奇心，所以教学中要以疑引思。尝试教学法首先出示尝试题，立即吸引住学生，让他们产生疑问："教师还没有教，自己会算吗?"然后有了"试一试"的迫切愿望。为了解决尝试题，学生又需要阅读课本例题。完成尝试题后，学生又产生"自己做得对不对"的疑问，又迫切需要听听教师的讲解。

因此，尝试教学法是从学生的内在需要出发，从一个阶段自然发展到另一个阶段。它是按照学生的心理特点安排教学上的逻辑顺序的。

这种教学上的逻辑顺序，比较符合后进生的需要。过去，先由教师直接讲解，后进生不容易抓住重点，"眉毛胡子一把抓"，糊里糊涂，到做练习时才发现困难，可是已接近下课，太迟了。现在，先做尝试练习，发现困难在哪里，自己又通过一番思考，再听教师讲解，就能及时解决困难。

4. 尝试教学法的局限性

任何一种教学法都不可能是十全十美的，都是在一定的条件下起作用的，离开了这些条件，教学效果就会受到一定的影响。有些教学法的创导者，宣布自己创导的教学法适用于任何年级、任何学科、任何教材以及任何情况，这是不切合实际的。

经过教学实践，我发现尝试教学法有如下几方面的局限性：

（1）应用尝试教学法，学生要有一定的自学能力。因此，在低年级应用尝试教学法有一定的困难。一般来说，在中、高年级应用效果较好，学生的自学能力是逐步培养起来的，教师要善于引导。

（2）前后有密切联系的教材，更适宜用尝试教学法。例如，有了百以内加减法知识基础，再学万以内的数和多位数加减法；有了解基本应用题的知识基础，再学解复合应用题；有了通分的知识，再学分数加减法。不过，前面的基础知识一定要学好，一步一个脚印，步步为营，才能更好地提高尝试教学法的教学效果。

（3）实践性较强的教学内容及初步引入数学概念的课，不大适于应用尝试教学法。例如，计量概念、几何初步概念，这些在教学中要强调学生动手操作；小数意义、分数意义等内容，由教师直接讲解效果较好。

每一种教学法都有它的特点，也有它的局限性，在实际教学中要扬长避短，灵活把各种教学法结合使用，组成一个教学法体系。尝试教学法在小学数学教学中试用时间还不算长，教学作用如何，还有待进一步研究。

《福建教育》1982 年 11 月

再谈尝试教学法

第一篇论文发表以后，我继续进行实验研究，并把实验推向全国各地。本文对各地教师在实验中提出的具体问题，从理论上加以分析，使尝试教学法在教学实践中不断提高，不断完善。文中明确提出，社会主义现代化建设必须培养学生"试一试"的精神。文章采用回答式的形式，直截了当，清楚明了。

拙文《尝试教学法的实践和理论》在《福建教育》发表以后，受到教育界的重视，许多教育杂志相继转载，各地教师纷纷试用。我也陆续收到许多读者来信，询问有关应用尝试教学法的一些具体问题。

这反映了广大教师改革旧教学法，探索新教学法的热情。一种新教学法的产生和成长，必须依靠广大教师的共同努力。在这里，谨向热心试用和支持尝试教学法的同志表示感谢。

下面就各地教师提出来的一些问题和大家共同研究。

1. 尝试教学法的主要精神是什么？

尝试教学法有利于培养学生的自学能力，发展他们的智力，提高教学质量，但更重要的还在于，它有利于培养学生的探索精神，这是尝试教学法区别于旧教学法的最大特点。

出示尝试题后，教师还没有教，引导学生先"试一试"，遇到困难再自学课本，然后让学生大胆去尝试练习，如果做错了，在教师的帮助下立即订正。这样从小培养学生"试一试"的精神，久而久之学生会逐步有一种敢于探索的精神。他们长大以后，对于不懂的事物、不会做的工作，都将有"让我试一试"的探索精神。这种敢于尝试的探索精神是极其可贵的。

单有一定的自学能力而没有探索精神，也不大会有所创造，有所前进，尝试教学法把培养学生的探索精神和自学能力结合起来了。

如果采用"教师讲，学生听"注入式的旧教学法，教师把知识嚼得很烂喂给学生，学生只能被动地接受教师灌输的知识。长此以往，学生就会养成"人云亦云""依样画葫芦""吃大锅饭""随大流"等思想方法和习惯。

事实证明，潜移默化的作用是强大的，一定的教学方法对形成学生的思想方法和习惯会产生极大的影响。因此，采用什么样的教学方法将会影响到社会的未来。那种认为教学方法是无关紧要的，只要分数高的想法是没有远见的。

根据马克思主义"存在决定意识"的理论，一定的社会制度必定会产生相应的教学方法，教学方法又要为社会制度服务，从而有利于社会向前发展。所以，一个人民教师必须从社会的需要出发，考虑教学方法的改革问题。

2.尝试教学法与发现教学法有什么联系和区别?

发现教学法是国外介绍来的一种先进的教学方法。一般做法是让学生利用教师或教材所提供的材料亲自去发现应得的结论。尝试教学法是在教师指导下，学生自学课本，通过尝试练习，自己去发现解题方法。从这个意义上来说，尝试教学法与发现教学法是一致的。

国外的发现教学法强调儿童的个人发现，忽视教师的主导作用和教科书的作用，认为不管多么高深的原理，只要教学方法得当，都能由儿童自己去发现。同时，由于没有详细介绍具体的教法，一般教师不易掌握此种教学法。

尝试教学法是根据教学的特点和儿童的心理特点设计的，它用尝试题引路，诱使学生自学课本，这样就能充分发挥教科书的作用；做完尝试练习题后，引导学生讨论，发挥学生之间的相互影响作用，要求学生用语言表达自己的想法，并将之作为形成概念的基础；最后教师讲解，保证使学生获得完整的系统的知识，这又充分发挥了教师的主导作用。尝试教学法的五个步骤，把教师的主导作用、学生的主动作用、学生之间的相互作用以及教科书的作用有机地结合起来，因此会收到较好的教学效果。尝试教学法把教学过程具体归纳为五个步骤，具体明确，简单易行，便于教师掌握。

3. 应用尝试教学法为什么会有较好的教学效果?

凡应用过尝试教学法的教师，大都会觉得这个方法很"灵"，学生的学习积极性提高了，课堂气氛活跃了，学生的自学能力发展了，教育质量也相应地得到提高。这主要是因为尝试教学法符合辩证唯物主义认识论的观点，符合学生掌握知识的客观规律，同时又符合学生的心理发展特点。这个问题在《尝试教学法的实践和理论》一文中已谈到过，下文再作一些补充分析。

由于儿童的认识过程的特殊性，练习是教学过程中学生实践的主要形式。解题实践是理解和掌握数学知识和形成技能技巧的必要途径。因此，尝试教学法的过程：提出问题→学生尝试练习→教师指导→学生再尝试→解决问题，反映了"认识→实验→再认识→再实践"的认识规律。

毛泽东同志在《矛盾论》中指出："外因是变化的条件，内因是变化的根据，外因通过内因而起作用。"教师的教是转化的条件，是外因；学生的学是转化的根据，是内因。教师的教要通过学生的学而起作用。如果学生不愿学，教师的教就将失去作用。因此，教学是一种积极的双边活动，必须在教师指导下充分发挥学生的主动性和积极性。学生的主动性越强，自觉性越高，就会学得越好。教学实践证明，尝试教学法能充分发挥学生的主动性和积极性。一开始要求学生进行尝试练习，就把学生推到主动的地位；尝试练习中遇到了困难，他们就会主动地去阅读课本和接受教师的讲解，这些就会变成他们自身的需要。学生依靠自己的力量解决了尝试题，就会使他们拥有一种成功的喜悦，能够激发他们学习的兴趣，促使他们更主动地、积极地去学习。

注入式教学方法使学生处于"你讲我听"的被动地位，而尝试教学法则把学生推到主动的地位。这就是尝试教学法之所以"灵"的主要原因。

4. 尝试教学法要求学生先练，教师再讲，会不会浪费时间？

有些教师担心，教师还没有讲解，学生就做尝试题，题目做错了还要订正，何必这样兜圈子、浪费时间呢？

刚开始应用尝试教学法时，有些班级由于学生自学能力较差，对新的教学方法还没有适应，可能要多花一点时间。这是应用一种新教学法难免要经历的一个阶段。有些教师习惯于"教师讲，学生听"的传统方法，总觉得教师应该把什么都讲清楚后再让学生练习才放心。

对于这个问题，让我们用一个生活中常见的例子来分析。比如，寻找一个陌生的地点，有三种方法：

第一种是不动脑筋，随便跟着别人走，当时虽然一切很顺利，又很省力，可是离开别人帮助，自己再去走，又不认识了。

第二种是自己摸索找路，当时虽然费时较多，也可能要走弯路，但走了一遍，不会忘记。

第三种是先学会看城市地图，然后按地图的位置和路线找到目的地。当然，起初要费时一点，但学会了按图找路的方法以后，不管什么地方都能迅速找到，而且去同一个地点，可以找到几条不同的路线。

尝试教学法好比是第三种方法。它不仅使学生学会一种解题方法，更重要的是使学生在学会解题方法的过程中培养自学能力，掌握数学思考方法，发展智力，具有举一反三、触类旁通的本领。一位教育家说得好：知识是可能被遗忘的，但能力却不会被丢弃，它将伴随你的终生。

作为一个清醒的教育工作者，不能只顾眼前省力，目光要放远一些。当时好像绕了弯路，实际上是避免后来走更多的弯路。

为什么尝试教学法用尝试题引路，从疑问开始？回答这个问题，我们可以从英国思想家培根的一句名言中得到启发："如果一个人从肯定开始，必以疑问告终；如果他准备从疑问着手，则会以肯定结束。"

5. 应用尝试教学法，后进生能适应吗？

最初实验尝试教学法时，我们也曾有过这样的顾虑。总以为教师还没有教，让学生先做尝试题，优秀生不会有什么问题，后进生就难适应了。教学实践的结果，打消了我们的顾虑。出乎我们的意料之外，后进生喜欢尝试教学法，他们的学习成绩提高的幅度较大。

在一次座谈会上，他们的发言很发人深省："以前，我们听老师讲课，摸不着头脑，糊里糊涂，到做练习时发现困难，已经下课了，我们不敢再问老师，现在先做尝试题，知道困难在哪里，再听老师讲就清楚了。""以前，老师要我们看课本，我们不知道从哪里看起，现在为了做尝试题，看课本特别认真。""先让我们试一试，做错了也不要紧，再听老师讲，这种办法好，我们学起来很有劲。"

有些教师以为后进生理解能力差，采取一味迁就的办法，把知识嚼得很烂喂给他们。越是这样，他们越是不肯动脑筋，越是对学习没有兴趣，越是无法提高学习成绩。

有一位心理学家做了一项实验，设计了两份练习题，一份是难题，另一份是简单题。要求学生任选一份进行练习。照我们推想，大概是优秀生选难题，后进生选简单题。实验结果同我们的预想不同，90% 以上的学生都选择难题，连后进生也是如此。这个实验证明，后进生也有自尊心、好奇心、好胜心，他们对嚼得很烂的烦琐讲解也会感到厌烦。

学会看书，学会思考，这正是后进生最缺乏的东西。尝试教学法能引导学生主动地去自学课本，促使他们进行思考，恰好能对症下药，解决后进生的根本问题。

6. 尝试教学法的五个步骤是不是一堂课的全过程？

不是。尝试教学法的五步，并不是一堂数学课的全过程，而是"进行新课"这一环节中的五个步骤。一堂完整的数学课，"进行新课"的前后还有其他环节。

应用尝试教学法的新授课的一般结构如下：

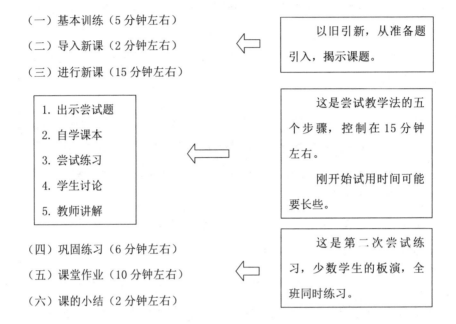

（一）基本训练（5 分钟左右）

（二）导入新课（2 分钟左右） ⟸ 以旧引新，从准备题引入，揭示课题。

（三）进行新课（15 分钟左右）

1. 出示尝试题
2. 自学课本
3. 尝试练习
4. 学生讨论
5. 教师讲解

⟸ 这是尝试教学法的五个步骤，控制在 15 分钟左右。

刚开始试用时间可能要长些。

（四）巩固练习（6 分钟左右）

（五）课堂作业（10 分钟左右） ⟸ 这是第二次尝试练习，少数学生的板演，全班同时练习。

（六）课的小结（2 分钟左右）

这个新授课的结构我在《小学数学课堂教学的研究》（原载《福建教育》1983 年第 4 期）中已作了详细分析。这里特别要指出的是，新课结束后，仍需进行第二次的尝试练习。因为前面看着课本做尝试题，有些学生会依样画葫芦，第二次的尝试练习题要比例题稍有变化，以便进一步检验学生对新知识的理解程度。针对第一次尝试练习中学生有困难的地方，教师可以再进行补充讲解。因此，第二次尝试练习可以说是对"进行新课"的延续。

第二次尝试练习，为学生课堂独立做作业铺平了道路，这就使当堂完成作业、当堂处理作业以及当堂解决问题有了可能。

7. 怎样编拟和出示尝试题?

出示尝试题是尝试教学法的起步，起步得好坏将会影响全局，所以编拟和出示尝试题是应用尝试教学法的关键一步，是备课中需要着重考虑的问题。

解决尝试题是学生自学课本例题的一种手段。编拟的尝试题要同课本例题相仿，同类型同结构，难度大致相等，仅是把数目或题材变换一下。应用题的题材最好选用学生熟悉的，数目不要太大，尽可能使学生能口算。这样，在计算上不增加学生的麻烦，使学生的注意力集中在解题思路和解题方法上。

出示尝试题不能太突然，应该采用"以旧引新"的办法，从准备题过渡到尝试题，为学生做尝试题铺路架桥。以下举一例说明：

课本例题：服装厂计划做 660 套衣服，已经做了 5 天，平均每天做 75 套。剩下的要 3 天做完，平均每天做多少套？（人教社编《小学数学课本》第七册）

准备题：农机厂计划造 100 台抽水机，已经造出 40 台，剩下要 4 天完成，平均每天要造多少台？

尝试题：农机厂计划造 100 台抽水机，已经造了 5 天，平均每天造 8 台。剩下的要 4 天完成，平均每天要造多少台？

在"导入新课"时，先出示准备题，这是旧知识，学生解答后再出示尝试题，引导学生分析准备题与尝试题的相同点与不同点。不同点在于：

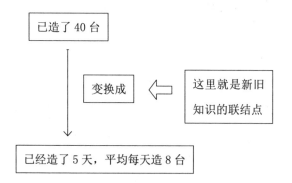

这样从准备题过渡到尝试题，就能揭示新旧知识的联结点，亦即充分利用学生已有的经验和知识，沟通新旧知识。然后再引导学生自学课本例题，从例题的分析方法和解题方法以及书写格式中得到启示。有了以上的基础，学生再做尝试题就水到渠成了。

8. 在低年级能不能应用尝试教学法?

由于低年级学生缺乏自学能力,所掌握的数学知识又很有限,所以在低年级应用尝试教学法有一定的困难。一般来说,从二年级开始逐步应用,到中、高年级应用效果较好。

但并不是说,在一年级就绝对不能运用此方法。我们曾在一年级(下学期)实验班试用,教学内容是两位数与两位数的进位加法。利用学生已有的两位数与一位数进位加法的旧知识,在教师的启发诱导下,一年级小朋友做尝试练习题也能取得成功。

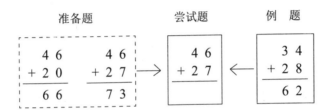

一年级学生自己解决了尝试题,高兴得不得了。尝试法使学生体验了成功的喜悦,初步尝到了自学的甜头,播下了相信自己力量的种子。这种做法在教育上的作用大大超过了教学上的作用。

又如,在二年级,学生已经掌握了 2～6 的乘法口诀,可以引导学生尝试自己编出 7 的乘法口诀。学生已经掌握了利用 2～7 的乘法口诀求商的知识,可以让学生尝试利用 8 的乘法口诀求商。这些做法,都已取得较好的教学效果。

在低年级可以适当应用尝试教学法,但是应用时要慎重,教学内容一般安排在后继教材上,学生要具备为解决尝试题所必需的经验和知识。自学课本时,可以采用教师读,学生跟着看的办法,逐步教会学生阅读课本。

笔者在《尝试教学法的实践和理论》一文中已经指出尝试教学法的局限性,这点还希望读者注意。一种教学方法不可能是灵丹妙药,十全十美。它在一定的条件下起着良好的作用,而在另一种条件下未必能起到相应的作用。我们进行教学改革要有科学的态度。另外，试用一种新教学法不能要求一试就成功，教师要有一个熟悉和掌握的过程，学生也要有一个适应的过程。不要因受到暂时的挫折而灰心，坚持实践，不断尝试，一定能取得成功。

《福建教育》1983 年 7、8 月合刊

三谈尝试教学法

丰富的教学实践推动教学理论的研究，第一篇论文发表一年后写出第二篇论文，再一年写出第三篇论文。此文用现代教学论观点分析尝试教学法，明确提出灵活应用的操作模式，文中特别提出尝试教学法是有指导的尝试，并首次提出把教学法分成两大类（基本教学法和综合性教学法）的观点，又提出尝试教学法有别于尝试错误说，认为只要创造一定的条件，学生有可能尝试成功，这已是尝试教学理论中主要观点"学生能尝试，尝试能成功"的萌芽思想。

《尝试教学法的实践和理论》在《福建教育》发表以来，已在全国各地试用，发展如此迅速，充分反映了我国广大教师勇于改革、探索新路的热情，许多教育界老前辈和教研人员撰文评论，给以充分的肯定，也是对我的鞭策。广大教师的实践，使这一理论不断充实，也提出一些值得深入研究的问题。

1. 尝试教学法与现代教学论有什么关系？

现代教学论与传统教学论的根本区别，在于教学过程不单纯是传授知识，更重要的是培养学生独立获取和运用知识的能力的过程。现代教育对受教育者的要求，已经不仅是"学到什么"，更主要的是"学会怎样学习"了。因此，教师的使命，不应只是教给学生知识，更应该指导学生掌握学习的方法，进而主动地去获得知识和能力。

尝试教学法吸收了国内外许多先进教学法的积极因素，把教师的主导作用、学生的主体作用、教科书的示范作用以及学生之间的相互作用有机地结合起来，较好地发挥出来，并在教学程序中具体地落实下来。如下图：

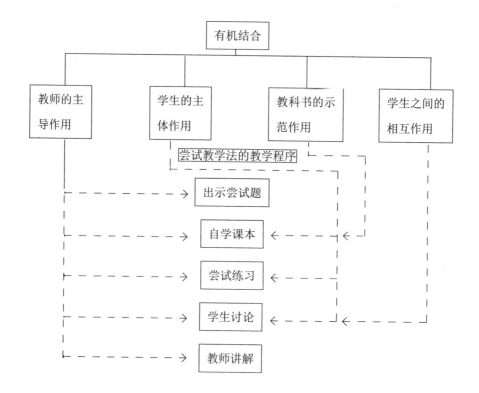

尝试教学法适应现代教学论思想的要求，改变了传统的"教师讲，学生听"的教法，它是在教师指导下，学生先尝试练习，然后教师再讲解，把知识的传授和能力的培养统一起来，有利于培养学生的探索精神和自学能力。尝试教学法的应用引起了教学过程的一系列变化：

教师讲，学生听→教师指导下，学生自学、先练，教师再讲。

单纯传授知识→传授知识的同时，培养能力、发展智力。

被动听讲，死记硬背→主动探索，解决问题。

技巧性教育为主→思考性教育为主。

培养书生型人才→培养创造型人才。

以上各种变化，都是从传统教学论思想向现代教学论思想发展。为什么教师对尝试教学法有"似曾相识"和乐于试用之感呢？一是它来源于广大教师的教学实践，二是它符合现代教学论思想。

选择最优的教学方法是教学过程最优化这个复杂问题中的关键之一。选择教学方法必须着眼于培养学生的探索精神。古往今来无数事实证明，人们探索精神的强弱是一个国家、一个民族兴旺发达的重要标志。我们应该立志为本世纪末和下世纪的经济建设和社会发展培养富有创造性精神的新型人才。

2. 尝试教学法是怎样的教学方法？

现代的教学方法，按照我的看法可以分为两大类。一类叫基本教学方法，主要有八种；另一类叫综合性的教学方法，国内外已有许多种，尝试教学法就是其中的一种。

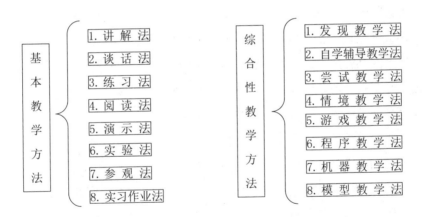

综合性的教学方法是将八种教学方法有机地结合起来，组成一个整体。例如发现教学法和尝试教学法中，既有教师讲解、学生看书，也有师生谈话、学生做练习，有时还有演示教具做实验，把几种基本方法有机地结合起来，构成一个最优的组合。

我认为，综合性教学方法的出现是教学法发展史上的一个飞跃。过去我们是孤立地研究某一种教学方法，这是有缺陷的，也是不切实际的，因为一堂课里不可能只用一种方法。一堂课里既有教师讲解，又有学生练习，还要有与学生谈话等等，它们总是综合在一起的。教学过程是一个完整的系统，其中的各种活动又是可以控制的，互相可以配合的。因此，我们对教学方法的研究也必须从整体上，用相互联系的观点、运动的观点，考虑如何把几种基本方法组合起来构成一个最优的组合，得到最优的教学效果。

从整体的观点出发，用控制论、系统论、信息论这三大方法论作为指导，研究教学方法的最佳组合。这样对教学方法的研究，就可能向前飞跃一步，必将开辟一个崭新的领域。

从国外的资料来看，研究一个个孤立的教学方法的文章已经很少了，他们大都是把教学方法作为一个整体来研究，这个趋向值得我们注意。

3. 尝试教学法为什么有相对稳定的教学程序？

尝试教学法有相对稳定的教学程序，有人认为，这是一个新框框，是教条主义的表现。我认为，一种教学法要成熟，一定要有一个相对稳定的程序，并能够让别人按照程序去做。如果一种教学方法没有一个稳定的程序，你想怎么做就怎么做，这就不成其为科学的教学法。当然，不能绝对化，也就是说要有一个基本模式，一个基本的教学程序，但是不能生搬硬套。生搬硬套就是程式化了，但这不是模式本身的缺点。

目前，国际教育界重视对现代教学模式论的研究，著名教育家乔以斯指出："教学模式是构成课程和课业、选择教材、提示教师活动的一种范式或计划。"教学过程日益工程化、科学化，出现的新特点是定量化、高效化、最优化。因此，教学模式是应该存在的，没有一个模式，没有一个程序，就不知道先怎么做，再怎么做，最后怎么做。教师不掌握这个程序，就无法去实施这种教学法。尝试教学法如果没有五个教学步骤也就不成为尝试教学法了。另外，没有一个相对稳定的教学程序，也就谈不上灵活运用了。

4. 如何灵活运用尝试教学法的五步？

尝试教学法有一个稳定的教学程序，它只是为教师合理组织教学过程指出了应遵循的科学程序。但是，这个程序并不是一程不变的，教师应该根据教学内容的不同，学生情况的不同以及教学条件的变化而灵活运用。

怎样灵活地运用五步呢？根据我们的实践，学生熟悉尝试教学法以后，教师就可以有机地结合使用这五步。例如，出示尝试题后，学生可一边自学课本，一边动手做尝试题了，第二、第三步就一气呵成。到第四、第五步时，学生讨论和教师讲解可以结合进行，教师和学生一起讨论，把需要讲解的内容穿插起来。这样做比较自然，既节约时间，又显得灵活。

在教学实践中，我们发现第二步与第三步也可调换一下。出示尝试题后，不叫学生看课本，而让学生先做尝试题，练了以后，再让学生打开课本对照。这样安排，也是从学生的心理特点出发。出示尝试题后，学生急于要试一试，就先让他们尝试一下。由于没有模仿课本中的例题，不受例题解法的约束，有利于学生思维的发展。学生做过尝试题以后，再自学课本，比较自己的解法与例题的解法是否一致。不过，调换这两步时，要有一个条件，即所学习的内容不太难，学生的基础知识比较扎实，估计学生先做尝试题，出现的错误不会太多。

有的教师认为出示的尝试题就用书上的例题，让学生尝试练习后，再对照课本例题，可以直接验证做得对还是错。当然，这样做也是可以的，但不能多用。我们不仅是为了让学生多做几道题目，而且要着眼于培养学生的探索能力和自学能力。如果尝试题跟书上的例题一样，那么学生看书的作用就不大。所以一般还是先看书，再做尝试题。

5. 教师讲解时是讲例题还是讲尝试题？

这个问题是大家通过实践发现的。教师讲解时不可能也没必要把尝试题和例题都讲一遍。那么究竟该讲尝试题还是例题呢？根据我们的实践，应该讲尝试题。这个做法引起了大家的争论。有的教师说，你只讲尝试题，不讲例题，不是把课本丢了吗？我们从尝试教学法的全过程来看，开始用尝试题引路,让学生看课本的目的是为了做尝试题。学生做的是尝试题,讨论的也是尝试题,当然对尝试题印象深刻,教师接着讲解尝试题是趁热打铁、顺理成章的,如果教师反过来讲解课本上的例题,就会显得别扭,影响教学效果。当然,我们也不能把例题丢开,可以联系例题来讲尝试题。

另外,我们应该看到,例题主要是为讲解某一知识而设计的,可以用这个例题,也可以换一个题,不是固定不变的。何况尝试题和例题基本上是同类型同结构的,从这个意义上讲,尝试题不就是例题吗?所以,我认为一般还是讲尝试题。

6. 应用尝试教学法怎样设计练习?

一堂数学课上得成功与否同练习设计的好坏关系极大。教师备课,很大一部分精力要花在设计练习上。尝试教学法把练习放在主要的地位,更要重视设计练习。我们从教学实践中总结出一个基本的练习系统,我们把它叫作多层次不断尝试的练习系统,学生在不断尝试中一步比一步有所提高。

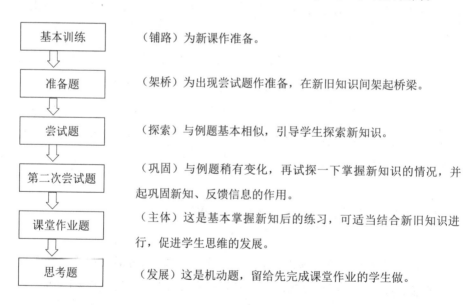

六个层次的练习组成一个完整的系统,在练习过程中,学习对新知识理解的信息不断反馈出来,教师及时调控。因此六个层次不断尝试的练习系

统，是以控制论、系统论、信息论为理论基础的。

7. 用尝试教学法是不是让错误先入为主了？

有些教师试用尝试教学法有顾虑，他们认为老师还没有教，学生先做尝试题，如果做错了，这不是让错误的印象先入为主了吗？

这里必须分清两种性质的尝试，一种是盲目的尝试，另一种是有指导的尝试。二十世纪初，国外有的心理学家曾提出"尝试错误学习"，他们认为尝试错误学习可以在没有模仿的情况下进行，自己去尝试，在犯了许多错误之后，逐步纠正错误，从中学会知识和技能。这种尝试过程，多少带有一点盲目性。

我在《尝试教学法的实践和理论》中已经指出，尝试教学法并不是盲目的尝试，而是有指导的尝试。我们创造了三个条件，使学生有可能尝试成功。

第一个条件：旧知识的基础作用。数学教材系统性特别强，前面知识是后面知识的基础，后面知识是前面知识的引申和发展。因此，一般数学教材对学生来说不会完全陌生，而是"七分熟，三分生"。这样学生可以用"七分熟"的知识作为基础，去探索尝试"三分生"的知识。第二个条件：准备题的引导作用。尝试题并不是突然出现的，而是由准备题过渡到尝试题，准备题是旧知识，尝试题是新知识。由准备题过渡到尝试题，按心理学的观点就是进行一个知识的迁移。第三个条件：课本例题的示范作用。例题为学生提供一个模仿的对象，学生可以通过类比推理去解决尝试题。这三方面的作用用可用下列图解表示：

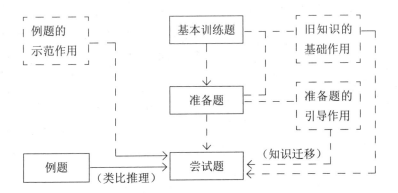

教学实践证明，实验班的学生通过自学课本后，做尝试题的正确率一般都在 80% 以上，有 20% 左右的后进生会发生错误。但是运用尝试教学法，开始做错尝试题并不要紧，因为接着就是学生讨论、教师讲解，学生能够很快发现错误，纠正错误，再加上后面还有几个层次的练习，一般是能当堂解决问题的。

8. 运用尝试教学法采用什么样的课堂结构？

运用尝试教学法，一定要有一个先进的课堂结构来配合它。这个先进的课堂结构简称为"六段结构"，一堂新授课分为六个阶段：

基本训练；

导入新课；

进行新课；

尝试练习（或称巩固练习）；

课堂作业；

课堂小结。

尝试教学法的五个步骤就在第三阶段"进行新课"中进行。这个六段结构的设计和理论详见拙文《小学数学课堂教学的研究》。"五步法"加"六结构"，再配合六个层次的练习设计，把教学方法同课堂结构以及练习内容统一起来，组成一个完整的课堂教学体系。

最后，我想重复说一下，教学方法是多种多样的，尝试教学法仅是教学法百花园中的一朵。这种方法天地很广，有待于我们深入研究。一种教学法的创立和发展，一个人是无法办到的，它是集体智慧的结晶，广大教师共同劳动的成果。我愿和全国各地同志一起，为创建我们中国自己的教学法体系而共同努力。

《福建教育》1985 年 1 月

尝试教学法的课堂教学结构

教学方法改革了，与之相适应的课堂教学结构也必须改革。旧的课堂教学结构不能适应尝试教学法，因此在实验尝试教学法的过程中，同时研究形成了与此相适应的"六段式"课堂教学结构。把尝试教学法的五步基本程序和"六段式"课堂结构结合起来，教师们称之为"五步六结构"，这种新的教学模式，易学易用，大大推动尝试教学法的推广应用。新世纪后，根据新的研究成果，对原有的"六段式"结构进行改造，主要把第五段的"课堂作业"改成"当堂检测"，并称为"新六段式"结构。这种"新六段式"结构的详细介绍可查阅《邱学华论数学教育》。

课堂教学过程是一种很复杂的认识现象。它有具体的教学任务和一定的时间规定，必须分成几个部分，按序进行。课堂教学结构是指一堂课的教学工作的各个部分，它说明一节课的教学程序是由哪几个阶段（或环节、步骤）构成的，各阶段的时间是如何分配的。

一堂课的结构如何对课堂教学效率影响甚大。不同的课型有不同的结构，应用不同的教学方法有不同的结构。尝试教学法是对旧教法的巨大冲击，因此传统的课堂结构已经不适应了，必须有一个新的课堂结构与其相适应。

1. 传统结构存在的问题

目前一些教师上新授课，大都采用五十年代苏联凯洛夫《教育学》中的五个环节：组织教学，检查复习，新授，巩固练习，布置家庭作业。这个结构，在一定程度上反映了学生学习知识的一般规律，但已不适应科学技术飞速发展的时代要求，课堂教学效率不高。

从调查教学实际的情况来看，按照这样的结构上数学课，课堂作业总是来不及在当堂做。仔细分析一下，毛病出在"检查复习"，这一环节耗费时间太长。检查复习一般都采用板演形式，由于前一天学得不巩固，板演出了差错，既要让学生评议，又要教师补充讲解，一般得花 10 ～ 15 分钟；接着讲授新课，再花 20 分钟，结果只剩下 5 ～ 6 分钟，学生刚拿起笔做题目便下课了。这样课堂教学匆匆忙忙结束，学生没能当堂消化巩固知识，问题就留到下一堂课，致使下一堂课的检查复习时间又拖长了，这样就形成了一种恶性循环。"检查复习"事实上成了对昨天教学内容的补课，影响巩固今天的新课，使教师天天处于被动地位。苏联在六十年代已经发现这个问题，有位教学法专家指出，检查复习时间太长已成为一堂课的"恶性肿瘤"。这种传统教学结构，是为传统教学方法而设计的。

如果采用以学生为主体的以"先练后讲"为特征的尝试教学法，这种结构就不适应了。

2. 新结构的设计与实践

在尝试教学法的实验过程中发现，先进的教学方法同陈旧的课堂结构产生了矛盾，影响了课堂教学效率的提高，实施尝试教学法也有一定的困难。

我们根据小学数学教学的特点和儿童学习的心理特点，根据现代教学论思想和提高课堂教学效率的需要，在实验尝试教学法的同时，对课堂结构进行了改革。

在教学实践过程中逐步形成了"六段式"课堂结构。一堂新授课大体包括六个阶段，以下对每个阶段的作用、要求和时间逐一加以分析。

（1）基本训练（5 分钟左右）。

基本训练的内容包括口算基本训练、应用题基本训练、公式进率基本训练等。培养小学数学基本能力要靠天天练，这样做，把基本能力的训练落实到每一堂课之中。同时，上课一开始就进行基本训练，使学生立即投入紧张的练习中，能安定学生情绪，起到组织教学的作用。基本训练题的设计要注意为新课服务。

（2）导入新课（2分钟左右）。

从旧知识引出新知识，揭示新课题。因此教师一般要编拟一道准备题，从准备题过渡到尝试题，以旧引新，充分发挥知识的正迁移作用，为学生学习新教材辅路架桥，作好准备。同时，使学生一开始就明晰这堂课学的是什么，要求是什么。这一步时间不长，但很重要。只要花一二分钟，开门见山，立即转入新课。

（3）进行新课（15分钟左右）。

这是新授课的主要部分，可以运用各种教学方法来进行新课，如教师讲解、学生自学、演示实验等。由于时间只有15分钟左右，必须突出重点，集中全力解决关键问题，切不可东拉西扯、拖泥带水。另外，一堂课的教学内容不能太多，宁可少些，但要学得好些。

（4）试探练习（第二次尝试练习，6分钟左右）。

一般采用几个学生板演、全班学生同时练的方式，检查学生对新知识的掌握情况，特别要了解后进生的情况。这一步是一次集中反馈，通过板演评讲，教师可以重点补充讲解，指导后进生解决学习新知识时存在的问题。这一步可以说是"进行新课"的延续，又为下一步学生课堂独立作业扫除障碍。

（5）课堂作业（10分钟左右）。

为了使学生进一步理解和巩固新知识，提高练习效率，应该使学生有充裕的时间，安静地在课堂里完成作业，这是一堂课不可缺少的组成部分。布置作业不要"一刀切"，要面向后进生，可为优秀生另外准备"超产题"。学生练习时，教师要注意巡回辅导，特别对后进生，要及时帮助他们解决困难，这种"课内补课"的效果很好。

（6）课堂小结（2分钟左右）。

学生做完课堂作业并不是课的结束，因为学生通过亲自练习，发现了困难，需要求解。同时还有一个迫切的心情——自己做的作业，到底哪几题对了，哪几题错了。所以，应该安排这一步，做好一堂课的结束工作，这样一堂课就善始善终了。

这段时间里，首先根据学生的作业情况，对这堂课所学的知识，教师重点归纳小结。由于学生经过了 10 分钟左右的集中练习，再听教师归纳小结，体会就更深了，这能起到画龙点睛的作用。然后可以当堂公布正确的答案，使学生当堂就知道，哪几题做对了，哪几题做错了，便于课后立即订正错误。如有必要，再布置适量的家庭作业，也可以预告明天学习的内容。

从以上分析可以清楚地看出，尝试教学法的五步基本教学程序，并不是一堂课的全过程，而是"进行新课"这一阶段中的五个步骤。一堂完整的课，"进行新课"的前后还有其他阶段。

应用尝试教学法的新授课结构一般如下：

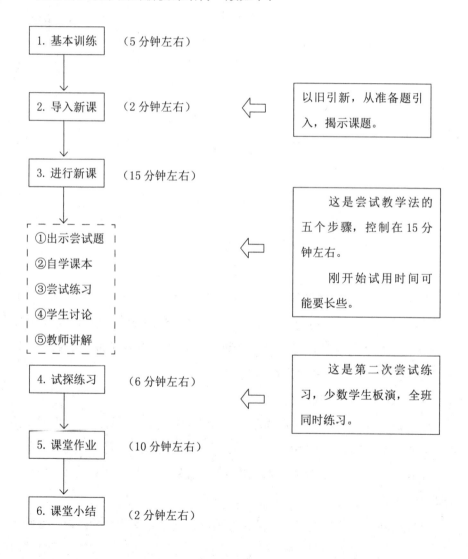

1. 基本训练　（5 分钟左右）

2. 导入新课　（2 分钟左右）　　　以旧引新，从准备题引入，揭示课题。

3. 进行新课　（15 分钟左右）

　①出示尝试题
　②自学课本　　　　　　　　　这是尝试教学法的五个步骤，控制在 15 分钟左右。
　③尝试练习
　④学生讨论　　　　　　　　　刚开始试用时间可能要长些。
　⑤教师讲解

4. 试探练习　（6 分钟左右）　　　这是第二次尝试练习，少数学生板演，全班同时练习。

5. 课堂作业　（10 分钟左右）

6. 课堂小结　（2 分钟左右）

以上六个阶段并不是一成不变的，教师应该按照学科特点、教学要求和班级的实际情况灵活应用。特别是时间分配上，应具体操作，千万不能生搬硬套。

对每段的教学时间应该有一个大致的分配计划，做到心中有数。然后再根据教学实际需要作适当的调整，保证达成一堂课的教学目标。

实验证明，使用这种课堂结构教学效果较好，主要表现在：

（1）突出新课教学的重点。新授课主要是进行新课教学，新的结构中六个阶段全部围绕新课展开，能保证较好地完成新教材的教学任务。

（2）增加练习时间。新的结构几乎使用一堂课的二分之一的时间进行练习，从基本练习到巩固练习，再到课堂作业，要求逐步提高，层次清楚。这样能保证学生当堂练习，当堂消化巩固，当堂解决问题，不留尾巴到下一堂课。

（3）改变了"满堂灌""注入式"的旧教学方法。新的结构，增加了练习时间，"进行新课"的时间只能控制在15分钟左右，促使教师改变"满堂灌""注入式"的做法。

3. 新结构的理论依据

（1）系统理论的应用。

课堂教学可以被看作一个教学系统，课堂结构中的每一部分不是彼此孤立的，而是互相联系、互相渗透的。在课堂教学设计中，必须认真考虑各个部分之间的相互联系及相互渗透，这样才能有效地发挥这个教学系统的整体效果。

尝试教学法的五步基本程序和六段式课堂结构，组成了新授课"五步六段式"为特征的课堂教学系统，这个教学系统以"解决尝试题"为核心，从三方面展开：第一方面，基本训练和准备练习是为了解决尝试题而铺路架桥，从心理学的角度来说，就是为发挥旧知识的迁移作用而创设条件；第二方面，通过自学课本、学生讨论、教师讲解、运用新知识来解决尝试题；第三方面，通过第二次尝试练习、课堂作业达到信息反馈、强化新知的目的。

其结构示意图如下：

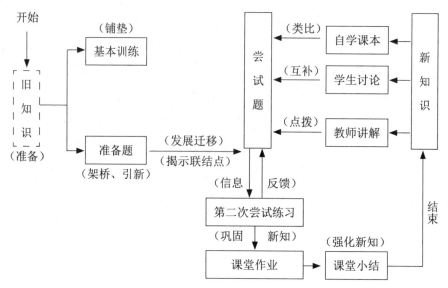

"五步六段式"课堂教学系统结构示意图

从上面结构图可以清楚地看出，尝试教学法的五步程序与课堂教学的六个阶段已融汇一体，形成一个以"解决尝试题"为核心的教学系统，各个部分紧密联系，互相渗透，获得最大限度的教学效益。

由于尝试教学的五步可以被灵活应用，课堂结构的六段也可以被灵活应用，因此这个教学系统是可以调节的开放式系统，制约调节的因素有学生的年龄特点、教材特点以及教学要求等。

（2）反馈理论的应用。

在教育控制论里，反馈是指教学过程中，学生将掌握的知识与能力的情况随时反映出来，教师根据学生反映出来的情况（称为信息），再及时采取措施，弥补缺陷（称为调节），以保证达到预期的教学目的。最佳结构必须使学生获得信息量最大以及教师了解学生的反馈最及时。新的结构充分应用了反馈的原理，安排了两次集中反馈。

第一次集中反馈——第二次尝试练习。

进行新课结束，通过尝试练习，使学生及时传出对新知识理解程度的信息，如发现问题，教师能及时进行补充讲解，起到调节作用。

第二次集中反馈——课堂作业。

通过课堂作业，一堂课的教学效果能够及时被反映出来，如果再发现缺陷，当堂就能补救。

（3）最佳时间理论的应用。

一堂课40分钟，哪一段时间学生的注意力最集中，学习效果较好，就是一堂课的最佳时间。

现代教学心理学和统计学的研究表明：学生在课堂中思维活动的水平是随时间而变化的。学生在课堂教学活动中，思维集中程度 S 与时间 T 的变化关系，可用下图示意。[1]

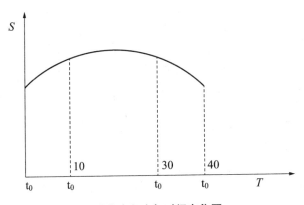

思维集中程度与时间变化图

按照上图所示，再根据儿童的心理特点分析，一般来说，上课后的第6分钟到20分钟之间，这15分钟左右的时间是一堂课学生思维集中的最佳时间。因为开始几分钟，学生刚从课间休息转入课堂学习，情绪还没有安定下来；第6分钟开始，学生情绪已经稳定，又经过课间休息，这时精力充沛，注意力集中；第20分钟以后，学生开始疲劳了，因为儿童集中注意力的时间一般只有15分钟，注意力容易分散。

因此，一堂课的主要教学任务如果安排在最佳时间里，教学效果自然就

1 王坦:《教学模式概论》,《山东教育》,1987 年第 6 期,第 8 页。

好。我们把两种课堂结构比较一下，如下图所示：

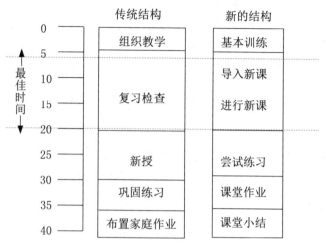

两种课堂结构时间分配对比图

从上面图解的比较中可以清楚地看出，传统结构把"复习检查"放在最佳时间里，复习昨天的旧知识，可是转入"新授"时，学生已经疲倦了，新课的教学效果就差。新的结构把"进行新课"放在最佳时间里，学生精力比较充沛，注意力也集中，就能获得最佳的教学效果。

《小学教学》1984 年 8 月

试探 "有指导的尝试原则"

《福建教育》杂志刊登此文时，编辑部以"祝贺尝试教学法研究结出新成果"为题发表短评："又是一个金秋丰收的季节。10月7日在江苏省金湖县召开了500多人参加的全国协作区第五届尝试教学法研讨会。会上，尝试教学法倡导者邱学华同志，根据各地教师近十年的尝试教学法实践经验，进一步研究又提出了'有指导的尝试原则'，将对一般教学法的研究上升到教学原则的理论高度，使这个遍及全国30个省、市、自治区的教改实验又有新的发展，取得新的成果。"

"有指导的尝试原则"体现了适应新时代的教育思想的要求，又反映了改革教学过程的具体特征。它启发大家对尝试教学法进行更深层次的思考，促进各地更全面地学习和推广尝试教学法，使这株教改新花更加鲜艳芬芳，结出更丰硕的果实，为建立具有中国特色的教学法体系作出贡献。

1. 为什么要提出 "有指导的尝试原则"

尝试教学法实验用近十年时间从一个实验班发展到遍及全国30个省、市、自治区的几十万个班级，从小学发展到中学，从数学学科发展到语文、自然、理化、音体美等学科。各地各学校各学科的实验班均取得较好的教学效果，在培养学生的探索精神和自学能力，促进智力发展，提高教学质量等方面，均呈现出普遍的积极效果。

为什么尝试教学法会受到广大师生的欢迎，发展如此迅速？为什么大家普遍反映教学效果好？这个现象值得人们深思，这说明这里有一个教学原则在起作用。尝试教学法是受这个教学原则制约的。本文将探讨这个新的教学原则："有指导的尝试原则"（简称"尝试性原则"）。

教学原则是根据一定的教育目的和教学规律而制定的对教学的基本要求。教学原则的制定，必须以教学规律为依据，以广大教师的实践经验为主要源泉。它能起到组织课程、选择教材、运用教学方法、指导教学实践的作用。"有指导的尝试原则"就是在丰富的教学实践的基础上，根据我国新时期的总任务和世界新技术革命对教育提出的新要求，为解决教学过程中出现的新的矛盾关系而提出的。

2."有指导的尝试原则"的涵义

所谓"有指导的尝试原则"，是指在教学中，教师不能单纯地传授知识，把现成的结论教给学生，而是在教师的指导下，充分发挥教科书的作用，让学生先去尝试，通过自己的努力去获取知识和掌握技能，学生尝试后，教师再有针对性地讲解，它的基本精神是"先练后讲"。

这个原则主要有两个方面：学生的尝试和教师的指导。这两方面是互相依存、紧密联系的，学生的尝试以教师的指导为前提，教师的指导以学生的尝试为目标。教师的指导绝不是包办代替，而是根据儿童的年龄特点和认识规律，根据教材特点和教学要求，为学生创造必要的尝试条件。以下就这两方面作进一步分析。

（1）学生的尝试。

中小学各科知识一般可用习题或问题的形式呈现。教师不要先讲解，把现成的答案、解题过程、结论告诉学生，而是在教师指导下，让学生自学课本，学生在旧知识的基础上，自己尝试去解决问题，尝试解答习题或回答问题或完成某项活动。尝试练习还可以采用尝试操作的形式，教师揭示试题后，指导学生，让学生动手操作学具、实验仪器、测量工具等，根据操作的结果，使学生自己尝试得出结论，解决问题。

学生的尝试过程，就是学生自己去探索解决问题的过程。它的表现形式有尝试阅读、尝试操作、尝试练习、尝试讲解等。

（2）教师的指导。

学生的尝试不是盲目的，而是教师指导下有目的有步骤的尝试。教师不但要在学生尝试中进行指导，而且在学生尝试前和尝试后，都必须认真指导。在学生尝试前，教师要认真制订课时计划，规定学生尝试的步骤，编拟准备题和尝试题，指导学生自学课本，要设计指导语或提出自学思考的提纲。

在学生尝试中，教师必须巡回指导，了解学生的尝试情况，特别对后进生可以进行个别辅导，帮助他们完成尝试任务。

在学生尝试后，教师可以组织学生讨论，启发学生尝试讲道理，判断尝试的正误，对正确的答案进行强化，对错误的答案进行矫正。根据学生尝试练习的情况，教师针对学生感到困难的地方、教材关键的地方进行重点讲解，以确保学生系统掌握知识。教师的指导还表现在教师的组织能充分发挥如下四个作用，使学生有可能尝试成功。

第一，旧知识的基础作用。各学科的教材都有一定的系统性，前面知识是后面知识的基础，后面知识是前面知识的引申和发展。因此，一个新的知识对学生来说不会是完全陌生，而是"七分熟、三分生"。教师可以指导学生用"七分熟"的知识作为基础，去探索尝试"三分生"的知识。

第二，准备题的引导作用。尝试题不要突然出现，而是由准备题过渡到尝试题，准备题就是旧知识，尝试题是新知识。由准备题过渡到尝试题，就是在新旧知识之间架起桥梁，按心理学的观点就是产生一个知识的正迁移作用。

第三，课本的示范作用。课本是教师教学和学生学习的主要材料。学生通过自学课本，从课本上找到解答问题的方法。由于有尝试题引路，学生有了自学课本的积极性，能主动地接受课本的指导。

第四，学生之间的互补作用。这种互补作用主要产生在学生讨论（全班讨论或分组讨论）、回答问题、板演练习、共同实验操作等阶段，在尝试前，可以组织学生讨论如何去解决尝试题，互相启发，互相帮助；在尝试后，又可以组织学生讨论谁尝试对了谁尝试错了，各自讲出理由，有不同看法也可以争论。因此，这种尝试过程，不是学生个体孤立的尝试，而是在班级集中彼此互相影响下的尝试。

综上所述，教师的指导是多方面的，只要充分发挥教师的主导作用，就有可能使学生尝试成功，教师指导下的学生尝试活动的关系可以用下图表示：

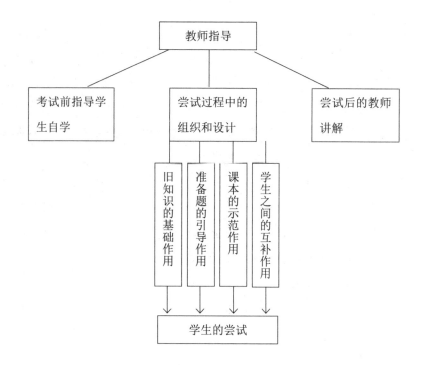

3. 运用有指导的尝试原则的要求

（1）运用"有指导的尝试原则"，着眼点在于培养学生的探索精神。教师没有教，引导学生先试一试，遇到困难再自学课本，然后大胆去尝试练习，如果做错了，在教师的帮助下立即订正。这样从小培养学生"试一试"的习惯，久而久之，学生就会逐渐养成一种敢于探索的精神。这种敢于尝试的探索精神是极其可贵的。古往今来，无数事实证明，人们探索精神的强弱是一个国家、一个民族兴旺发达的重要标志。为了本世纪末和下世纪的经济建设和社会发展，需要培养"三个面向"的富有探索精神的新型人才。

（2）运用"有指导的尝试原则"，关键在于充分发挥教师的主导作用。学生的尝试活动是在教师的指导下进行的。教师必须精心设计练习，安排尝试步骤，尽可能使学生尝试取得成功。学生尝试后，教师的讲解是十分重要的，它可以确保学生系统掌握知识。这里教师的讲解同过去不同，不要什么都从头讲起，因为学生的起点不一样。现在学生已经通过自学课本，并亲自尝试练习，对所学知识有了初步认识，教师只要根据学生尝试练习的情况，有针对性地重点进行讲解即可。

（3）运用"有指导的尝试原则"，它的特征表现在"先练后讲"。应该相信学生的主动性、积极性和创造性，大胆放手让学生先尝试练习。实践证明，只要教师指导得法，一般学生是能尝试成功的。但是在尝试要求上，应该随学生的年龄特点和知识基础而有所不同，由扶到放，由浅入深。教师指导时，应该掌握分寸。在小学低中年级，教师应该多加辅导；在小学高年级和中学，应该逐步放手，让学生独立尝试。总之，在具体要求和方法上，应具有灵活性，不要"一刀切"。

（4）运用"有指导的尝试原则"，应该灵活安排尝试过程。在具体操作程序上可以有种种教学模式，但不能机械搬用。应该根据学生的年龄特点、学科特点和教材特点灵活安排尝试过程的程序，但万变不离其宗，"先练后讲"的精神不能变。

（5）运用"有指导的尝试原则"，必须充分发挥教科书的作用。教学中可以先出示尝试题，向学生提出问题，然后"以疑引思"，用尝试题引路，引导学生自学课本。学生为了解决尝试题而去自学课本，在课本中寻找解决问题的方法。要求学生自学课本，并不是让学生放任自流，而必须有指导，有一个由扶到放的过程。

本文提出"有指导的尝试原则"，仅是一次试探，以期引起教育理论界的批评和斧正。由于条件所限，目前还不能把这个原则放在整个体系中来探讨，有待于今后继续研究。

对教学过程中矛盾关系的发现、认识和解决，亦即教学原则的探讨和提出，是一个长期的过程。随着社会实践和教育理论的发展，人们根据教育目的要求，将逐步地发现和认识教学过程中的各种矛盾关系，并在丰富的教学实践经验基础上，提出处理这些矛盾的原则。我国的教学改革声势之大、规模之广从世界范围来说也是空前的，教学改革中已经产生了丰富的成功的新鲜经验，它必将推动我国教育理论的发展。

《福建教育》1990 年 12 月

尝试教学理论研究与实践

——《尝试教学理论研究》课题研究主报告 [1]

　　从二十世纪九十年代开始，我有了新的思考："为什么尝试教学法在中小学各科都呈现积极的效果反应，是否受一种教育规律制约？"通过 10 年的教学实践证明，"学生能在尝试中学习"是带有普遍意义的，因此萌发出把尝试教学法升华为尝试教学理论的设想，大胆提出"尝试教学理论研究与实践"的研究课题。该课题列入全国教育科学"八五"规划重点研究课题，经过近五年的实验研究，写出研究主题报告，并通过专家鉴定，这正式标志着尝试教学法已提升为尝试教学理论。

　　"学生能在尝试中学习"，在 10 多年前，大多数人对此持怀疑态度。但经过 15 年的实验研究和理论探索，这样一个结论已经初步被证实并为广大教师所接受了。学生不仅能在尝试中学习，而且能在尝试中成功。

　　尝试教学理论萌芽于尝试教学法。尝试教学法从 1980 年开始实验，经过 10 多年时间已在全国范围内推广应用。全国 30 个省、市、自治区，包括

---

1 全国教育科学"八五"规划重点研究课题，课题组成员有：邱学华、于方美、苏春景、卢专文、蒋永欣、周一贯、周开城、倪正潘、陈劳生、吴安水、张坤生、吴成玉等。这项研究得到国家教委和中央教科研究所的支持，经全国教育科学规划领导小组批准，该课题列入"八五"规划全国教育科学重点研究课题。作者以"尝试教学理论研究会"为平台，组织全国各地实验学校 106 个子课题配合研究，新一轮的实验研究在全国推开。经过近五年的实验研究，终于写成"尝试教学理论研究与实践"研究主题报告，递交给在湖北省十堰市举行的专家鉴定会评审。

台湾、香港、澳门都在不同规模或程度上推广应用。据不完全统计，1991 年试用此教学法的教师人数约 32 万，实验班级 40 多万个，受教学生 1500 多万人，宁夏回族自治区有将近三分之一的小学教师掌握了尝试教学法，广西壮族自治区灵山县有二分之一以上的小学教师应用尝试教学法。与此同时，10 多年来各地撰写的有关研究论文、实验报告、经验总结达 32000 多篇，仅公开发表的就有 1500 多篇，县区以上用尝试教学法上的公开课有 45000 多节，其中有 2400 多节获奖。尝试教学法现已走出国门，我的相关论文被译成日文、英文、德文，在国外教育杂志上发表。日本数学教育学会会长茂木勇和文教大学片桐重男教授亲自来中国参加尝试教学法研讨会并考察尝试教学法的实验状况，日本佐藤三郎教授已将此法编入《世界有特色的教学方法》一书。

尝试教学法在教学实践中不断发展、完善和提高。1988 年出版了专著《尝试教学法》（福建教育出版社出版），后获得全国首届优秀教育理论著作奖，江苏省教育科研成果一等奖。以后又陆续出版了《尝试教学法新进展》《尝试教学理论研究》《小学数学尝试教学法教案精选》等。论文已在《人民教育》《教育研究》《中国教育报》以及全国各地的教育报刊上发表。各种教育辞典、教育学、教学论和教学法著作大都介绍了尝试教学法。

尝试教学法的应用范围从小学发展到中学、大学，从数学发展到语文、常识、理化等学科，从普教又发展到幼教、职教、特教。尝试教学法在中小学各学科呈现的普遍积极效果证明此法是具有普遍意义的。由此，1992 年正式提出"尝试教学理论的构想"，从此开始了新一轮的实验研究。"尝试教学理论研究"被列入全国教育科学"八五"规划重点研究课题，全国各地有 106 个子课题配合研究，从不同类型学校、不同学科、不同角度开展验证性研究，形成一个全国大协作的研究热点。

尝试教学理论植根于丰富的教学实践，经过实践→研究→再实践→再研究，已从一种具体教学方法升华为教学理论，走出了一条从萌芽、形成到深化的合乎逻辑的发展轨迹。尝试教学理论，在一条理论联系实际的研究道路上不断发展和不断完善，并经历了广泛和长时期的教学实践考验。本报告即是对不断实验中的尝试教学理论作一全面、系统、翔实的整理、归纳和总结。

1. 尝试教学思想的历史渊源

尝试教育思想在我国源远流长。我国教育历史悠久，尝试思想自古有之。

春秋时代伟大教育家孔子的"启发诱导"思想已经闪烁着尝试思想的光辉。孔子有言："不愤不启，不悱不发，举一隅不以三隅反，则不复也。"[1]此为孔子启发教育思想的生动展示。孔子的意思是：当学生对某个问题积极地进行思考，还没有完全想通的时候给予启发；当学生对某个问题思考后已有所得，但还不十分明确、还表达不出来的时候给予开导。实质上是"先愤后启，先悱后发"，同"先试后教"的思想是一致的。值得提出的是，孔子的教学经常在讨论中进行，一般由他首先提出问题，然后学生自由发表见解，最后孔子加以归纳，这同尝试教学的模式相似。《论语·先进》里记载了孔子一个比较完整的课例。

一开始，孔子先作了启发谈话，语气平易温和，解除了学生的拘束，然后提出一个问题"如果有的君主了解并任用你们，你们怎么做呢？"这俨然是一道尝试题。

子路、曾皙、冉有、公西华，根据孔子平时对自己的教导，分别作了回答。这相当于尝试练习和讨论，并在讨论中互相启发。在这过程中，孔子并不急于发表意见，只是用哂笑和喟叹的方式简单地表示自己对问题的态度，而且还不断地打消学生的顾虑，把讨论引向深入。比如他见到曾皙欲言又止，就说"有什么妨碍呢，只不过各自谈谈自己的志向罢了！"

孔子最后的评说就是"讲解"，极其简短，只是针对学生的答案略加点拨而已。他含蓄地批评了子路的发言不符合"礼让"的缺点，肯定了其他人"治国以礼"的主张，赞许了曾皙淡泊宁静的志趣。

孟子是中国教育史上第一个提出"尝试"的教育家。他的名言："我虽

1《论语·述而第七》，载《四书》，时代文艺出版社，2001年，第136页。

不敏，请尝试之。"[1] 意思是，我虽然迟钝，也要尝试。这道出了尝试的普遍性。他主张教不是教学过程的开端，而主张学后再教，强调让学生自求、自学、自得。这实质上就是尝试教学的思想。

我国最早的教学论著作《学记》已经用朴素的语言揭示教学必须启发学生思考和重视学习方法的道理。《学记》中提出："故君子之教喻也，道而弗牵，强而弗抑，开而弗达。道而弗牵则和，强而弗抑则易，开而弗达则思。"意思是，教师诱导而不牵着学生走，师生之间就会和谐融洽；激励不使学生感到压抑，学生就会感到学习是愉快的事，启发开导以打开学生的思路，不代替学生思考作结论，学生就肯积极地动脑筋了。《学记》还要求学生应把握教师讲的时机，"必也其听语乎！力不能问，然后语之"。意思是，必须细心地倾听学生所提的问题，只有当学生提出问题，又说不出究竟的时候，老师才给他解说。实质上，这已经体现了"先练后讲"的思想了。

宋代教育家朱熹进一步阐发了尝试教学的思想。朱熹认为学习是学生自己的事情，是别人不能代替的，必须强调自学。他说："读书是自家读书，为学是自家为学，不干别人一线事，别人助自家不得。"[2] 朱熹认为，学生最佳的学习过程是自己读书，自己思考，反对别人把学习内容领会了，向自己灌输。他又认为，教师在教学过程中虽然占有重要地位，但终究不能代替学生的作用。教师只是一个引路人，"指引者，师之功也"[3]，因此要少说话，多指导学生去实践。

近现代教育家都十分重视学生自学，学习要从问题开始。蔡元培认为，"最好使学生自己去研究，教员不讲也可以，等到学生实在不能用自己的力量了解功课时，才去帮助他。"[4] 陶行知极力反对注入式教学法，提倡让学生自己学。他指出："我以为好的先生不是教书，不是教学生，乃是教学生学。教学生学有什么意思呢？就是要把教和学联络起来：一方面要先生负指导的

1《孟子·梁惠王上》，载于《四书五经》（上卷），黄山书社，2016年，第239页。

2《朱子语类》卷119。

3《朱子语类》卷8。

4 蔡元培：《普通教育与职业教育》，载于《中国现代教育文选》，人民教育出版社，1989年，第7页。

责任，一方面要学生负学习的责任。对于一个问题，不是要先生拿现成的解决方法来传授学生，乃是要把这个解决方法找出来，安排停当，指导他，使他在短的时间，经过相关的经历，发生相类的理想，自己将这个方法找出来，并且能够利用这种经验理想来找别的方法，解决别的问题。"[1]他重视实验，主张通过尝试去发明创造，"实验就是用科学的方法去探新的生路"，并特别强调"不能不说是十分有把握但深愿试他一试"。他认为教育法的演进可以分为四个阶段，即：

第一阶段	教授法	花不开，果不结
第二阶段	教学方法	花开，不结果
第三阶段	偶尔尝试	结果
第四阶段	科学地尝试	美味果子

陶行知认为只有以科学的志向善于尝试才是最高境界的教育法。"须教他们不要以看书为满足，必在实验上去追求真知识"。因为"善能独出心裁，干得与书不同，这孩子在将来便有发明创造的希望"。[2]

著名学者胡适明确提出尝试观，他的一本新诗集就取名为《尝试集》。他说："我生求师二十年，今得'尝试'两个字，作诗做事要如此，虽未能到颇有志。作'尝试歌'颂吾师，愿大家都来尝试！"[3]喊出"自古成功在尝试！"的呼声。他的尝试思想主要有三点：（1）树立尝试成功的新概念；（2）正确对待尝试中的失败；（3）希望人们一切都要大胆尝试。胡适有具体的尝试方式：一是注重自修，他认为"灌进去的知识学问是没有多大用处的"，"真正可靠的学问都是从自身修得来的"。[4]二是"寻找问题"，告诫人们"总得时时寻一两个值得研究的问题"，因为"问题是知识学问的老祖宗，

1《陶行知文集》，江苏人民出版社，1981年，第14页。

2 陶行知：《行知书信集》，安徽人民出版社，1981年，第148页。

3 胡适：《尝试集》，人民文学出版社，1984年，第153—154页。

4 沈卫威：《无地自由·胡适传》，上海文艺出版社，1994年，第100页。

古往今来一切知识的产生与积聚都是因为解答问题。"[1] 并说"没有问题的人们，关在图书馆里也不会读书，锁在实验室里也不会有什么发明"[2]。

现代著名教育家叶圣陶比较系统地论述尝试教学思想。他明确指出：培养阅读书籍的能力，养成良好学习习惯的方法，"惟有让他们自己去尝试"[3]。他认为启发学生运用自己的心力，是尝试的宗旨。他在《论中学国文课程的修订》一文中对此作了详细的阐述："学生不甚了解的文章书本，要使他们运用自己的心力，尝试去了解，这才和养成读书习惯的目标结合；因为我们遇到一篇文章或一本书，都不能预言必然能了解，总是准备着一副心力，尝试去了解。"他又说："无论成功与否，尝试都比不尝试有益得多；其故就在运用了一番心力，那一番心力是一辈子要运用的，除非不要读书。"[4]

叶圣陶先生在他著作中，明确指出学生通过尝试会产生三种结果，而这三种结果对学生来说都会有收获：

（1）尝试成功了，"尝试的结果，假如果真了解了，这了解是自己的收获，印入必然较深，自己对于它的情感必然较浓"。[5]

（2）尝试遇到困难了，"假如不能了解，也就发现了困惑所在，然后受教师的指导，就困惑所在加以解答，其时在内容的领悟上和方法的运用上，都将感到恍然有得的快感；对于以后的尝试，这是有力的帮助和鼓励"。[6]

（3）尝试结果有出入，即使当教师讲解或讨论的时候，"见到自己的理解与讨论结果不甚相合，就作出比量长短的思索"。[7]

叶圣陶先生在半个世纪前，已经比较系统地阐述尝试教学思想，这是非常有远见的，这是他留给后人的极重要的教育思想。

我国从古至今的教育家都重视尝试，闪烁着尝试教育思想。而当今的革命家也都强调尝试的重要性，且身体力行，自己就是一个伟大的尝试者。

---

1 胡适：《杜威的教育哲学》，载于《中国现代教育文选》，人民教育出版社，1989年，第265页。

2 同上。

3 叶圣陶：《叶圣陶语文教育论集》（上册），教育科学出版社，1980年，第66页。

4 同上，第83—84页。

5 同上。

6 同上。

7 同上，第66页，第83—84页。

毛泽东思想中蕴含着丰富的尝试思想。毛泽东同志的名言："你要有知识，你就得参加变革现实的实践。你要知道梨子的滋味，你就得变革梨子，亲口吃一吃。"[1]用通俗易懂的生动实例说明尝试的重要性。

邓小平同志是我国改革开放和现代化建设的总设计师，他的名言"摸着石头过河"就是要求大家敢于尝试。他明确指出："看准了的，就大胆地试，大胆地闯。""没有一点闯的精神，没有一点'冒'的精神，没有一股气呀、劲呀，就走不出一条好路，走不出一条新路，就干不出新的事业。"[2]创办深圳经济特区就是一个伟大的尝试。建设有中国特色的社会主义，就需要有千千万万的闯将去尝试。

综上所述，从古代教育家孔子、孟子，直到当今革命家毛泽东、邓小平，无不重视尝试，亲自尝试。尝试教育思想在我国源远流长，尝试教学理论是具有中国特色的教学理论，在中国这块沃土上产生和发展尝试教学理论是历史的必然发展。

2. 尝试教学理论的实质、特征

对尝试和尝试教学的界定

尝试和尝试教学是互相联系又有区别的两个概念。

查阅中国流行的权威语言辞典，我们就会看到它们对"尝""试""尝试"所作的注解所占篇幅较大，考证涉及许多古代经典论著，诸如《论语》《孟子》《庄子》《荀子》等。《康熙字典》中说，尝——试也；《辞源》中说，尝——试探；《辞海》中说，尝——试，如：尝——试。《左传·襄公十八年》"诸侯方睦于晋，臣请尝之，若何？"杜预注："尝，试其难易也。"看来杜预对"尝"的注解"试其难易也"是十分贴切的。

现实生活中有各种不同的尝试，一般有三种：生活中的尝试、科学研究中的尝试、教学中的尝试。

1《毛泽东选集》（第一卷），人民出版社，1991年，第287页。
2《邓小平文选》（第三卷），人民出版社，1993年，第372页。

生活中的尝试是指学走路、骑车、穿衣服、拿筷子等，一般是属于技巧性的；科学研究中的尝试是有目标的实验，一般是属于发现性或创造性的；教学中的尝试是指学校中的尝试教学，一般是指学习知识性的。

根据上述分析，尝试教学是一种特殊的尝试活动。它既是尝试活动又是教学活动。这种尝试活动具有三个特点：

（1）通过学生尝试活动达到教学大纲所规定的教学目标，尝试目标非常明确；

（2）学生尝试活动过程中有教师的指导，它是一种有指导的尝试；

（3）尝试形式主要是解决教师根据教学内容所提出的尝试问题。

我们必须分清不同性质的尝试活动，了解不同性质尝试活动的特点。为下面讨论"尝试成功"观点找到立足点。生活中的尝试、科学研究中的尝试，一般在开始都可能失败；而教学中的尝试，由于有教师的指导，有教科书的示范，尝试任务又比较明确和单一，因此学生的尝试活动能够成功。

尝试教学理论的实质

尝试教学理论的实质是让学生在尝试中学习，在尝试中成功。它改变了传统的教学模式，不是先由教师讲解，把什么都讲清楚了，学生再做练习。而是先由教师提出问题，学生在旧知识的基础上，自学课本和互相讨论，依靠自己的努力，通过尝试练习去初步解决问题，最后教师根据学生尝试练习中的难点和教材的重点，有针对性地进行讲解。在现代的教学条件下，把教师的主导作用和学生的主体作用有机地结合起来，创造一定的教学条件，可使学生的尝试活动取得成功。

尝试教学理论中的基本观点是学生能尝试，尝试能成功。

尝试教学理论的特征

尝试教学理论有其鲜明的特征，可以归纳成两句话："先试后导""先练后讲"。

传统教学的特征一般是："先教后学""先讲后练"，这是灌输式教学的特征。先由教师讲解，把什么都讲清楚了，学生都听懂了，然后学生再做练习，把教师讲解的内容巩固消化。尝试教学理论则同传统教学截然相反。

先教后学→先试后导；

先讲后练→先练后讲。

虽只是前后顺序调换一下，可这是教育思想的巨大变化，是传统教学向现代教学的转变。前者强调教师为主宰，后者强调学生为主体。

进而可以将"先试后导""先练后讲"概括成两个字："先试"。"先试"就是先让学生"试一试"，这是尝试教学理论的基本精神。掌握了这个基本精神，就能灵活运用尝试教学理论，就等于掌握了灵魂。

在学校的各项工作（课堂教学、课外活动以及班队工作）中，都可以先让学生试一试。"先试"的思想可渗透到各个方面：语文课有试讲、数学课有试解、试做；自然课有实验、观察；音乐课有试唱、试奏；体育课有试跳、试跑等。让从未主持过班队活动的学生试着主持一回，让班干部试着组织一次野炊活动，让孩子试着去做他从未做过的事、试着去干他从未干过的活……这些都是"先试"的具体表现。尝试教学理论源于尝试教学法，又超越尝试教学法，有更广阔的天地。

3.尝试教学理论的思想基础

尝试教学理论的成立，必须从理论上回答下面三个问题：（1）为什么要进行尝试教学？（2）为什么学生能尝试？（3）为什么尝试能成功？

为什么要进行尝试教学？

尝试教学理论是以科学的辩证唯物主义认识论作为哲学基础的。

毛泽东同志指出实践的观点是辩证唯物主义认识论第一的和基本的观点。[1]传统教学很大程度上忽视了这一观点，强调教师传授而忽视学生的实践。尝试本身就是一种实践，让学生先尝试，促使学生去实践。学生不断尝试的过程，也是实践→认识→再实践→再认识的过程。

1《毛泽东选集》（第一卷），人民出版社，1991年，第284页。

"在教学过程中，教师和学生各自都把对方作为自己认识的对象，因此教学过程中主体究竟是教师还是学生这样一个教学认识论中最基本的问题已成为各派教学理论长期争论的难题。"[1] 唯物辩证法认为，事物发展的根本原因不是在事物的外部而是在事物的内部。毛泽东同志在《矛盾论》中指出："外因是变化的条件，内因是变化的根据，外因通过内因而起作用。鸡蛋因得适当的温度变化为鸡子，但温度不能使石头变化成鸡子，因为两者的根据是不同的。"[2] 把这个观点用在教学上，把教与学的关系说得很清楚了，同时指明了何为教学的主体。

在教与学的双边活动中，教师的"教"是变化的条件，是外因；学生的"学"才是变化的根据，是内因。教师的"教"要通过学生的"学"而起作用。如果学生不愿学，教师的教将失去作用；如果学生不会学，教师的教也会受到影响。因此，教学过程中教师应以学生为主体。

"学生为主体"决不否定教师的作用。因为学生的"学"是内因，教师的"教"是外因，而内因、外因都是原因，原因对结果来说都有某种决定作用。"学"的内因要靠"教"的外因去调动。没有教师的循循善诱，启发开导，学生就很难调动主动性和积极性。因此，教学过程中应以教师为主导。

在教学过程中以"学生为主体""教师为主导"，摆正了教与学的关系，既强调学生"学"的内因作用，又重视教师"教"的外因作用。教师的主导作用也表现为最大限度地发挥学生的主体作用。但是在传统的教学模式中，"学生为主体"是很难实施的，仅停留在口头上。

尝试教学过程中教师充分发挥教师的主导作用和学生的主体作用，并把两者辩证地统一起来。一开始要求学生尝试练习，就把学生推到主动地位，尝试练习中遇到困难，他们就会主动地去自学课本和接受教师的指导，这些就会变成他们自身的需要；学生依靠自己的力量解决了尝试题，就会使他们产生成功的喜悦，能够激发兴趣，促使他们更主动地、积极地去学习。尝

1 桑新民：《当代教育哲学》，云南人民出版社，1988 年，第 151 页。

2 《毛泽东选集》（第一卷），人民出版社，1991 年，第 291 页。

试教学过程中的每一步又都需要教师发挥主导作用，教师的主导作用表现为最大限度地发挥学生的主体作用。尝试教学过程使学生"学"的内因和教师"教"的外因都充分发挥作用，从而保证了取得最佳教学效果。

为什么学生能尝试？

尝试教学为什么具有操作的客观可能性，为什么老师没有教而学生会做尝试题呢？这对有些人来说是个"谜"。其实奥妙就在于迁移规律在发生作用，这是尝试教学理论的心理学基础之一。

所谓迁移，是将已经学得的东西在新情境中应用，也就是已有的经验可以对新课题学习产生影响。例如，学过百以内加减法会对学习万以内加减法产生有利影响；学会了例题1，学生经过努力，自己也会解例题2，这就是迁移。用认识结构理论来分析，迁移过程一般是对先前的知识结构进行改组，对新学得的知识重新组合，形成能容纳新知识的更高一级的新的知识结构。

学生在学习新课时，头脑里并不是空的，他们已经储存了许多旧知识和生活经验，也就是说，新课对学生来说并不完全陌生，而是"七分熟，三分生"。这样学生可以以"七分熟"的旧知识为基础，去探索尝试"三分生"的新知识。

迁移是心理学上最普通的常用概念。对有些人来说，好像没有什么新意，但恰恰是这最普通的概念，在教学理论中占有极重要的地位，一些有远见的心理学家都认识到这一点。我国著名心理学家曹日昌指出："关于这个过程的理论研究，集中表现为两个规律的阐明上：不同问题的迁移和解决问题中的定向作用。"美国著名心理学家奥苏伯尔在他著的《教育心理学》一书的扉页上写道："如果我不得不将教育心理学还原为一条原理的话，我将会说，影响学习的最重要因素是学生已经知道了什么。根据学生的原有知识状况进行教学。"[1]

为什么学生能尝试？还可以运用唯物辩证法的观点，从人的本质上进行

---

1 转引自吴文侃主编：《当代国外教学论流派》，福建教育出版社，1990年，第209页。

分析。人有三种属性：生物属性、社会属性和思维属性。动物有生物属性，也可能有社会属性，但却没有思维属性。人有思维属性，这是人与动物的根本区别。人是有意识的，只有人才能意识到自己的需要，并通过自己的活动来满足需要。人不仅把周围世界当作自己认识的对象，而且把自身也作为认识的对象。人不仅能控制、改造世界，而且能控制、改造自己。正如马克思所指出的，动物和它的生命活动是直接同一的。动物不把自己同自己的生命活动区别开来，它就是这种生命活动。人则使自己的生命活动本身变为自己的意志和意识的对象。[1]

由此可见，教师必须懂得一个简单而重要的道理："学生是人，而人是有意识和自我意识的。"学生的头脑里不是空白的，已经具有错综复杂的知识结构，已经积累了许多生活经验，这是学生能尝试的基础，应该相信学生能尝试。这就是尝试教学的基本点。

为什么尝试能成功？

提到尝试教学理论，大家很自然地会联想到美国著名心理学家桑代克在二十世纪初提出的"尝试错误学说"。为什么桑代克强调尝试→错误，而尝试教学理论则强调尝试→成功呢？这是尝试教学理论中的一个根本性的问题。

什么是尝试和错误说？《辞海》中有简明的解释：美国心理学家桑代克所提出的一种学说，主要是根据饿猫通过乱撞乱闯、东抓西咬，学习拉开笼门取得食物的实验，认为尝试和错误是学习的基本形式，在重复尝试中，失败动作逐渐少，成功动作逐渐加强。在桑代克看来，学习就是刺激和反应联结的加强。认为联结加强的因素，一是"效果"，二是"重复"。反应的满意效果加强联结，"不满"和"烦恼"效果削弱联结，这叫"效果律"；反应重复的次数愈多，联结愈牢固，这叫"练习律"。1930年后，他们把这两个定律略作修改直接搬用到人类身上，断言人类和动物学习没有质的区别，混淆

1《马克思恩格斯全集》（第42卷），第96页。

了任何动物的界限。[1] 在美国鲍尔、希尔加德合著的《学习论》一书中详细介绍了桑代克的实验。[2]

桑代克的尝试错误说是以动物实验为基础，这种尝试是盲目的，因此尝试会导致错误，在犯了许多错误以后，逐步矫正错误，从中学会知识和技能。把动物实验推广到人的学习，抹杀了人与动物的区别。因此，这种学说自二十世纪以来，已受到许多心理学家和教育学家的发难。但是，桑代克在这些实验的基础上而创立的联结主义的学习理论，对教育心理学的发展作出了巨大的贡献。尝试错误说的主要历史功绩在于，首先提出尝试学习的方式，但并未对学生的学习规律作深入的研究，更没有提出尝试学习的教学模式，这是受时代条件限制。我国心理学家冯忠良作过中肯的评价："桑代克的联结说，基本上是依据动物学习的实验材料确立的。他虽对人类以及学生的学习作过大量的研究，但这些研究的主要目的在于引证他在动物学习实验方面的研究所得，而不是着重探讨人类以及学生学习的本质特点。""由于他在发展观方面，没有摆脱庸俗进化论的框子，所以也就难以认识人类学习的真正本质特征。至于揭示学生学习的本质特点那就更谈不上了。所以，桑代克的联结说脱离解决学生的学习问题是遥远的。"[3]

尝试成功说的提出不是偶然的，是在 10 多年尝试教学法的实验研究基础上，又经过遍及全国 30 个省、市、自治区近 2000 万学生的广泛教学实践的检验而提出来的。在前面对尝试教学的界定中已经阐明，尝试教学是一种特殊的尝试活动和教学活动，它有教师的指导，是有指导的尝试，尝试任务仅是完成教材中的一定的教学目标，而教材是按照由浅入深、循序渐进的原则安排的，这就为学生在旧知识的基础上，成功地尝试解决新课题创造了条件。因此，在尝试教学过程中，只要创设一定的教学条件，学生的尝试活动能够取得成功，关键在于创设一定的教学条件。

尝试成功说主要建立在学生具有人的思维属性的基础上，他们大脑中存

1《辞海》，上海辞书出版社，1980 年缩印本，第 202 页。

2 [美]鲍尔·希尔加德：《学习论》，上海教育出版社，1987 年，第 40—43 页。

3 冯忠良：《学习心理学》，教育科学出版社，1981 年，第 47—48 页。

在着原有的知识结构，具有对新知识的同化和顺应能力。而教学过程是一种特殊的认识过程，学生的尝试不是孤立的，有教师的指导，有学生之间的相互帮助，有教科书的示范和引导，再加上教学手段的辅助，因此学生的尝试能够取得成功。

维果茨基的"最近发展区"理论为尝试成功说提供了心理学上的理论依据。维果茨基确定儿童的两种发展水平：第一种称之为儿童的现有发展水平，这是指"由一定的已经完成的儿童发展系统的结果而形成的儿童心理机能的发展水平"[1]，表现为儿童能够独立解决在这一水平上的智力课题；第二种是指儿童发展中正在成熟但又尚未成熟的心理机能，表现为"儿童还不能独立解决任务，但在成人的帮助下，在集体活动中，通过模仿，却能解决这些任务。儿童今天在合作中会做的事，到明天就会独立地做出来"。维果茨基将儿童的第二种发展水平称为"最近发展区"。他认为："教学与其说是依靠已经成熟的机能，不如说是依靠那些正在成熟中的机能，才能推动发展前进。教学创造最近发展区，然后最近发展区则转化到现有发展水平的范围之中。"[2]

最近发展区理论给关于教学与儿童发展过程之间的关系的整个学说带来了一场大的变革。过去的理论往往要求教学不要超过学生智力发展已经成熟的水平。与旧的观点不同，关于最近发展区，我们能提出一个与之相对应的公式，这个公式宣布："只有走在发展前面的教学才是良好的教学。"[3]

尝试教学理论强调学生在教师指导下自己先尝试，正是为学生创造最近发展区，正是为了走在学生发展的前面。维果茨基的理论证明，学生的尝试活动不但是必要的，也是有可能的。正是由于学生存在两种发展水平（现有发展水平和最近发展区），且这两种发展水平可以互相转化，学生的尝试活动是能够成功的。

当然，尝试有可能成功，也有可能错误，关键在于创设一定的教学条

1 维果茨基：《学龄期儿童的教学与智力发展问题》，《教育研究》，1983 年第 6 期。

2 ［苏］赞科夫：《教学与发展》，文化教育出版社，1980 年，第 14 页。

3 同 1，第 75 页。

件。虽然少数后进生有可能发生错误，但是经过教师及时矫正和指导，再给予第二次尝试机会，他们第二次尝试便会成功。所以，从总体上看尝试是能取得成功的。

综上所述，尝试错误说和尝试成功说这两者在"尝试"这点上有共同点，但是存在质的差别：

（1）尝试错误说是在动物实验的基础上提出的，而尝试成功说是在近2000万中小学生的教育实验基础上提出的。

（2）尝试错误说是从训练动物中提出的，它是一种盲目的尝试；尝试成功说是从人的教学实践中提出的，强调教学过程是一种特殊的认识过程，它是一种有指导的尝试。

（3）尝试错误说与尝试成功说这两者都强调在尝试中学习，但是预期的结果是不同的。前者强调的是尝试→错误，后者强调的是尝试→成功。由于对学生尝试活动的预期结果不同，由此会产生不同的教育思想。尝试错误说认为尝试会导致错误，必须经过许多错误之后，才能学会，使许多人由此对"尝试"望而却步，为了避免学生走弯路，倒不如教师满堂灌，为注入式教法找到了借口。尝试成功说使师生树立信心，相信能够取得成功。这是尊重学生的人格，相信学生的潜能，使学生通过自己的努力能够取得成功、充满信心，这是现代教育思想的出发点。

从桑代克提出尝试错误说，到现在提出尝试成功说，相隔将近一个世纪。后者是对前者的继承和发展，尝试成功说的成立，对学生的尝试活动有了更高层次的理解，使尝试错误说在现代教学条件下得到新的发展。

4.对达到尝试成功的因素的分析

"学生能尝试，尝试能成功"是尝试教学理论中的基本观点，前面已经谈到，如果教师为学生创设一定的教学条件，学生尝试能成功。促进学生达到尝试成功的因素很多，主要有如下七项：

（1）学生的主体作用。在尝试活动中，尝试的主体是学生，必须充分发挥学生的主体作用，调动学生尝试的主动性和积极性，让他们大胆尝试，积极思维。如果学生不愿或不积极尝试，尝试怎能成功呢？因此，充分发挥学生的主体作用，是保证尝试成功的基础。

（2）教师的指导作用。学生的尝试不是盲目的，而是在教师指导下有目的、有步骤地尝试，教师不但要在学生尝试中进行指导，而且在学生的尝试前和尝试后，都必须认真指导。学生主体作用的发挥，也要依赖于教师的指导。学生的尝试和教师的指导这两方面是互相依存、紧密联系的。只要充分发挥教师的指导作用，就有可能使学生尝试成功。因此，充分发挥教师的指导作用，是保证尝试成功的关键。

（3）课本的示范作用。课本是教师教和学生学的基本材料。课本中既明确规定学习内容和目标，又提供解决问题的途径和方法，使学生有可能通过自学课本去进行尝试，这为学生尝试成功提供重要的信息。在学生尝试活动中，必须指导学生自学课本，引导学生从课本中找到解决问题的线索，用课本中提供的范例和信息去尝试解决问题。因为充分发挥课本的示范作用是保证尝试成功的重要条件。

（4）旧知识的迁移作用。各学科的教材都有一定的系统性，一般按照由浅入深、循序渐进的原则编排。前面知识是后面知识的基础，后面知识又是前面知识的引申和发展。这就有为学生提供了利用旧知识的迁移作用，去尝试解决新问题的可能性。因此，充分发挥旧知识的迁移作用，是保证尝试成功具有客观可能性的前提。

（5）学生之间的互补作用。在课堂教学中学生处于班集体里，学生的尝试活动不是个体孤立的尝试，而是在班级集体中互相影响下的尝试。在尝试活动中，学生之间能够产生互补作用。因为学生存在个别差异，尝试能力也会有差异，通过发挥学生之间的互补作用，尽可能使大多数学生取得成功。

（6）师生多向的情意作用。在班级教学条件下，师生之间、学生之间都能用情感互相交流。教学是一个复杂的情意活动系统、人格协调系统。在尝试活动过程中不仅要重视智力因素，也要重视品德因素、情意因素、人格因素对教学活动的影响。积极对待学生必须尊重、真诚、理解、热情、平等相处、坦诚相见，使学生感到亲切可信。这样，学生会把教师的激励和要求当作大胆尝试的动力。同时要协调学生之间和谐的人际交往关系。从而形成和谐、真诚的课堂气氛，为保证学生尝试成功[1]，创设一个良好的教学环境。

（7）教学手段的辅助作用。教学手段包括教具、学具以及现代化电教媒体手段。这些手段的使用，为教学创设了一定的情境，促使学生更好地理解和掌握教学内容，对教学起辅助作用。同时，在尝试教学过程中也能起辅助作用，促进学生尝试成功。[2]特别是计算机辅助教学的运用，更为学生尝试成功插上了翅膀。多媒体电脑能把图像、文字、声音集成起来，使得多种媒体互补，传递信息具有很强的真实感和表现力，很多问题能够化难为易，为学生尝试成功创造了物质条件。[3]

以上七项达到尝试成功的因素，各有其独特的功能和价值，共同组成一个整体结构。它们之间不但相互联系，而且相互影响、相互制约。各因素之间相互影响、相互运动构成一个动力系统，可用下图表示：

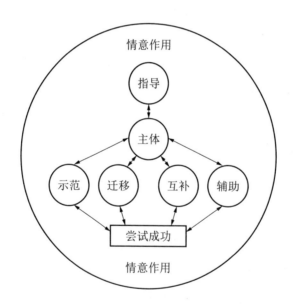

上图这个动力结构的中心是学生的主体作用，教师对学生进行指导，学

---

1 参见卢专文：《引导小学生在人际交往中尝试成功》，载于《尝试·成功·发展》，湖北人民出版社，1996年，第177页。

2 参见吴安水：《发挥媒体优势，促进尝试成功》，载于同上，第630页。

3 参见黄爱华、黎惠贤：《以多媒体计算机为信息载体实现尝试成功》，载于同上，第626页。

生通过课本示范作用、旧知识的迁移作用、学生之间互补作用和教学手段辅助作用实现尝试成功。圆的四周是师生多向的情意作用，表示它主要是创设良好的教学情境。

达到尝试成功的指标应有知、情、意三方面：知——初步达到预定的知识和能力的教育目标，也就是初步解决问题；情——在心理上产生成功的喜悦，师生之间和学生之间在情感上得到交流和满足；意——通过尝试成功的活动，树立克服困难的信心和意志。

大量教学实践已经证明，最大限度地发挥各个因素的作用，学生尝试的成功率可达100%，一般都在90%以上。常州市博爱路小学曾做了一次有趣的教学实验[1]，该校五年级有4个平行班，原有成绩存在差异。教学内容是应用题单元（六年制小学数学课本，人民教育出版社，1984年第1版，第九册，第38—45页），尝试教学采用4种不同的教学条件组合：

I：出示尝试题后，直接让学生尝试练习。

II：出示尝试题后，先让学生自学课本，然后再做尝试题。

III：出示尝试题后，先让学生自学课本，同时学生互相讨论，然后再做尝试题。

IV：出示尝试题后，先让学生自学课本，教师指导学生自学，学生互相讨论，最后做尝试题。

这4种教学条件组合，在4个班级里采用循环实验法，进行对比实验。学生将尝试题做在专用的练习纸上，练毕立即交给老师，老师课后统一批改。尝试题的正确率就是尝试的成功率。实验结果如下：

不同教学条件对尝试成功的影响

	摸底成绩	教 学	条 件		
		I	II	III	IV
五（1）	96.5	87.5%	94.6%	100%	100%

---

1 参加实验的教师有汪丽娟、徐培芳、薛文兴。

	摸底成绩	教　学		条　件	
		I	II	III	IV
五（2）	90.3	79.6%	94%	96.4%	100%
五（3）	86.4	80%	83%	89.4%	98.2%
五（4）	72.6	67.9%	78'6%	87.5%	98.2%

从上表中看出，尝试的成功率随着教学条件的增加而提高。这个趋向越是在成绩差的班级越是明显。这里特别要指出，出示尝试题后，不给予什么教学条件，立即让学生做尝试题，就有 80% 以上的学生会做了，就连差的班级也有 67.9% 的学生会做了。如果按照传统教学模式，教师要从头讲起，什么都讲，搞满堂灌，不是白白浪费学生的时间吗？！

5. 尝试教学理论的教学原则

教学原则是根据教学规律制定的在教学过程中所必须遵循的基本要求。每一种教学理论都有它相应的独特的教学原则。除遵循一般的教学原则外，尝试教学过程中还有相应的、独特的教学原则。制定尝试教学理论的教学原则的主要依据：（1）尝试教学理论的实质和特点；（2）达到尝试成功七因素的动力系统；（3）广大教师在 10 多年教学实践中的经验教训。目前在尝试教学中经常运用的教学原则有六个，分别简述如下。

尝试指导原则

这是尝试教学理论中最重要的原则，具有鲜明的特点。有了它，尝试教学理论就能够区别于其他教学理论。

这个原则包含着两个要素——学生的尝试和教师的指导。这两方面是互相依存，紧密联系的。学生的尝试以教师的指导为前提，教师的指导以学生的尝试为目标。

学生的尝试。中小学各科知识一般可用习题或问题的形式呈现。教师先不要讲解，而是大胆让学生去尝试。它的表现形式有尝试阅读、尝试操作、尝试练习、尝试讲解等。

教师的指导。学生的尝试不是盲目的，而是在教师指导下有目的、有步骤的尝试。教师的指导绝不是包办代替，而是根据儿童的年龄特点和认识规律，根据教材特点和教学要求，为学生创设必要的尝试条件。

教师不但要在学生尝试中进行指导，而且在学生的尝试前和尝试后，都必须认真给予指导。在学生尝试前，教师要认真制订课时计划，规定学生尝试的步骤，编拟准备题和尝试题，指导学生自学课本，要设计指导语或提出自学思考提纲。在学生尝试中，教师必须巡回指导，了解学生尝试的情况，对后进生进行个别辅导，帮助他们完成尝试任务。在学生尝试后，教师可以组织学生讨论，启发学生尝试讲道理，判断尝试的正误，并对正确的答案进行强化、对错误的答案进行矫正。根据学生尝试练习的情况，教师针对学生感到困难的地方、教材关键的地方进行重点讲解，以确保学生系统突破难点，掌握知识。

教师的指导还表现为在教师的指导下充分发挥尝试成功的诸因素的作用。教师指导下的学生尝试活动，可用下图表示：

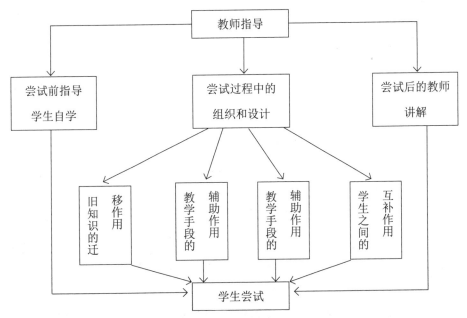

教师的指导与学生尝试活动的关系图

运用尝试指导原则的要求：

（1）运用尝试指导原则，着眼点在于培养学生的探索精神。大胆让学生去尝试，使他们敢于尝试，乐于尝试，善于尝试。

（2）学生尝试与教师指导要有机地结合。这里必须明确，尝试的主体是学生，教师指导是为学生尝试服务的。"先试后导"的基本特征不能改变。

（3）在尝试要求上，应该根据学生年龄特点和学科特点而有所不同，由扶到放，由易到难。教师指导应该掌握分寸。在小学低中年级，教师应该多加辅导，在小学高年级和中学应该逐步放手让学生独立尝试。总之，在具体要求和方法上，应具有灵活性，不要"一刀切"。

（4）在尝试操作步骤上，应该灵活安排。可以提出各种教学操作模式，但不能机械搬用。根据学生特点、学科特点和教材特点，灵活安排尝试过程的程序，但万变不离其宗，"先试后导""先练后讲"的精神不能变。

即时矫正原则

要及时反馈学生尝试的结果，及时矫正。从教育控制论的观点来看，学生在尝试前接受教师指导和自学课本是吸收信息，学生尝试练习是输出信息，教师从学生尝试练习中得到反馈信息，判定尝试结果的正误是评价信息。可用下图表示：

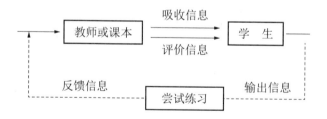

在教学系统中，如果只有吸收信息、输出信息，没有反馈信息和评价信息，并不是一个完整的学习过程。一个完整的学习过程，四者缺一不可，而且时间不能拉得过长，要即时反馈信息，即时评价。要求把问题—解答—评价—改错，紧密结合为一个整体，也就是形成一个完整的教学系统。因此，在学生尝试过程中，即时反馈、即时矫正是十分重要的。为了贯彻即时矫正的原则，提出了"四个当堂"的操作方法，即"当堂完成作业、当堂校对作业、当堂订正作业、当堂解决问题"[1]。

应用即时矫正原则的要求：

（1）即时反馈是即时矫正的前提。在学生尝试过程中，教师要巡回指导，了解学生尝试情况；尝试后经过学生讨论得出正确答案，让学生自行校对并立即把正误信息反馈给教师。教师要统计全对人数、错误人数。学生在课堂上做作业时，教师也要随时了解情况，掌握反馈信息。

（2）即时反馈后，教师要对学生的尝试结果作出评价。谁做对了，谁做错了。对做对的要表扬强化，对做错的也要鼓励。使学生体会到尝试成功的喜悦；尝试暂时失败了，不气馁，在第二次尝试中争取成功。

（3）对尝试结果评价后，要求学生即时矫正。矫正前，要通过教师指导或学生讨论，使学生知道错在哪里，如何矫正。对后进生还要进行个别辅导，帮助他们矫正错误。

（4）对尝试结果的评价，除教师评价外，还可由学生互评。从中既可以培养学生的评价能力，又能促进学生之间的互相交往。

（5）学生矫正后，教师还须检查，特别对后进生，了解他们矫正后是否做对了。这一步不能忽略，不要以为矫正后就没事了。

（6）对学生的课堂作业，也要做到即时反馈、即时矫正，做到"四个当堂"。作业都在课堂上完成了，解决了，就可以减轻学生课外的作业负担，有利于学生身心健康。

问题新颖原则

尝试教学过程中，设计好尝试问题极为重要。提出尝试问题，是向学生提出尝试任务也就是尝试目标，这是关系到全局成功的重要一步。提出的尝试问题力求新颖，能够激发学生的好奇心和求知欲，引起学生心理上的"认知冲突"。尝试问题新颖原则的要求：

---

1 参见邱学华：《从控制论谈数学作业批改》，载于《邱学华小学数学教育文集》，江苏教育出版社，1991年，第244—246页。

（1）尝试问题要提得新颖，给学生耳目一新的感觉，引起学生认识上的冲突，激发学生探索问题的兴趣。例如一位语文教师在教《曹冲称象》一课时，提出这样的尝试问题："你们有没有比曹冲称象更好的办法？"让学生在赞叹古代曹冲聪明之余，向曹冲发起挑战。这一问题引起学生极大的兴趣，激发了他们的尝试热情。[1]

（2）创设尝试情境，设置悬念。尝试问题在一定的情境中提出，可以设置悬念让学生解决。例如，教学"能被 3 整除的数的特征"时，教师先说："老师不用计算，就能知道哪些数可以被 3 整除，不信你们可以说几个数来考考老师。"学生纷纷举手说出一些较大的数，老师都能准确地加以判断，学生感到惊奇，此时教师提出尝试问题："能被 3 整除的数的特征是什么？"这样做不但能激发学生的兴趣，而且能清楚地让学生知道尝试的问题。

（3）联系实际。提出的尝试问题要联系学生的生活实际，也能使学生感到新颖有趣。例如，在教"圆的认识"时，向学生提出尝试问题："为什么车轮是圆形的，而不是三角形或椭圆形呢？"学生可带着探索生活奥秘的心情去尝试，通过思考懂得同圆内半径相等的道理。

（4）难度要适宜。问题新颖并不是加大难度，应根据学生的年龄特点和学习水平，提出尝试问题的难易程度要适度。

（5）正确处理尝试问题与课本内容的关系。尝试问题应以课本内容为依据，在形式上力求新颖。以数学学科为例分析，一般尝试题是根据例题设计的，按照教学需要有四种设计方式：与例题同类型、同结构、同难度，只改变内容、数字；与例题的内容、形式、结构稍微有些不同，难度大致相同；较例题略有变化，难度也略有提高；直接以课本例题为尝试题。

准备铺垫原则

尝试教学不同于传统教学，它的特征是先试后导，先练后讲。教师还没有讲，怎样让学生去试呢？这里必须发挥旧知识的迁移作用，用"以旧引新"

---

1 参见绍兴县离渚中心小学课题：《尝试教育与人的现代化发展的实验研究》，载于《尝试·成功·发展》，湖北人民出版社，1996 年，第 89 页。

的办法去解决尝试问题。因此，出示尝试题不能太突然，事先必须作好准备铺垫工作，为解决尝试题铺路架桥。作好准备铺垫工作可以减缓尝试过程的坡度。准备铺垫的含义是作好尝试准备，为解决尝试问题起铺垫作用。

应用准备铺垫原则的要求：

（1）重视尝试准备的作用。尝试准备是学生尝试活动过程的开端，作好准备铺垫就有了好的开端，为学生尝试取得成功创设必要的条件。

（2）准备铺垫是为学生解决尝试问题服务的。因此准备练习要有针对性。同尝试题有密切联系的，一般是解决尝试题所需的基础知识。

（3）从准备题自然过渡到尝试题，最大限度地发挥旧知识的迁移作用。例如，教学"带分数连减法"，按照准备铺垫的原则，设计了基本训练题和准备题，为解决尝试题作好铺垫，分析如下：

基本训练题

$$5\frac{5}{24} - 4\frac{(\ )}{24} - 3\frac{(\ )}{21}$$

$$6\frac{5}{12} - 5\frac{(\ )}{12} - 4\frac{(\ )}{12}$$

……

这是分数连减法的难点，必须着重训练，作好铺垫。

准备题

$$8\frac{3}{8} - \frac{5}{8} - \frac{7}{8}$$

$$8\frac{3}{8} - 8\frac{5}{8} - 8\frac{7}{8}$$

以同分母分数连减法作准备题，在新旧知识间架起桥梁，减少坡度。

尝试题

$$8\frac{3}{8} - 1\frac{5}{6} - 3\frac{2}{3}$$

有了上面练习作基础，只要增加"通分"环节，就能顺利解决尝试题。

从以上分析中看出，基本训练题、准备题、尝试题和例题是紧密联系着的，组成一个练习系统，有利于形成一个新的知识结构。

再例如教"三步复合应用题"，根据课本中的例题要求，设计准备题和尝试题：

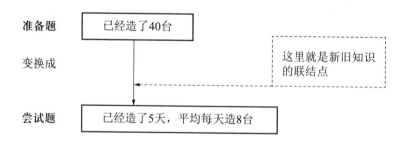

准备题：农机厂计划造 100 台抽水机，已经造了 40 台，剩下的要 4 天完成，平均每天要造多少台？

例题：服装厂计划做 660 套衣服，已经做了 5 天，平均每天做 75 套。剩下的要 3 天做完，平均每天要做多少套？

尝试题：农机厂计划造 100 台抽水机，已经造了 5 天，平均每天造 8 台，剩下的要 4 天完成，平均每天要造多少台？

在"导入新课"时，先出示准备题，这是旧知识，学生解答后再出示尝试题，引导学生分析准备题与尝试题的异同点。不同点在于：

准备题   已经造了40台

变换成

这里就是新旧知识的联结点

尝试题   已经造了5天，平均每天造8台

这样，从准备题过渡到尝试题，揭示了新旧知识的联结点，沟通了新旧知识的联系，然后再引导学生自学课本例题，从例题的分析方法和解题方法以及书写格式中得到启示。有了以上的基础，学生再做尝试题就水到渠成了。

按认知心理学的观点，学生在旧知识的基础上去解决尝试问题，其实也是知识结构同化的过程。在学生尝试过程中，教师应该有意识地促进知识结构的同化。

合作互补原则

课堂教学中的尝试活动特点是个体尝试存在于群体之中，强调个体的尝试与群体的合作。合作互补原则的含义，就是尝试过程中充分利用班集体的有利条件，加强学生之间的互相合作和互相补充。

应用合作互补原则的要求：

（1）首先要创设合作气氛，教育学生亲密友好，互相关心，互相帮助。班级里每一个人都把自己看成是群体的一员，把帮助掉队的同学作为自己的责任，要有强烈的责任感。在互相合作和互相帮助的过程中，培养学生合作的热情和交往的能力。

（2）合作互补要贯穿尝试的全过程。出示尝试问题，即可组织学生议论，如何来解决尝试问题，各自谈谈初步想法。尝试练习中，应组织互相帮助，互相检验。尝试练习后，应组织学生讨论，各自尝试讲道理，互相取长补短。

（3）组织学生讨论是贯彻合作互补原则的重要形式。组织讨论有各种不同层次，应该根据学生的情况以及教材的特点提出不同的要求。一般常用的办法是从评议尝试题着手。尝试练习后出现了几种答案，哪个是对的，哪个是错的，学生有话好讲。判定了谁对谁错，教师接着引导学生讨论：做对的道理以及做错的原因，把讨论引向深入。

只有运用本节课所教的法则、结论才能做对尝试题，因此讲出做对的道理就解决了本节课的教学重点。容易做错的地方，也就是学生学习感到困难的地方，因此说出做错的原因，也就突破了本节课的教学难点。这样的讨论，既解决了教学重点，又突破了教学难点，的确是一种简便有效的方法。

民主和谐原则

民主的师生关系、和谐的课堂气氛是保证学生尝试成功的重要条件。因为创设一个民主和谐的课堂气氛是发展学生思维的保证。陶行知先生早就在《创造的儿童教育》一文中指出最能发挥创造力量的条件是民主。"如果要大量开发创造力，大量开发人矿中之创造力，只有民主才能办到，只有民主的目的、民主的方法才能完成这样的大事。"教学一旦触及学生的情感和意志领域，触及学生的精神需求，这种方法就能发挥高度有效的作用。民主和谐原则要求为学生尝试活动创设一个民主和谐的课堂气氛，充分发挥情感的作用。

应用民主和谐原则的要求：

（1）首先教师要热爱学生，这是实现民主和谐的基础。没有爱就没有教育。对学生的尝试活动充满信心，循循善诱，不指责、不呵斥、不急躁。处处关心学生，鼓励学生。

（2）建立民主平等的师生关系，使学生感到老师既是自己的师长，又是最可亲近、可以交心的朋友。有了民主平等的师生关系，就能创设师生心理相融的课堂气氛。师生之间情感沟通，相互推心置腹，师生之间都能以诚相待，知无不言，言无不尽，听不到呵斥和叹息的声音，看不到苦恼和僵持的状态。

（3）学生之间形成和谐、友好、互助竞争的关系。在尝试教学中不仅要注意处理师生之间的关系，更重要的是处理好学生之间的关系，促使他们友好合作，互相支持，互相补充，同时互相竞争，共同达到尝试成功。在学生人际交往活动中，教师必须加以调控指导。

（4）创设活泼愉快的课堂气氛。一方面教师要激发学生尝试的兴趣和欲望，使学生乐意自觉地参与尝试活动；另一方面教师要有活泼愉快的情绪，语言声调要满怀喜悦。教师要教得活泼，学生才能学得愉快。这样师生双方共同营造一种活泼愉快的课堂气氛。

上述六个教学原则，彼此密切联系，相辅相成。要善于把它们结合起来灵活运用。

6. 尝试教学理论的教学模式

每一种教学理论都有相应的教学模式。一个完整的尝试教学过程包括以下六个步骤：

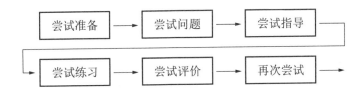

各类学校的各门学科都可以按照上述的通用模式来设计各自的教学操作程序。

尝试教学的基本模式

根据尝试教学理论的实质和"先试后导、先练后讲"的基本特征,在教学实践中逐步形成一套基本操作模式,在中小学都行之有效。它的教学程序分成七步:

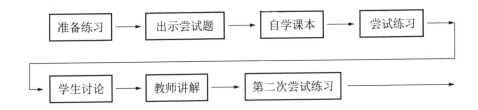

每一步的作用和操作方法简述如下。

第一步:准备练习。

这一步是学生尝试活动的准备阶段。用尝试问题所需的基础知识先进行准备练习,然后采用"以旧引新"的办法,从准备题过渡到尝试题,发挥旧知识的迁移作用,为学生解决尝试题铺路架桥。

第二步:出示尝试题。

这一步是提出问题,也就为学生进行尝试提出任务,让学生进入问题的情境之中。尝试题出示后,必须激发学生尝试的兴趣,激活学生的思维。"老师还没有教,谁会做这道题目?""看谁能动脑筋,自己来解决这个问题。"先让学生思考一番,同桌可以互相议论一下,如何解决尝试问题。

第三步:自学课本。

这一步是为学生尝试活动中自己解决问题提供信息。出示尝试题后,学生产生了好奇心,同时产生解决问题的愿望。这时引导学生自学课本就成为学生切身的需要。"这道题你们还不会做吧，请翻开课本看看例题是怎样做的，再想想这道题应该怎样做。"

自学课本前，教师有时可提一些思考问题作指导。自学课本中，学生遇到困难可提问，同桌学生也可互相商量。通过自学课本，大部分学生对解答尝试题有了办法，都跃跃欲试，时机已经成熟就转入下一步。

第四步：尝试练习。

这一步是尝试活动的主体。尝试练习根据学科特点有多种形式。教师要巡视，以便及时掌握学生尝试练习的反馈信息，找准学生的困难在哪里，这就为后面教师讲解提供信息，对后进生进行个别辅导。学生尝试中遇到困难，可以继续阅读课本，同桌学生之间也可互相帮助。尝试练习结束后，转入下一步。

第五步：学生讨论。

尝试练习中会出现不同答案，学生会产生疑问，这时引导学生讨论。谁做对了，谁做错了，有不同看法也可以争论。其实，在对尝试题评议讨论的过程中，学生已经在尝试讲道理了。学生互相讨论后，迫切需要知道自己尝试的结果是否正确，这时听教师讲解已成为他们的迫切要求。教师讲解火候已到，就转入下一步。

第六步：教师讲解。

这一步要确保学生系统掌握知识。有些学生会做尝试题，可能是按照例题依样画葫芦，并没有真正懂得道理。因此，在学生尝试练习以后，教师还要进行讲解。

这里的教师讲解同过去的方法不同，不要什么都从头讲起。因为现在学生的起点不同，他们已经通过自学课本，并亲自做了尝试题，对这堂课的教学内容已经有了初步的认识。教师只要针对学生感到困难的地方、教材关键的地方重点进行讲解。教师要讲在点子上，讲在学生还模糊的地方。讲解时要注意运用直观教学手段或电化教学手段。

第七步：第二次尝试练习。

这一步给学生"再射一箭"的机会。在第一次尝试练习中，有的学生可能会做错，有的学生虽然做对了但没有弄懂道理。经过学生讨论和教师讲解后，得到了反馈矫正，其中大部分人会有所领悟。为了再试探一下学生掌握新知识的情况以及把学生的认识水平再提高一步，应该进行第二次尝试练习，再一次进行信息反馈。这一步对后进生特别有利。

第二次尝试题不能同第一次相似，否则就失去了意义。它一般同例题稍有不同或采用题组形式。第二次尝试练习后，教师可进行补充讲解。

以上七步是一个有机整体，反映了学生完整的尝试过程，也是一个有序可控的教学系统。这七步中，中间的五步是主体，第一步是准备阶段，第七步是引申阶段。

尝试教学的灵活模式

尝试教学理论有一个基本教学模式，它只是为教师合理组织教学过程指出了应遵循的科学程序。但是教学情况是各不相同的，生搬硬套一个模式是不科学的。因此，以上的七步基本操作模式并不是不变的，应该根据不同教学内容、不同的学生情况以及教学条件的变化而灵活应用。增加一步或减少一步，几步互相调换或合并均可以。但"先试后导""先练后讲"的基本特征不能变。因此，从基本式可派生出许多变式。略举几种主要变式。

变式Ⅰ：调换式。

把基本式中某几步调换一下。例如，第二步自学课本与第三步尝试练习可以调换一下。出示尝试题后，不叫学生先看课本，而让学生先做尝试题。尝试解题之后，再让学生自学课本例题，加以对照，检验尝试结果。

这样调换的条件是学生解尝试题有一定的基础，估计独立做尝试题困难不大。这样调换的优点是不受课本束缚，促使学生更主动地去探索，有利于创造性思维的发展。这样做同时也符合学生的心理特点，出示尝试题后，学生急于想试一试，如果硬要学生按部就班先看课本再尝试，反而会影响他们的积极性。

变式Ⅱ：增添式。

根据教学需要，可以在基本式上增添一步或几步。例如，在出示尝试题以后可以增添一步学生讨论。出示尝试题后，由于学生的知识水平不同，有的胸有成竹，有的模模糊糊，有的一知半解。这时如果先让学生议论一番，互相可以得到启发，有利于尝试练习。这种议论可以采用三三两两的自由议论式。

有些教学内容实践性较强，如小学的自然，中学的理化，数学中的几何知识或计量知识，可以在尝试练习前后增加一步尝试操作。

变式Ⅲ：结合式。

当学生比较熟悉和适应尝试教学以后，七步基本式就不必分得那么清楚，可以有机地结合进行。如出示尝试题以后，学生可以一边自学课本，一边动手做尝试题了，把第三、第四两步结合起来。第五、第六步也不要截然分开，学生讨论和教师讲解可以结合进行，教师参加学生讨论，在讨论中把需要讲解的内容穿插进来。这样做比较自然，既节约时间又灵活机动。

大量的教学实践证明，应用这种结合式比较普遍。典型的七步基本教学程序，大多在开始时使用，一旦学生已经熟悉，就应该灵活应用。如果还是照套七步基本式，学生反而会觉得厌烦。

自学课本与尝试练习这两步结合进行，是先看课本再练习，还是先练习再看课本，让学生自己决定。一部分学生觉得做尝试题有把握，就先做练习再看书；一部分学生做尝试题有困难，就先自学课本再练习。这样的做法，体现了因材施教，即按各类学生的内在需要，决定教学程序，不强求一致。

变式Ⅳ：超前式。

小学高年级和中学一节课的教学内容较多，产生了一个突出矛盾，这就是课堂教学时间不够。为了解决这个矛盾，就出现了超前式。

超前式的具体操作方法是把基本式的前几步提前到课前作为预习。上一堂课结束前，出示下一堂课的尝试题，教师可作简单的指导。学生在课外自学，解决尝试问题。下一堂课开始，立即检查尝试结果，接着进行学生讨论、教师讲解以及第二次尝试练习。

这样做，把尝试过程延伸到课外，使课内课外协调一致。课外预习是尝试的开始，自己从课本中探索，初步解决尝试题；课内是尝试的延续，检验尝试的结果，巩固尝试过程中获得的新知；本课结束时，布置预习，又是下一次尝试的开始，这样循环往复，学生始终处于尝试的状态。整个教学过程以尝试为核心，把课内课外协调统一起来。

这样做能够有效地培养学生的自学能力，增强超前学习意识。过去学生在课外只是被动完成上一节课的作业，往往会感到厌倦。现在课外是提前自学下一节课的内容，学生会感到新鲜好奇，愿意去尝试。长此下去，学生会增强超前学习的意识，逐步学会自己安排学习计划。这种超前学习意识，对学生今后的学习和工作是极为重要的。

以上仅介绍操作的基本模式以及四种灵活变式。教师应按教学的不同情况，灵活安排教学程序，需要怎样就怎样安排，关键在于要体现"先试后导，先练后讲"的基本精神。

7. 尝试教学理论的实践成果

尝试教学理论经历了萌芽、形成和发展的过程，经受了长时间的检验。它有鲜明的特色，有比较完整的理论体系，并配有灵活多样的操作模式，已经被全国各地广大教师接受。

尝试教学理论的产生和发展，来自丰富的教学实践，它是从尝试教学法升华而来的。尝试教学法的实践效果反映出尝试教学理论的价值。1992 年尝试教学理论正式被提出，更好地指导中小学各科教学，并应用于幼儿教育。在 106 项"尝试教学理论研究"子课题研究成果中，其实践效果已得到了充分证明。

大量的教学实验资料证明，尝试教学理论有极其显著的优越性，同时也还存在一定的局限性。

优越性

（1）有利于大面积提高教学质量，提高全民族的素质。

教学改革的根本着眼点在于提高全民族的素质，为现代化建设培养所需要的人才。《中共中央关于教育体制改革的决定》中指出："在整个教育体制改革的过程中，必须牢牢记住改革的根本目的是提高民族素质，多出人才、出好人才。"

教学方法的改革必须讲求实效，一种教学法实验的成败，主要看是否有利于大面积提高质量。我国是一个发展中国家，中小学大部分在农村，一种先进的教学理论必须符合中国广大农村教学工作的实际。尝试教学理论指导思想明确，操作方法简单易行，教学效果显著，受到广大教师，特别是农村山区教师的欢迎。这种方法有利于大面积提高教学质量，有利于全国广大地区义务教育的实施，有利于提高全民族的素质。

10 多年来，来自全国各地的几千份实验报告表明，实验工作都取得了积极的效果，不管城市还是农村，不管沿海还是边疆，都提高了教学质量。《尝试教学法》一书从省（自治区）、地区、县、校中各选数例具体说明，尝试教学理论运用于中小学各科以及特殊学校各科都呈现积极的效果，特别有说服力的是四川省忠县的实验。该县从 1983 年开始实验尝试教学法，后在全县推广应用，使小学数学、语文各科的教学质量都得到提高。该县在 1982 年小学毕业语文、数学的双科及格率只有 13.1%，1983 年以后逐年提高，近几年已达到 98% 左右，见下图[1]：

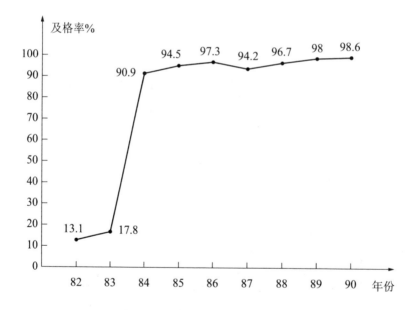

该县从 1992 年开始，在中小学各科推广应用尝试教学理论，同样取得

1 周开域等:《尝试教学法课题实验的研究与探索》，载于《尝试教学法新进展》，气象出版社，1992年，第 91 页。

积极效果，写出了《发挥自变量正效应，促进尝试成功》[1]的论文。

（2）有利于培养学生的探索精神和自学能力，促进智力发展。

尝试教学理论摆脱了注入式的传统教学方法的束缚，大胆地让学生自己去尝试练习。这样从小培养儿童"试一试"的精神，慢慢地学生逐步形成一种敢于探索的精神。他们长大以后，对于不懂的事物、不会做的工作都能有"让我试一试"的精神。这种敢于尝试的探索精神是极其可贵的。社会主义现代化建设就需要大批敢于探索的闯将。古往今来无数事实证明，人们探索精神的强弱，是一个国家、一个民族兴旺发达与否的重要标志。

敢于尝试，是新时代人才具备的重要素质。邓小平同志曾提出："干革命、搞建设，都要有一批勇于思考、勇于探索、勇于创新的闯将。""没有这样一大批闯将，我们就无法摆脱贫穷落后的状况，就无法赶上更谈不到超过国际先进水平。"[2]所谓摸着石头过河，也就是具有敢于尝试的精神。科学家钱伟长曾指出：我们要培养勇于创新的人，不能搞陈陈相因、墨守成规的教育。所谓"成规"，就是指老框框，亦即学校里常说的"听话"。但是，科技人员在进行科学技术探讨时必须有独立思考的能力，迷信"权威"、盲目"听话"、固守成规的科技人员是建设不了我们的国家的。我们要培养中华民族的朝气，这个朝气就是不断地创新。[3]为了我国社会主义现代化建设的需要，教育要造就跨世纪的新一代人，其中就要培养学生敢于尝试、乐于尝试、善于尝试的精神和能力。

探索精神是发挥创造力的门户，不去探索何来创造？许多子课题都已证实，尝试教学理论能够促进学生创造性思维的发展，本文前面曾谈到学习《曹冲称象》以后，教师向学生提出一个有趣的尝试问题："你们有没有比曹冲称象更好的办法？"一石激起千层浪，竟想不到学生会说出很多方法。一个学生说："我不用石头，用泥土，因为取泥方便。把泥土一担一担地挑进去，等到船沉到画线的地方，称一称泥土，不就是象的重量了吗？"又一个

---

1 参见王宪初、周开域：《发挥自变量正效应，促进尝试成功》，载于《尝试成功发展》，湖北人民出版社，1996年，第126—136页。

2 转引自常春元等：《中国社会主义教育学》，江苏教育出版社，1987年，第231、232页。

3 钱伟长：《在科学技术的新时代面前》，载于《教育家论当代基础教育》，武汉出版社，1989年，第40页。

学生说："拿几个大瓢把水从船外舀入船内……"显然这个办法比用石头、泥土更好，它既省时又省力。还有一个同学说："我不用石头、泥土，也不用水，改用人。因为人听指挥，喊上就上，喊下就下。"显然这个办法更好，人可以自己走到船上，各人报一下自己的体重就行了。

尝试教学培养了学生的自学能力，促进了其思维发展。现举江苏省海门县的资料。他们在五年级数学课上进行对比测试，证明实验班不仅在阅读课本和解答习题速度上与对照班有着极显著的差异，而且在理解、表达和解答习题的正确率方面均极显著地优于对照班。[1] 结果见下表：

实验班与对照班自学能力发展比较表

	阅读课本				解答习题	
	时间（分）	理解与表达			时间（分）	正确率（％）
		理解深刻表达清楚（人）	理解一般表达基本清楚（人）	理解有西难表达不清楚（人）		
实验班	10.47	20	32	8	8.59	74.31
对照班	17.21	3	27	30	14.74	31.23
差异	Z=6.78 P<0.01	X2=23.04 P<0.01			Z=5.94 P<0.01	Z=19.17 P<0.01

有些人不理解为什么尝试教学要从疑问开始，让学生自己去探索尝试。我们用英国思想家培根的一句名言来回答这个问题："如果一个人从肯定开始，必以疑问告终；如果他准备从疑问着手，则会以肯定结束。"尝试教学的实践证明，培根的这句话是非常正确的。

（3）有利于提高课堂教学效率，减轻课外作业负担。

注入式教学，教师的讲授占去了一堂课的大部分时间，留给学生练习和思考的时间就不多了。尝试教学一开始就向学生提出问题，让学生自己先尝

---

1 张思冲等：《尝试教学法成功的心理因素的实验研究》，载于《尝试教学法新进展》，气象出版社，1992年，第78页。

试一番，在这基础上，教师再有的放矢地进行讲解。尝试教学的起点是放在学生已经学会的基础上，这种方法开门见山，耗时少，效果好。山东省邹县实验小学用一教学内容做对比实验，结果如下：

同一教学内容不同教法比较表

	四（4）班	四（5）班
教学方法	尝试教学法	传统教学法
教学内容	列方程解应用题例 6	列方程解应用题例 6
教师直接讲授时间	16 分钟	30 分钟
学生发言人数	全班共 65 人，其中 59 人能说出算法算理	全班共 70 人，只有个别优等生发言
讨论时间	8 分钟	无时间讨论
课堂作业	5 道题	2 道题
做题正确率	92%	70%

从上表中清楚地看出，采用尝试教学，教师讲解的时间减少了，学生发言时间、课堂作业时间增多了。

在实验班，由于学生课堂练习时间增多，学生基本上能够当堂完成，就不必布置很多家庭作业。江苏省金湖县两所农村学校在高年级数学教学中做对比实验。实验班每堂课可练 15 道题左右（除口算训练题），家庭作业只需 20 分钟，错误率只有 6% 左右；对照班平均每堂课只练 8 道题，家庭作业量近 1 小时，错误率达 15% 左右。在常州市劳动中路实验班上，课本中的题目还不够在课堂里做，课外一般不布置家庭作业，而是布置"一日一题"（思考题或游戏题），让学生回家思考练习，不要交家庭作业本，学生的负担减轻了。

（4）有利于促进教学改革，提高教师素质。

尝试教学理论的推广应用，将有力地促进教师的教育思想转变。从"先教后学"到"先试后导"，从"先讲后练"到"先练后讲"，虽是一字之差，但恰恰会引起教育思想的根本性转变。

尝试教学理论的推广应用，必然会引起课堂结构、作业批改、考试方法等一系列的改革。10 多年来，单单撰写的有关尝试教学方面的论文、实验报告、经验文章就有三四万篇。从 1985 年开始，每一两年开一次全国性尝试教学法研讨会，每次都有来自全国各地的一千多位代表参加，掀起群众性教学改革的热潮。《河南教育》杂志社冯振山撰文指出："且不说尝试教学法对传统教法的巨大冲击以及所取的令人振奋的实绩，仅那伴随着尝试教学法的深入发展而出现的一次又一次群众性教学法研究热潮，便已构成了现代中国小学教坛上的一大奇观！"[1] 国家教育委员会基础教育司在给全国第六届尝试教学法研讨会的贺信中指出："尝试教学法在 10 年来的实验中，取得了很好的效果，目前已广泛应用于小学各学科的教学中，并且实验分布在全国许多省、市、自治区，促进了我国各地教法改革的广泛开展。"[2]

宁夏回族自治区教育厅教研室亲自抓尝试教学法的实验和推广应用。他们以尝试教学法为突破口，在全自治区范围内掀起了钻研教学法和进行教学改革的热潮，这对于大面积提高教学质量，对于推动全自治区小学数学教改深入发展产生了积极的作用。教育厅教研室一位负责同志指出：尝试教学法在我区的推广与应用，其意义远远超过其方法本身，它有力地促进教师的教育思想转变，使全区小学数学教学研究出现新局面。

四川省忠县地处山区农村，10 多年来坚持推广应用尝试教学法，加快了教学改革的步伐，推动教育科研的进展，有力地促进了教师素质的提高，简况见下表：

实验开展、经验总结论著获奖、发展情况统计表

实验规模			教学活动						论著获奖、发表			
教师（占总数%）	学校（所）	班级（个）	教研会（次）		公开课（节）		县级获奖（节）	拍成录像（节）	出版书刊		刊物发表	地县获奖（篇）
			县级	区乡级	县级	区乡级			本	册		
58	85	2600	26	104	286	1300	74	15	2	8000	14	86

1 邱学华:《尝试教学法新进展》，气象出版社，1992 年，第 1 页。
2 同上，扉页。

湖南省张家界市明确提出"应用尝试教学理论提高教师素质"。他们通过近三年的有目的有计划的工作已经取得成果。[1]

局限性

任何一种教学理论都不可能是十全十美的，都是在一定的条件下而起作用。离开了这些条件，教学效果就会受到一定的影响。如果把一种教学法当成灵丹妙药到处套用，那是不切实际的。"先练后讲"有好处，但并不是否定"先讲后练"，必须根据具体教学情况而定。这就是教学工作上的辩证法。

运用尝试教学理论中教学操作模式有如下几方面局限性：

（1）应用尝试教学操作模式，学生要有一定的自学能力。因此，小学低年级应用范围较小。特别是一年级刚入学的孩子，识字少，又缺乏知识基础，应用尝试教学有一定的困难。但并不是说，在小学一年级就不能应用了，如学生有了 20 以内加减法的基础，再学 10 以内加减法就有可能先练后讲了。自学能力是逐步培养起来的，开始时可能不太顺利，教师要加强指导，由扶到放。

（2）对于引入初步概念的课，一般不适于应用。对于一些原始概念，如小学数学中的几何图形初步概念、小数初步概念、分数初步概念等，学生缺乏知识基础，应用尝试教学有一定的困难，这些教材由教师直接讲解或教师指导学生动手操作效果较好。但是，学习后继概念仍可应用尝试教学。如"面积"是一个原始概念，求三角形、平行四边形面积是后继概念；小数的初步认识是原始概念，小数的性质就是后继概念。

前后有密切联系的教材，作为后继教材，应用尝试教学效果较好。例如，有了百以内加减法知识基础，再学万以内、多位数加减法；有了基本应用题的知识基础，再学复合应用题；有了通分的知识基础，再学分数加减法。因此，在教学中必须注意，前面的知识一定要学好才能学后面的，一步一个脚印，步步为营，才能更好地发挥尝试教学的效果。

---

1 甄腊春、李克勤：《应用尝试教学理论提高教师素质》，载于《尝试成功发展》，湖北人民出版社，1996 年。

（3）实践性较强的教材不适于应用。

有些实践性较强的教材要强调学生动手操作，应用起来有一定困难。例如，小学数学中的计量单位、丈量土地等。

以上所指的是应用尝试教学理论中的操作模式的局限性，但在培养学生的尝试精神方面是有普遍性的。在各类学校的各科教学中都可以培养学生"试一试"的精神。

每一种教学法都有它的优越性，也有它的局限性。在实际教学中要取其所长，避其所短。提倡一种教学法，并不意味着排斥另一种教学法，它们之间不应是对立的，而应该互相结合、互相配合、取长补短、综合运用。在教学中应该把各种教学法结合起来使用，组成一个教学法体系。尝试教学已经同愉快教学、目标教学、三算结合教学等结合起来并已取得成效。[1、2、3] 正如把尝试教学理论用于目标教学研究的陈今晨在研究报告中指出："尝试教学理论的框架有如一个海绵体，它能吸收其它教学法使之趋于复杂、丰富和成熟。其所以能如此开放，不仅在于其创立者个人态度的明智、大度，更是由于其与别的教学法理论有着不少共通的构成因素，使之具备了开放的客观可能性，因而尝试教学理论，具有巨大的理论回旋余地，能够接纳诸多教学法与之结合交融，使之成为富于生机的教学理论。"[4]

8. 结束语

最后，把本文的主要观点再系统概括一下，用简明的形式揭示尝试教学理论的框架。

尝试教学理论是在 10 多年尝试教学法的实验研究的基础上提出来的，

1 鲁家宝：《龙山乡"愉快尝试教学法"实验报告》，载于《尝试成功发展》，湖北人民出版社，1996年，第364—371页。

2 陈德郎：《目标尝试教学理论研究》，载于同上，第355—360页。

3 黎克干等：《"三算结合"＋"尝试"的优势》，载于同上，第371—374页。

4 陈今展等：《在小学数学教学中用"尝试教学理论"引导"目标教学"的实验研究》，载于同上，第346—355页。

又经过了四年时间的新一轮实验和理论探索，有着坚实的实践基础。在中国，尝试教育思想源远流长，它是具有中国特色的教学理论。

明确一个基本观点：学生能在尝试中学习，而且能在尝试中成功。

理解两个基本特征：先试后导，先练后讲。

培养三种精神：尝试精神、探索精神、创造精神。

促进四个有利（四个方面的优越性）。

掌握五种操作模式（一个基本式上四种变式）。

运用六条教学原则。

重视七个达到尝试成功的因素。

目前，尝试教学理论尚处于形成阶段，在实践和理论上有许多问题还有待解决。构建一种教学理论是一项复杂的系统工程。现在已在全国建立了协作研究网络，有教育理论工作者、教学研究工作者和第一线教师三部分人的参加，经过他们的继续深入研究，逐步完善，逐步提高，尝试教学理论一定会在中国大地上蓬勃发展起来，并能逐步走向世界！

在人类居住的这个蓝色星球上，什么样的奇迹都会发生，问题在于你是否敢去尝试！

《尝试成功发展》，湖北人民出版社，1996年，第1—43页。后《福建教育》（1996.10）、《湖北教育》（1996.11）转载。

附：全国教育科学"八五"规划重点研究课题《尝试教学理论研究与实践》专家鉴定意见

1996年10月在湖北省十堰市举行全国第八届尝试教学学术年会，会议期间同时举行全国教育科学"八五"规划重点研究课题《尝试教学理论研究与实践》专家鉴定会。由全国教育科学规划办公室金宝成主任亲自主持，并邀请查有梁、朱永新、姜乐仁、戴汝潜、翟天山五人组成专家鉴定组，采用现场鉴定的方式。鉴定组对该课题给予较高评价。该附录载于《邱学华与尝试教育人生》（北师大出版社 2006 年版，第 280～281 页）。为了使读者深入了解该研究课题的作用与价值，特把专家鉴定意见附在主报告后面。

由特级教师邱学华牵头的"八五"全国教育科学规划重点研究课题"尝试教学理论研究"，从 1992 年 4 月起到 1996 年 10 月已完成课题总报告《尝试教学理论研究与实践》及系列成果：《尝试教学理论研究》，1994 年；《尝试教学法》，1988 年；《尝试·成功·发展》，1996 年。鉴定组的三位成员姜乐仁教授、翟天山副教授、查有梁研究员一起参加了"全国协作区第八届尝试教学法研讨会"，评审了报告和系列成果，听了 7 节尝试教学法的观摩课，并综合了鉴定组戴汝潜研究员和朱永新教授的书面鉴定意见。鉴定组的意见如下。

尝试教学理论提出一个基本观点："学生能在尝试中学习，而且能成功"。基本方法是："先试后导，先练后讲"。基本模式是：出尝试题→自学课本→尝试练习→学生讨论→教师讲解，此外还有四个变式。

教学原则是：（1）尝试指导原则；（2）即时矫正原则；（3）问题新颖原则；（4）准备铺垫原则；（5）合作互补原则；（6）民主和谐原则。

提出"尝试成功的因素"是：（1）学生的主体作用；（2）教师的主导作用；（3）课本的示范作用；（4）知识的迁移作用；（5）学生之间的互补作用；（6）师生之间的情意作用；（7）教学手段的辅助作用。

——尝试教学理论，重视从古今中外的一些有影响的教学法中吸取积极因素，又重视密切结合我国大部分学校当前的实际条件和需要，易于为广大教师所理解和掌握。孔子提倡启发式，主张"不愤不启，不悱不发"，即是"先愤后启，先悱后发"，这就是"先试后导"。孟子主张"我虽不敏，请尝试之。"《学记》提倡："力不能问，然后语之。"这也是"先试后导""先练后讲"。可以说，尝试教学理论，主要是在中国古代优秀的教学思想基础上升华出的现代教学理论。

——尝试教学理论，对于克服一味"满堂灌"和单纯"注入式"的弊端很有效。它强调要让学生"尝试"，在"尝试"中学习，有指导地"尝试"，力求取得成功。这就为发挥学生的主体性和教师的主导性找到了一种切实可靠的途径和方法。

——尝试教学理论，对于提高教师的科研意识，从而改进教学方法，提高教学质量成效显著。要让学生尝试，教师必先尝试，要让学生尝试成功，教师必须充分准备，这就大大促进教师去研究学生实际、钻研教材内容、设计辅助手段，充分发挥尝试成功的各种因素。这就有利于教师转变教育思想，提高教师素质。

——尝试教学理论，能促进学生的探索精神、创造精神，提高学生学习的积极性。有效地实施尝试教学，能减轻学生负担，增强学习兴趣，提高学习质量，已有大量的教学实验证明这一方法的有效性和可靠性。

——尝试教学理论，从实践到理论已经历了 15 年的实践检验。开始从小学数学教学领域取得成功，现已逐渐发展到小学的其他学科和中学的学科教学。实践证明，尝试教学法是一种"兼容性"较强的教学方法，它同"目标教学法""问题教学法""自学教学法""协同教学法""愉快教学法""成功教学法""读启教学法"等是相容的、互补的。因此，尝试教学法普适性强，已成为基础教育的重要教学方法之一，值得推广。

——尝试教学理论，在研究和推广过程中重视以教学示范和案例作为引导，简单易行，能让广大小学教师较迅速地掌握要点，因而得到相当快的普及。经 8 次全国性的协作研讨会，为广大教师提供了交流的机会，发动了广大教师一起研讨尝试教学，从广大教师中来，又回到广大教师中去。这就为教育科研成果的推广找到一条行之有效的捷径。

——尝试教学理论，今后需要在教学实践、模式构建、理论研究上继续深化，进一步从理论上研究尝试教学法的"认识论""条件论""模式论""技术论""艺术论""方法论""比较论""评价论"。在理论研究中应强调构建模式，特别是构建针对不同学科的子模式；同时，又要强调超越模式，即要灵活应用多种教学模式，使尝试教学理论更加丰富，在实践基础上得到更大发展。

总的说来，我们认为"尝试教学理论研究"这一课题的成果，为基础教育的学科教学改革作出了重要贡献，实际效果显著；它为建立有中国特色的教学理论作出了卓有成效的新尝试。

组长：查有梁　四川省社会科学院研究员

组员：朱永新　苏州大学教授

　　　姜乐仁　华中师范大学教授

　　　戴汝潜　中央教科所研究员

　　　翟天山　华中师范大学副教授

尝试教学是实施素质教育的有效途径

《尝试教学理论研究》课题研究主题报告写成后，我从素质教育的高度来认识和研究尝试教学，明确提出尝试教学是实施素质教育的有效途径之一，以此推动尝试教学理论的发展。从应试教育转轨为素质教育已深入人心，对素质教育问题的理论探讨和实践探索已逐步向深入发展，湖南汨罗经验作为实施素质教育的范例已在全国产生影响。

原来那种认为"教学质量看课堂教学，素质教育看课外活动"已成为认识误区。当前大家的共识是"实施素质教育的核心在课堂，关键在教师"。当前研究的焦点是如何在课堂教学中实施素质教育，并逐步走向具体化和操作化。

经过 10 多年的实验研究和理论探讨，尝试教学法已升华为尝试教学理论，有一套比较完整的理论体系。尝试教学不仅是一种教学方法，也是一种教育思想和教育模式。教学实践证明，尝试教学是实施素质教育的有效途径。本文就此问题作简要分析，供大家讨论。

1. 素质教育的全体性与尝试教学面向全体学生人人获得成功的统一

"面向全体学生"应为"素质教育的第一要义"（柳斌语），也可说，素质教育是面向全体学生的教育。

尝试教学理论的基本点是：学生能尝试，尝试能成功，充分相信学生能在尝试中学习，并能在尝试中成功。立足于"人人成才，力求使每个学生都能在原有的基础上有所提高。这也是一种成功教育，同素质教育的全体性是一致的。

传统的教学模式一般是"先讲后练"，教师要讲清楚、讲明白，什么都要从头讲起，讲深讲透，这就带来了注入式、满堂灌。教师讲解占去一堂课的大部分时间，留给学生练习的时间就不多了。由于缺少练习，没有反馈，势必造成一部分优等生听懂了，大部分学生一知半解，糊里糊涂。长此以往，形成恶性循环，后进生越来越多，两极分化越来越严重。因此，在传统的教学模式中实施素质教育十分艰难。

尝试教学使"先讲后练"变为"先练后讲"，教师不要先讲，而是让学生在旧知识的基础上先尝试练习，让学生主动参与、积极思考。同时创设各种教学条件，促使学生达到尝试成功。创设的教学条件主要是充分发挥七方面的作用：(1)学生的主体作用；(2)教师的指导作用；(3)课本的示范作用；(4)旧知识的迁移作用；(5)学生之间的互补作用；(6)师生多向的情意作用；(7)数学手段的辅助作用。

尝试教学改变了传统教学模式，以学生为主，以自学为主，以练习为主。一堂课中设计多层次的尝试练习，使学生不断尝试，不断提高。"先练后讲"，使教师有可能根据学生尝试练习中所发现的困难，有针对性地进行讲解，也就是能够做到"以学定数"。学生已经懂了，就不必再讲，学生感到困难和疑惑的地方重点讲。这样就能真正做到"练在刀口上，讲到要害处"，大大提高课堂教学的效率。

以"先练后讲"为特征的尝试教学能调动后进生的积极性，有利于促进后进生的转化。在一次座谈会上，他们的发言很发人深省："以前，先听教师讲解，摸不着头脑，糊里糊涂，到做练习时发现困难，已经下课了，我们又不敢再问老师。""先让我们试一试，做错了也不要紧，知道困难在哪里，再听老师讲就清楚了。这种办法好，我们学起来很有劲。"

有些教师以为后进生理解能力差，采取一味迁就的办法，把材料嚼得很细喂给他们。越是这样做，他们越是不肯动脑筋，越是觉得没有兴趣，越是无法提高成绩。学会看书，学会思考，这正是后进生最缺乏的东西，尝试教学能引导学生主动地自学课本，促使他们进行思考，恰好能对症下药，解决后进生的根本问题。

大量的教学实验证明，尝试教学能使优中差三类学生都有所提高，尤其是"差生"更为明显。云南省玉溪市冯井小学实验班，该班试用尝试教学法仅一年时间，许多中差生都转化成优生了。四川省忠县从 1983 年开始实验尝试教学法，后在全县推广应用，使小学数学、语文各科的教学质量都得到大面积的提高。该县在 1982 年小学毕业考试中语文、数学的双科及格率只有 13.1%，1983 年以后逐年提高，近几年来都已达到 98% 左右，使人人都能学好变为现实。湖南的花垣县、慈利县的实验都得到同样的结果。

尝试教学法为什么短时间能在全国推广应用，主要是由于它指导思想明确，特点鲜明，简便易行，教学效果显著，面向全体学生，使人人都能学好。不论城市或农村都能收到同样的效果，尝试教学法特别受到边远农村山区教师的欢迎。

使全体学生都能得到提高，是古今中外教育家所追求的理想境界，是我国实施义务教育的要求，也是进行素质教育的根本目的。

2. 素质教育的整体性与尝试教学全方位开发的统一

素质教育的第二要义就是德、智、体、美全面发展（柳斌语），德、智、体、美、劳诸方面为一体，智力因素与非智力因素为一体；生理素质、心理素质和文化素质为一体，以此构成了素质教育的整体性。尝试教学以学生尝试为主线的教学过程和多种要素的相互作用，创造愉悦和谐的教育环境，全方位开发学生各方面的潜能，使学生整体素质得到主动的、生动活泼的发展，具体表现在以下几个方面。

（1）培养大胆尝试、勇于探索的精神。尝试教学的最大特点是让学生"先试"，对于没有教过的习题、不懂的课文能够大胆地去尝试，通过自学课本和互相讨论，依靠自己的努力去尝试解决问题。这样从小培养他们试一试的精神，使他们逐步获得一种敢于探索的精神。他们长大以后，对于不懂的事物、不会做的工作都能有"让我试一试"的精神。

教学实践证明，尝试教学大大解放了学生的头脑，使学生敢于尝试、乐于尝试、善于尝试，思维能力得到了发展。浙江省绍兴县漓清中心小学一个实验班学习《曹冲称象》以后，教师向学生提出一个有趣的尝试问题："你们有没有比曹冲称象更好的办法？"一石激起千层浪，竟想不到学生会说出很多方法。一个学生说："我不用石头，用泥土，因为取泥方便。把泥土一担一担地挑进去，等到船沉到画线的地方，称一称泥土，不就是象的重量了吗？"又一个学生："拿几个大瓢把水从船外舀入船内……"这个办法既省时又省力。还有一个同学说："我不用石头、泥土，也不用水，改用人。因为人听指挥，喊上就上，喊下就下。"显然这个办法更好，人可以自己走到船上，报一下自己的体重就行了。

这种敢于尝试的探索精神是极其可贵的。尝试是创造的前提，不经过尝试何来创造。敢于尝试是新时代人才具备的重要素质。邓小平同志的名言"摸着石头过河"，就是要人们敢于去尝试。他明确指出："干革命、搞建设，都要有一批勇于思考、勇于探索、勇于创新的闯将。""没有这样一大批闯将，我们就无法摆脱贫穷落后的状况，就无法赶上更谈不到超过国际先进水平"。有人把世界上 320 名诺贝尔奖金获得者所具有共同的内在素质归纳为六个方面：高瞻远瞩，善于把握时机；选准目标，坚持不懈；勤奋努力，注重实践；富于幻想，大胆探索；排除干扰，勇往直前；兴趣浓厚，好奇心强。从这六方面看，大胆探索和勇往直前是极为重要的。

（2）培养自学能力和良好的学习习惯。

尝试教学的全过程始终贯穿着能力的培养，特别是自学能力和学习习惯的培养。教师出示尝试问题后，要让学生自己去解决，将学生逼上梁山，学生只得去自学课本，借鉴课本的引导，尝试去解决问题，这样自学课本就成为学生自身的需要。自学课本，不仅仅是读懂课本，而且还必须运用课本的知识去解决问题，这是自学能力中的重要组成部分。教学实践证明，尝试教学能有效地培养学生的自学能力。

广州市从化英豪学校曾对实验班学生自学能力进行测定。采用本学期课本后面还没有学过的内容（分计算和应用题两节内容），先让学生自学课本，教师不加任何指导或暗示，然后立即解题。结果如下：

实验班自学能力测定的结果

实验班	计算		应用题	
	内容	成绩	内容	成绩
三（7）班	混合运算	86.8 分	两步应用题	87.9 分
五（3）班	小学除法	77.7 分	三步应用题	93.2 分

该校试用尝试教学仅一年多时间，学生的自学能力已达到很高的水平，学生通过自学课本，立即解题，正确率已有 77.7% ～ 93.2%，证明学生的潜能是很大的。这里给予我们一个很大的启示，如果按照传统教学模式，教师再从头讲起，什么都讲，搞满堂灌，不是白白浪费学生的时间吗？！实验班学生超前预习，自学下学期课本，小学生自学初中课本已是普遍现象。

自学能力是人们打开知识宝库的钥匙，它是一种工具性能力，是现代化人的重要素质之一。

（3）培养交往能力，发展健全个性。

现代化社会需要一定的交往能力。"学会学习""学会生存""学会交往"已是国际教育的潮流。因此培养交往能力也是素质教育的重要内容。

尝试教学过程强调充分发挥学生之间的互补作用和师生多向的情意作用，创造和谐的互感互动的情感交流活动，能有效地发展学生的交往能力。学生的尝试，不是孤立的个体尝试，而是班集体中的尝试，鼓励学生互相讨论和争辩，提供交流和交往的天地，让学生在共同努力之中进行尝试活动。

学生之间的互补作用不仅体现在尝试中的互帮互助、互相启发，更重要的是感情的交流、人际的交往、认识与行为上相互评价，这将促进发展学生的健全个性。个性在人际关系中才能形成和发展，因而组成个体参加集体活动是发展个性的基本途径。另外，尝试教学过程能激发学生的兴趣，让他们体验尝试成功的喜悦。磨炼克服困难的意志，经受尝试失败的挫折考验，这些都能丰富学生的情感，发展健全的个性。

3. 素质教育的主体性与尝试教学充分发挥学生主体作用的统一

"让学生主动发展"是"素质教育的第三要义"（柳斌语），素质教育是充分弘扬人的主体性，注重开发人的智慧潜能，注重形成人的精神力量的教育。

在传统教学模式中，教师讲学生听，学生始终处于被动地位，学生很难主动参与。学生被动地听教师讲解，背诵现成的结论，重复机械的训练，是无法培养现代化人的素质的。

尝试教学的特征是"先试后导""先练后讲"，强调先让学生试一试。出示尝试题后，教师先不要讲，让学生先试，这样一开始就把学生放到主体地位。教师没有教，学生做尝试题有困难，就去自学课本，自学课本后找到了解决尝试题的线索，就进行尝试练习，尝试练习后需要对尝试结果进行评价，这又需要学生讨论，学生讨论后尚有疑惑不解的地方听教师讲解又是一种需要。因此在出示尝试题→自学课本→尝试练习→学生讨论→教师讲解整个尝试教学过程中，学生始终处于主动地位，这是学生主动参与的过程，主动探索解决问题的过程。尝试教学坚持以学生的尝试为核心，为学生提供了独立思考、大胆尝试、勇于探索的纵横驰骋的天地。因此，尝试教学从指导思想、操作模式和评价体系等方面保证学生的主体地位，充分发挥学生的主体作用。

"让学生主动学习"是国际教育界的共识，各国教育家都在寻找一种能让学生主动学习的教学方法。日本文教大学片桐重男教授到中国亲自考察尝试教学法实验后写出《尝试教学法之我见》，文中指出："培养每一个儿童具有能够自己决定应该做的事并能独立解决问题的能力和态度，这是教育的重要目标。""从这一点看来，尝试教学法先让儿童进行思考和讨论，然后给予指导，它不失为一种理想的方法。"[1]

只有学生主动参与教学过程，才能获得主动发展，否则只是一句空话。

---

1 邱学华：《邱学华与尝试教育人生》，北京师范大学出版社，2006年，第275页。

以上是从素质教育的全体性、整体性和主体性三方面及其同尝试教学的契合上分析，此外素质教育还具有基础性和普适性，尝试教学同它们也是相适应的，这里不再赘述。

当前应深入研究如何通过课堂教学对学生实施素质教育，这样做一方面能推动课堂教学改革，使课堂教学达到新的水平，另一方面又能使素质教育落到实处。本文所阐明的观点是，尝试教学是实施素质教育的有效途径之一，从素质教育的高度来认识和研究尝试教学，必将推动尝试教学理论的发展。

《湖南教育》1997 年 10 月

尝试中创新

——论尝试教学与创新教育的关系 [1]

　　新世纪呼唤创新教育，时代急需培养创新型人才，对教育提出更高的要求。尝试教育的着眼点就是为了人的全面发展，培养创新型人才。尝试同创新关系密切，尝试是创造的前提，一切创新都要经过尝试。2000 年在济南举行的全国第十届尝试教学学术年会上，我作了"尝试中创新"的主题报告，完整地提出"学生能尝试，尝试能成功，成功能创新"的新观点，形成了尝试教学理论的核心。这篇论文先在《福建教育》发表，后《中国教育报》在"邱学华谈尝试与创新"专栏下，连续刊登了 6 篇文章，全面论述了"尝试中创新"的新观点。

　　从 1980 年开始，尝试教学实验研究到现在整整经历了 20 个春秋。教学改革本身就是一种尝试，也是对旧教育理念和教学模式的创新，这 20 年来，走的是一条尝试与创新的发展道路。实践规模从一个实验发展到 60 多万个，实验范围遍及全国 31 个省、市、自治区以及港澳台，并已传到国外。应用范围从小学发展到中学、幼儿园，从数学发展到语文、外语、科学常识等科目。在丰富的教学实践基础上，理论研究不断深化，已从尝试教学法升华为

1　1998 年 10 月提出尝试与创新的研究主题，全国 1000 多个实验基地学校展开新一轮的实验研究，在理论上和实践上探索尝试教学与创新教育的关系，并构建尝试创新教学模式。本文就是对本阶段研究的总结。

尝试教学理论，这个过程大致分为三个阶段。

第一阶段：学生能尝试。

用将近 10 年时间，从实践上和理论上证明"学生能尝试"，打破了"教师没有教，学生不能尝试"的顾虑，确立了"学生能在尝试中学习"的观点，并已逐步被广大教师接受。出版代表性著作《尝试教学法》出版。

第二阶段：尝试能成功。

从 1990 年开始，用 6 年时间进行构建尝试教学理论的研究，主要解决理论上一个根本问题："教师不先教，学生的尝试是失败还是成功"，结论是"尝试能成功"。尝试教学理论是"尝试成功说"，有别于美国著名心理学家桑代克在 20 世纪初提出的"尝试与错误说"。该理论系统提出了学生达到尝试成功的七个条件，从实践上解决了尝试成功的操作化问题。出版代表性著作《尝试教学理论研究》《尝试·成功·发展》等。

第三阶段：成功能创新。

在 1996 年，作为全国教育科学重点研究课题——"尝试教学理论研究与实践"通过了国家级专家鉴定，获得了全国第二届教育科学优秀成果二等奖。此后，为了深化尝试教学理论的研究，开展"尝试教学与创新教育"的研究，主要解决"成功能创新"的命题。本文就是第三阶段研究的初步成果。已出版代表性著作《尝试开拓创新》《尝试教学新论》等。

这三个阶段是互相联系、逐步深化的，"学生能尝试，尝试能成功，成功能创新"是尝试教学理论的主要框架。学生的尝试最后的落脚点应该是创新，尝试教学理论的指向应该是培养学生的创新精神和创新能力。不但要让学生"在尝试中学习，在尝试中成长"，更重要的是让学生在"尝试中创新"。

本文先分析尝试与创新的关系，再论证尝试教学与创新教育的联系，最后论述对尝试教学作为一种创新教育模式怎样进行操作。

1. 尝试与创新的关系

"尝试"一词古今中外早已有之。中国古代教育思想家孟子就说过"我虽不敏，请尝试之"。意思是，我虽迟钝，也要尝试，这道出了"尝试"的普遍性。《康熙字典》中说，尝——试也；《辞源》中说，尝——试探；《辞海》中说，尝——试，如：尝试。《左传·襄公十八年》中载有："诸侯方睦于晋，臣请尝之，若何？"西晋学者杜预对"尝"字的注释为："尝，试其难易也"。现代社会对"尝试"的解释是，"尝"——探测问题的难易，"试"——探测解决问题方法的有效性。这两个字合在一起为"尝试"，是指对问题的一种探测活动，其目的是获得关于问题的难易及解决问题方法的有效性的信息，最终解决问题。

"创新"一词早在《南史·后妃传·宋世祖殷淑仪》中出现过，是创立或创造新的东西的意思。[1]《现代汉语词典》中有"创新"词目，解释为："抛开旧的，创造新的。"

在国外，"创新"的概念最初是与工业经济发展、社会发展紧密联系在一起的。国外最早提出这一概念的是美籍奥地利经济学家熊彼得，他在 1912 年的《经济发展理论》中提出了"创新"概念。根据他的定义，"创新"指的是建立一种生产函数，在经济生活中引入新的思想、方法，实现生产要素新的结合。[2]中央教育科学研究所阎立钦教授指出："创新"有两方面的含义，一是指前人所未有的，即像现在说的创造发明的意思；二是引入新的领域产生新的效益，也叫创新。[3]由此可见，"创新"的含义比创造发明的含义宽，创造发明是指首创前所未有的事物，而创新则还包括将已有的东西予以重新组合、引入，产生新的效益。[4]所以，创新是有层次性的，对中小学生来说，独立地发现或获取新知识、新方法、新思路、新见解、新的组合、新的用法等都是一种创新。创新并非神秘莫测，高不可攀，也并非"天才"所独有，它是可以通过教育培养和发展的。

尝试与创新是密切相连的。"尝试是创造的前提，尝试是成功的阶梯"这一论断已被大家接受。任何创造发明都必须从尝试开始，没有尝试就没有

---

1 引自阎立钦：《关于创新教育的几个问题》，载于《学习与实践》1999 年第 9 期，第 18—19 页。

2 同上。

3 同上。

4 同上。

创新。尝试是发挥创造力的门户。因为尝试同模仿不同，模仿是重复别人说过的话，重复别人做过的事，而尝试是一种探索活动，是为了解决新问题，思维没有固定的框架，不受思维定势的影响，有利于创造性思维的发展。

现代科学的基本精神是实验精神，实验实质上就是尝试；一项新措施出台前，必须经过试点，试点也是尝试；农村研究新品种、新的耕作方法要种实验田，种实验田也就是尝试；打破旧制度、建立新制度需要社会革命，革命本身也是尝试；改革旧教育制度和教学方法的教育改革也是尝试……纵观科学发展史和社会发展史，一件件的创造发明，一项项的社会变革，不都是从尝试开始吗！

发明地动仪的东汉科学家张衡早就说过："人生在勤，不索何获"，意思是不去探索，何来收获，也说明了不去尝试何来创新的道理。英国大诗人莎士比亚也深知这个道理，他说过一句名言："本来无望的事，大胆尝试往往能成功。"我国学者胡适在"五四"运动前后出版一本新诗集就取名为《尝试集》。他在书中作了一首"尝试歌"："我生求师二十年，今得'尝试'两个字，作诗做事要如此，虽未能到颇有志。作'尝试歌'颂吾师，愿大家都来尝试！"[1]并把南宋诗人陆游的一句诗："尝试成功自古无"改成"自古成功在尝试"。

美国人最爱说的一个词是"try"，它的意思就是"试"，大家习惯于对没有见过的东西都去"try"一下。比尔·盖茨在十几岁上学的时候就开始"try"计算机软件，后来没有读完大学，休学后专门去"try"，终于"try"出一个世界软件王国。什么都敢于"try"，才有创新，这正是一个民族有生气的表现。

革命领袖都是伟大的尝试者。毛泽东思想中蕴含着丰富的尝试思想：毛泽东同志的名言："你要有知识，你就得参加变革现实的实践。你要知道梨子的滋味，你就得变革梨子，亲口吃一吃。"[2]用通俗易懂的生动实例说明尝试的重要性。邓小平同志是一个勇往直前的尝试者、革命者，他的名言：

---

1 胡适：《尝试集》，人民文学出版社，1984年，第153—154页。
2 《毛泽东选集》（第一卷），人民出版社，1977年，第287页。

"摸着石头过河"就是要求大家敢于去尝试。他明确提出:"看准了的,就大胆地试,大胆地闯。""没有一点闯的精神,没有一点'冒'的精神,没有一股气呀、劲呀,就走不出一条新路,就干不出新的事业。"创办深圳经济特区,在香港和澳门实行"一国两制"等都是伟大的尝试,是对马克思列宁主义的又一次创新。

古代人类通过不断尝试,发现了"钻木取火",这是划时代的创新,才使人类走向文明。在历史的长河中,不断尝试带来了许许多多的科学发明创造,不断尝试带来了无数次的社会变革,尝试—创新—再尝试—再创新,不断循环往复,促进了社会不断向前发展。

综上所述,尝试与创新是紧密相连的,是一个活动的两个方面,创新以尝试为前提,尝试以创新为目标。尝试与创新是相辅相成的,在尝试中创新,在创新中尝试。大胆尝试,才能创新!

2. 尝试教学与创新教育的关系

先对尝试教学与创新教育的含义作一番分析。现实生活中有各种不同的尝试,主要有三种:生活中的尝试、科学研究中的尝试、教学中的尝试。

生活中的尝试是指学说话、走路、骑车、穿衣服、拿筷子吃饭等,一般属于技巧性的;科学研究中的尝试是有目标的实验,一般属于发现性或创造性的;教学中的尝试是指学校中的尝试教学,一般是指学习知识和培养能力的。因此,尝试教学是将尝试思想应用到教学中,是一种带有尝试特征的特殊的教学活动。它既是尝试活动,又是教学活动。

一般尝试活动至少应由三个要素构成:(1)尝试活动的主体,指进行尝试活动的人;(2)尝试问题,这是尝试的目标;(3)探索活动,它是联系主体和问题的纽带,指尝试的过程。由此得出尝试教学活动的特点:(1)尝试教学活动的主体是学;(2)尝试问题,一般由教师根据教学大纲和教科书的要求提出;(3)探索活动,它是在教师主导下一种有指导的尝试过程。

尝试教学理论是一种以尝试思想为核心,以马克思主义认识论为哲学基础,以现代教学论为时代特征的教学理论。它的实质是让学生在尝试中学习，在尝试中成功，在尝试中创新。它改变了教师先讲、学生再练的传统教学模式，而是先由教师提出问题，学生在旧知识的基础上，通过自学课本和互相讨论，依靠自己的努力，进行尝试练习并去初步解决问题，最后教师根据学生尝试练习中的难点和教材的重点，有针对性地进行讲解。其鲜明的特征为："先试后导""先练后讲"。

创新教育的提出是有时代背景的，当今时代以信息技术为标志，科学技术飞速发展，初见端倪的知识经济即将到来。江泽民同志在第三次全教会上提出："面对世界科学技术飞速发展的挑战，我们必须把提高民族的创新精神和创新能力提到国家兴衰存亡的高度上来认识。"[1] 反复强调："一个没有创新意识的民族，难以屹立于世界之林；创新是一个民族进步的灵魂，是国家兴旺发达的不竭动力。"[2]

什么是创新教育？"创新教育是以培养人们创新精神和创造能力为基本取向的教育。其核心是在普及九年义务教育的基础上，在全面实施素质教育的过程中，为迎接知识经济时代的挑战、着重研究与解决在基础教育领域如何培养中小学生的创新意识、创新精神和创新能力的问题。"[3]

对中小学生进行创新教育的重点应放在培养创新精神上，使学生敢于创新、乐于创新、恒于创新，这基本上属于情感、意志、个性品质的范畴。培养创新能力应是初步的，创新是有层次的，对中小学生来说，依靠自己的努力，独立发现或获取新知识、新思想、新方法、新事物都是一种创新。这种创新精神和初步的创新能力，主要为将来成为创新人才奠定全面的素质基础。

传统的教育思想和教育模式，远远不能适应创新教育的要求，反而妨碍学生创新精神和创新能力的发展。

传统的教育思想和模式主要是以传授知识为指向。教师讲，学生听；教

---

1 转引自：《创新教育——面向 21 世纪我国教育改革与发展的抉择》，教育科学出版社，1999 年，第 8 页。

2 江泽民：《在接见出席中国科学院第七次院士大会和中国工程学院第四次院士大会部分院士与外籍院士时的讲话》，转引自杨名声、刘奎林：《创新与思维》，教育科学出版社，1999 年，第 1 页。

3 引自阎立钦：《关于创新教育的几个问题》，载于《学习与实践》，1999 年第 9 期，第 18—19 页。

师问，学生答；教师出题，学生做。学生始终在被动的位置上，学生只有被动地接受现成的知识。不要求创新，当然也不会有创新。江泽民同志在第三次全教会上明确指出："我们必须转变那种妨碍学生创新能力发展的教育观念、教育模式，特别是教师单向灌输知识，以考试分数作为衡量教育成果的唯一标准，以及过于划一呆板的教育教学制度。"[1]

创新教育呼唤与之相适应的教育思想和教育模式，尝试教学适应了创新教育的需求。我们在前面已经分析了尝试与创新的关系，结论是大胆尝试，才能创新。因此，以尝试为核心的尝试教学思想和尝试教学模式，完全适应创新教育的需要。

尝试教学模式冲破了以传授知识为特征的先讲后练的传统教学模式，树立了以学生尝试为核心的先练后讲的现代教学模式。让学生在尝试中学习，教师先提出尝试问题，让学生尝试解决，由于没有现成的答案，没有思想束缚，学生可以这样试，也可以那样试，这样便为学生创新留下空间，创设了良好的创新氛围。既然是尝试，可以争取成功也允许失败，环境比较宽松，思想比较自由，学生容易产生创新的见解、标新立异的想法，尝试教学给学生带来了一个广阔的创新空间。学生解决尝试问题的过程是一种探索活动，也是一种创新活动，这样，尝试教学能够把学习系统知识和培养创新品质有机地结合起来。

尝试教学模式摒弃了学生对知识"现成接受"的传统教学模式，让学生在尝试中主动探索知识。从"吸收→储存→再现"的教学模式转向"尝试→研讨→创新"的教学模式。尝试教学模式坚持以学生的尝试为核心，为学生提供了独立思考、大胆尝试、勇于创新的天地。

综上所述，尝试教学与创新教育是互相联系的。"学生能尝试，尝试能成功"正是创新教育所要培养的"创新精神和创新能力"的具体体现；学生在尝试中学习，依靠自己的努力，通过尝试练习去初步解决问题，正是实施创新教育的途径；敢于尝试，追求成功，正是培养创新型人才的重要品质。

---

1 转引自：《创新教育——面向 21 世纪我国教育改革与发展的抉择》，教育科学出版社，1999 年，第 9 页。

最后值得深思的一个现象：提出尝试教学思想，并不是个别现象。上海青浦经验明确提出尝试指导，效果回授；江苏洋思经验（江苏省泰兴市洋思中学教改成果）也提出，先学后教，学生先做，教师再讲解；卢仲衡先生的自学辅导法，要求学生自学课本，自己做题，自己校对；北京特级教师张思明的"导学探索、自主解决"的教学模式，要求学生自主地尝试解决问题；上海闸北八中刘京海的成功教育理论，也从帮助成功发展到尝试成功，等等。这些教改实验都闪烁着尝试教学思想，这并不是巧合，而是反映了尝试作为教育现象的普遍性，反映了教育规律。这个问题值得教育理论界作进一步的研究。

3. 尝试教学是一种创新教育模式

前面论证了尝试教学与创新教育的密切关系，尝试教学适应了创新教育的需求。但尝试教学要真正成为一种创新教育模式，还必须用创新教育思想指导改造和完善尝试教学模式，进一步解决操作化的问题。我们必须处理好尝试过程中的每一个环节，使它能立足于培养学生的创新精神和创新能力。

（1）激发尝试兴趣。

兴趣是学生发展思维的巨大推动力，有兴趣的学习不仅能使人全神贯注，积极思考，而且会使人达到废寝忘食、欲罢不能的地步；尝试是学生的主体活动，只有主体积极参与，产生尝试的欲望，才能达到尝试的目的、创新的要求。所以，成功的教学所需要的不是强制，而是激发学生的兴趣。

尝试过程中的每一环节，都要注意激发学生的兴趣，使学生始终有饱满的情绪，兴趣盎然地投入到尝试的全过程。

精心设计尝试问题，使学生产生好奇心，产生兴趣。出示尝试问题后，教师向学生说："这个问题老师还没有教，谁能解答？"这句话本身就把学生吸引住了，教师还没有教能解答吗？有位教师上小学自然《磁铁》这一课时，先做了一个游戏，把一块木板竖立在讲台上，在面向学生的这面木板上，放一只用手帕做成的"小老鼠"，"小老鼠"里面放一块小铁块。在木板背向学生这面放块条形磁铁，使"小老鼠"上下左右活动。在学生惊叹之余，引导学生思考猜想，使学生在好奇和惊叹声中饶有兴趣地自己来解"磁铁和铁"的关系，有的学生猜"小老鼠"内一定有东西，木板后面一定有奥妙。

尝试成功和教师赞扬，是学生产生兴趣的催化剂。尝试成功产生的喜悦，更促使学生产生尝试的冲动、创新的信心，其力量是无法估量的。一次成功所产生的兴趣，往往能推动第二次成功。成功→生趣→再成功→再生趣，形成良性循环。教师的及时赞扬，使学生受到鼓舞，"你真聪明""你真棒""你的解法是个创造""你有独立见解""你真会动脑筋，长大一定是个出色的人才""老师还没有想出来，你已经想出来了，真了不起！"这一声声赞扬像一股暖流流进学生的心田，将会产生无穷的力量，使学生感到学习是有趣的、美好的。

（2）突出尝试问题。

提出尝试问题，是尝试教学的开端，是尝试教学的目标。尝试题的出现促使学生产生疑问，从而引起学生认识上的冲突，激发学生的内驱力，使学生产生尝试的欲望。疑是思之源，思是智之本。疑是创新的开端，也是创新的动力。

尝试问题的难易要适度。尝试问题过于容易，会使学生浅尝辄止，过容易的问题其实不成为尝试问题，仅是练习题，学生只会说"我来做"，而不会说"我来试试"。当然尝试题也不能过难，以免学生失去尝试的信心。

尝试问题要引导学生创新，留给学生创新的空间。例如一位实验班教师在教小学语文《曹冲称象》时提出这样的尝试问题："你们有没有比曹冲称象更好的办法？"这一问题激起了学生创新的热情，竟想不到学生会说出很多方法。学生的回答都闪烁着创新的火花。

有时尝试问题提出后，不要急于回答，先让学生猜想。猜想是直觉思维的一种表现形式，是创新的先导。历史上许多重大的科学发现，都是经过合理猜想和大胆尝试后得到的。例如，先让学生把两个相等的三角形拼成一个平行四边形，要求学生猜想出计算三角形面积的公式。

（3）创设尝试氛围。

让学生在浓浓的尝试和创新氛围中尝试。当提出尝试问题后，教师要设置尝试情境，用语言诱发，例如："这个问题老师还没有讲，谁敢试一试？""这个问题有难度，谁能尝试？""请仔细分析其中的规律，你能不能发现什么？""你能不能说出与别人不同的见解？""你能不能想出与别人不同的解法？"……使学生沉浸在尝试氛围中，并受到潜移默化的熏陶，这样有利于培养学生的尝试精神、探索精神、创新精神。情感、习惯和品质的培养，要靠长期的熏陶，仅靠教师的说教是无意义的。

最好的创新环境是民主的氛围。创设和谐、民主、平等的课堂氛围，使学生感到宽松自由，不受压抑。亲其师，信其道。教师对学生的爱是打开学生心灵的金钥匙，教师真诚的爱才能创造真正乐学的环境、创新的氛围。只有在民主、平等、融洽的师生关系中，学生才有亲切感、安全感，才能充分展现自己的个性，发挥自己的创新潜能。

创设尝试氛围，要求师生互相配合，要培养学生从内心说出六句话："我敢试""我能行""我认为""我想知道""我有意见""我有问题"。

（4）重视尝试过程。

获得知识固然重要，但探索知识的过程更重要。同样，尝试结果固然重要，但解决问题的尝试过程更重要。

尝试过程是学生探求知识和发展能力的过程，也是创新的过程。这个过程是逐渐由"试一试"逼近创新的境界。学生要主动参与，自觉参与，参与到底。

首先要弄清尝试问题，这要求学生仔细观察，认真思考。例如，教师可以诱导发问："看到这个问题，同学们有什么打算呢？""关于这个问题，你们有什么想法？""你们想了解什么？""你们想解决什么？"

学生在尝试中遇到困难怎么办？要求学生运用各种策略：自学课本，找参考书，向教师提问，与同学们讨论研究等。这里特别要指出：敢于向教师提问是极为重要的，这是尝试创新中的重要一环。陶行知先生的一句名言："发明千千万，起点是一问。"有问题是积极思维活动的表现，是创新的开始。现在学生不是没有问题要问，而是有问题不敢问。学生心理上有三怕：一怕问题浅，教师嘲笑；二怕问题偏，教师训斥；三怕问题多，教师厌烦。因此，学生宁可不求甚解，也不愿冒险提问。从学生的顾虑来看，这都是教师造成的。教师要设法解除学生的顾虑，鼓励学生提问。

如果学生解除了思想顾虑，真正被发动起来了，他们会提出很多问题，使你招架不住，也可能把你问倒。但你不要担心，真的把你问倒了，也是你的光荣，因为你培养了一个把你问倒的学生。例如，一位语文教师在教《赤壁之战》一课时，学生课前进行了预习，尝试理解课文。上课一开始，教师说："你们读了课文后有什么问题，看谁能把老师问倒了？"一石激起千层浪，学生纷纷提出问题："曹操聪明过人，为什么还会上当？""黄盖诈降，曹操怎么会轻易相信了呢？""曹操是个军事家，难道不知道船连在一起不方便吗？""黄盖把火船点燃后，他和他的士兵怎么办？"……

学生得出尝试结果后，并不是尝试的结束，教师应引导学生思考，例如："你这个新方法是怎样想出来的？""你为什么这样想？""你把想的过程再说一遍。"这样做，不仅使学生领悟知识，更重要的是同时领悟了思考方法，其实也是在提高学生的元认知水平。要鼓励学生尝试到底，不要半途而废。学生在尝试中创新，不仅依靠学生的认知水平和思维水平，更要取决于一个人的意志和毅力。做任何事要有始有终，一干到底，这是创新型人才极重要的品质。曾经有人问爱因斯坦，他与普通人的区别在哪里？爱因斯坦回答说，如果让一个普通人在一个干草垛里寻找一根针，那个人在找到一根针以后，就会停下来，我则会把整个干草垛掀开，把可能散落在草垛里的针全部找出来。

（5）强调尝试合作。

现在的尝试教学活动不是个体孤立的尝试，而是在班集体中的群体尝试。科技飞速发展的时代，既要竞争，又要合作，任何创造发明都离不开群体合作。因此必须强调在尝试中合作，培养学生合作尝试的群体创新精神，即团队创新精神。

目前学生大都是独生子女，存在着独来独往的倾向，更应该有意识地在尝试中培养他们的合作精神。同学之间合作解决尝试问题，遇到困难互相讨论，互相帮助。过去上黑板解答尝试题，都是各做各的，现在两人一组或三人一组解答尝试题，他们分工合作，先集体商量，然后有人板书解题，有人检查验算。他们在和谐温馨的课堂氛围中，在同学之间的合作尝试中，在老师的赞美声中，在同学们的鼓励掌声中，沐浴着老师的爱和同学之间的友谊。

学生讨论是尝试合作的重要形式，教师要多创造机会让学生开口说话。语言是思维的工具，学生用语言表达出自己的思维过程，其思维的发展同语言有密切关系；语言又是交往工具，交往能力的提高同语言又有依赖关系。尝试过程中，学生讨论是重要一环，要让学生充分发表意见，集思广益，在讨论中碰撞出创新的火花。

鼓励学生争论，学生要敢于发表意见，学会争论，在争论中合作。引发学生争论，必须设计出会引起争论的尝试问题。例如，有一位数学教师设计了这样一道判断题："两个正方体可以拼成一个长方体"，让学生尝试判断是对是错。学生思考后，有的认为对了，有的认为错了。这时教师因势利导，让各小组展开讨论。课堂里讨论声此起彼伏，不时还有争吵声。讨论后各小组派代表上台发表讨论结论。认为"对"的小组代表，为了充分证明自己的判断是正确的，拿出两个完全相同的正方体，拼成一个长方体，跑到讲台前举给全班同学看，自信地说："你们看，这不是两个正方体正好拼成一个长方体吗？"认为"错"的小组代表更不甘示弱，马上站起来反驳，为驳倒对方，他也拿出两个正方体模型，不过是一大一小的，在讲台前拼给学生看，还像律师答辩似地说："你们看，这两个大小不同的正方体，能拼成一个长方体吗？"学生在争论中碰撞出创新的火花了。

（6）活用尝试模式。

尝试教学有一个基本操作模式，同时有四种变式，要求教师根据学生情况、教材情况和教学条件灵活应用，同时也要考虑"尝试中创新"的要求。

在教学实践中发现，先自学课本再尝试练习，学生往往会受课本例题的束缚，模仿课本例题，妨碍创新。在教学条件许可下，可以先尝试练习，再自学课本。这样不受课本例题的束缚，给学生留下更多的创新的空间。先尝试练习，再自学课本，用课本例题的解法来验证自己的解法，如果发现后者有不同，应进行比较，从中选择最佳解法。

在小学高年级和中学可应用超前尝试教学模式，能更适应创新教育的要求，这已为教学实践所证明。超前尝试教学模式又称课外预习补充式，它是把基本操作模式的前四步提前到课前作为预习。上一堂课结束前，出示下一堂课的尝试题，教师可作简单的指导。学生在课外自学课本，解决尝试问题。下一堂课开始，教师立即检验尝试结果，接着进行学生讨论、教师讲解以及第二次尝试练习。

这样做，把尝试过程延伸到课外，课外的预习是尝试的开始。学生自己从课本中探索，初步解决尝试问题；课内是尝试的延续，检查尝试的结果，理解教师评价，再次进行尝试练习；本课结束时，教师布置下节课的尝试问题，又是下一次尝试的开始。这样循环往复，学生始终处于尝试的状态，掌握尝试的主动权。

实践证明，这种超前尝试教学模式能够有效地培养学生的自学能力，增强超前学习的意识，更有利于在尝试中创新。由于尝试过程的前四步被移到课前，要求学生独立尝试，并有充裕的思考时间，有利于激发学生的创新精神。上课开始就进行学生讨论，节约了大量时间，就有可能在课内基本完成课本上的练习，减少了家庭作业量，因此，学生的作业负担反而减轻了。

按照尝试中创新的要求，在教学实践中可以实验新的尝试教学模式，使尝试教学理论进一步得到发展。

（7）评价尝试结果。

对学生尝试的结果要即时评价，即时反馈矫正。在尝试教学操作模式中已经安排有对尝试结果的评价，"学生讨论"是学生对尝试结果的自我评价，"教师讲解"是教师对学生尝试结果的评价，评价尝试结果应该向培养学生创新精神方面倾斜。对学生的新解法、新方法、新见解、新思路要加以鼓励，对学生的标新立异、异想天开要加以保护，对学生点点滴滴的创新都要重视。评价就是一个指挥棒，要指向尝试中创新的方向。

例如，小学生学习 20 以内加法：$8 + 5 = 13$，教师可以启发学生在尝试中说出许多算法：

$8 + 5 = 8 + 2 + 3$（这是课本上的算法）

$8 + 5 = 5 + 5 + 3$（把 8 看成 $5 + 3$）

$8 + 5 = 10 + 5 - 2$（把 8 看成 $10 - 2$）

后两种算法是学生自己想出来的，具有创新成分，应受到鼓励。让学生灵活应用，不要只允许他们用课本的算法。

教师要正确对待学生尝试中的成败，争取成功，也允许失败。不成功，再试一下，直到成功。尝试失败了，对学生来说也是一次挫折，需要教师的谅解和帮助。

学生评价自己的尝试结果，不要受别人的影响，从而轻易放弃自己正确的看法。

以上对尝试过程中的几个主要环节进行分析，以创新教育思想为指导，更好地完善尝试教学模式，把尝试教学与创新教育有机地结合起来，成为新的"尝试创新"教学模式，还需在教学实践中进一步研究。

"尝试中创新"研究本身就是一种尝试，也是一种创新，相信尝试能成功，成功能创新。

21 世纪，给孩子一个全新的教育！

发表于《福建教育》（A 版）2000 年 10 月，后编入《尝试成功的学习》，教育科学出版社 2002 年版，第 96—111 页。

尝试学习的原理、策略与实践

构建尝试教学理论以后，我以更高的视角，对尝试教学展开深入的理论研究。本文从学习论的角度提出"尝试学习"的新观点，把尝试作为一种学习方式——一种终身学习的方式。此文在《人民教育》上发表后，引起教育理论界的关注。2010年在深圳举行的"首届尝试学习理论国际研讨会"上，我将此文作为主题发言，引起国际教育界的关注，后又被译为俄文和韩文。

"尝试"两字似乎是很普通的字眼，但它所蕴含的内涵和价值却博大精深、不可估量。我从20世纪60年代开始酝酿思考，到80年代正式启动教学实验，对尝试教学进行了长达50年的研究与实践，越研究越发感到"尝试"的重要，越实验越发感到"尝试"的深奥。

1. 尝试，促进了人类的发展，推动了社会的进步

从人类的发展史上看，类人猿为了生存，尝试站立起来，这是其进化成人的关键一步，远古人通过不断尝试，逐渐学会钻木取火、打猎捕鱼、制造工具，使人类本身获得了发展。由于人类不断尝试，才有千千万万的创造发明，造就了丰富多彩的现代文明。尝试是创造的前提，尝试是成功的阶梯。

尝试是创造的前提。古今中外的科学家、发明家的创造，都是从尝试开始。美国的"发明大王"爱迪生，为了发明电灯泡，找到一种合适的材料做电灯泡中的灯丝，用了1600多种材料。

尝试是成功的阶梯。无论从事任何职业，要想取得事业上的成功一定要从尝试开始，没有尝试就不会有发明创造，没有尝试做任何工作都不可

能成功。

每一次社会变革都是一次尝试，由于人类不断尝试改革，才推动社会不断进步。

2. 尝试教育思想在我国源远流长，古今中外的教育家、心理学家无不重视尝试

尝试教育思想在我国源远流长。从古代的孔子、孟子到现代的陶行知、叶圣陶，他们无不重视并亲自尝试。

从外国教育史中同样可以看出，从柏拉图、夸美纽斯到杜威、布鲁纳，他们无不强调以学生为本，让学生先学，从做中学，自己去尝试、探索、发现。特别是 20 世纪初，美国桑代克根据饿猫尝试开笼门取食，创立了尝试错误学说，形成了刺激—反应理论，成为西方实验心理学的奠基人[1]；苛勒根据大猩猩尝试站到箱子上或使用竹竿拿到挂在笼顶上的香蕉实验，创立了顿悟学说，形成了格式塔心理学派。

以上事实有力说明古今中外教育家无不重视尝试。[2]

我在 20 世纪 80 年代开始的尝试教学实验研究，把尝试思想广泛地应用到中小学课堂教学中，先形成了一种新的教学方法——尝试教学法，后提升为尝试教学理论。

尝试教学理论的实质是让学生在尝试中学习，在尝试中成功，它改变了中国传统教育的教师先讲、学生再练的教学模式，不是先有教师讲解，把什么都讲清楚了，学生再做练习，而是先由教师按照教科书的要求提出问题，学生在旧知识的基础上自学课本和合作讨论，依靠自己的努力，通过尝试练习初步解决问题，最后教师根据学生尝试中的难点和教材的重点有针对性地讲解。

我们在教学实验中发现，学生的尝试活动没有遵循桑代克的尝试错误

1 详见李明德、金锵：《教育名著评价（外国卷）》，福建教育出版社，1992 年。

2 详见施良方：《学习论》，人民教育出版社，1994 年，第 27—39 页。

说，而是只要创设一定的教学条件，学生尝试力争能够成功，按照人的学习规律应该是"尝试成功说"。因为人与动物有着根本的区别，人是有意识、有思维和有旧的知识结构的，再加上课堂教学过程中有教师的指导作用、教科书的示范作用、学生中的互补作用和旧知识的迁移作用，学生尝试后是能够力争成功的。

在中国尝试成功说，已经历经 30 年的实验研究，并有 3000 多万中小学生参与实验并得到证实。

3. 中国改革开放以来，各种教改实验异彩纷呈，共同的亮点是尝试

改革开放的春风使各种教改实验蜂拥而起，锐不可当。我们在 20 世纪 80 年代开始的尝试教学实验研究，把"尝试"大规模地运用到人类学习上。

历经 30 年时间，在实践层面上，从小学数学发展到中小学各科，并渗透到幼儿园，延伸到大学；从理论层面上，已从尝试教学法升华为尝试教学理论，先后参加实验的教师约 60 万人，接受实验的学生约 3000 千万人。著名教育家刘佛年先生早已指出："尝试教学法问世七八年来，影响已遍及全国，发展之快，规模之广，在过去是很少见的。"无独有偶，在尝试教学法实验研究的同时，其他众多的教改实验，也闪耀出尝试思想。

"顾泠沅与青浦实验"明确指出"尝试指导，反馈矫正"，使得上海青浦初中数学的教学质量得到大幅度提高。

"魏书生与六步教学法"的核心是培养学生的自学能力和自育能力，六步包括定向、自学、讨论、答疑、自测、小结。定向是提出尝试问题，自学和讨论实质上是由学生自己尝试解决问题，答疑是教师指导，自测和自结是学生对尝试结果自我评价。

"刘京海与成功教育"的着眼点是，使所有学生（包括学团生）都能获得成功，得到发展，开始时是用"帮助成功"，可是发现学生仍处于被动地位，后来进而提出"尝试成功"和"门主成功"，形成尝试成功的教学模式。

卢仲衡的自学辅导法的核心是自学，也就是让学生先尝试自学，发现有困难，教师再辅导。在教师的指导下，充分利用三个本子（课本、练习本、答案本）让学生自学、自练、自改作业，充分让学生在不断尝试中学习。

江苏"洋思经验"，讲的是江苏省泰兴市洋思初级中学，以三流的师资、硬件、生源，却培养出一流的学生，大多数毕业生都能够考入重点中学，成为教育上的奇迹。洋思经验的重要内容是"先学后教，当堂训练"，这也是让学生尝试自学自练，教师再指导。认真分析一下，多种教改实验，虽各有特点，但共同的亮点是尝试，为什么会异曲同工、不谋而合呢？

4. 研究和运用尝试学习将成为教育研究中的热点

上面提出的为什么古今中外教育家的观点和多种教改实验的做法会不谋而合的问题。我认为这不谋而合的现象正说明尝试是学习的基本形式，抓住了尝试就抓住了学习的本质。尝试教学的过程实质上是学生自主学习的过程，是一种学习方式，也是一种学习策略。30 年来，尝试教学实验研究，以丰富的教育实践引发理论上的小发展，从尝试教学法、尝试性教学原则到尝试教学理论。前面几个研究阶段，大都是从教学论的角度进行实验。

研究分析，现在应该进入尝试学习的研究，从学习论的角度对尝试学习进行深入研究，这是时代发展的需要，也是尝试教学研究本身发展的需要，一项教育研究要在理论和实践上不断创新，与时俱进，才有生命力。

当前，我国教育战线上的大事是大力推进基础教育课程改革。实施新课程改革，对教师来说，关键在于转变教育观念；对学生来说，关键在于改变学习方式。尝试学习正符合新课程改革的要求。

改变学生的学习方式是这次课程改革的重要内容，要用新的学习方式代替旧的接受学习，这种新的学习方式应该让学生自主学习、主动参与、自由探究，尝试学习不失为一种理想的方式。积极开展研究和运用尝试学习，这是实施新课程改革的需要，培养二十一世纪一代新人的需要。

5. 尝试学习是以学生尝试为特征的学习理念和学习方式，强调学生自主学习，主动参与，自由探究

尝试学习是在尝试教育思想指导下形成的学习理念和学习方式，强调尝试在学习活动中的重要作用。尝试是人类学习的基本形式，真正的学习都是带有个人意义的尝试学习。学会学习的着眼点应该是尝试学习，学会尝试才能学会学习，没有尝试的学习，永远不能学会学习。

尝试学习与接受学习是两种相对的学习方式，主要区别有四个方面。

（1）学生的地位不同。接受学习中学生处于被动地位，被动地接受教师的讲解，依赖教师的灌输；尝试学习中学生处于主体地位，学生进行尝试，就把学生推到主动地位，尝试的过程就是学生自主学习和探究的过程。

（2）教师的角色不同。接受学习中，教师讲学生听；教师问学生答，教师出题学生做题，教师势必要主宰课堂，成为课堂的主宰者。尝试学习中，学生先尝试，自己设法解决问题，学生有了困难或发生错误，教师再进行指导，教师势必只能扮演组织者、指导者和合作者的角色。

（3）学习方法不同。接受学习注重掌握现成知识，学生一般采用听教师讲解、死记硬背、机械训练等方法；尝试学习中，学生一般采用自学课本、同学之间讨论研究、动手操作、网上查询等尝试探究等方法。

（4）学习的心理过程不同。在接受学习中，学生只需直接把现成的知识加以内化，纳入到认知结构中，它仅是注重结果；在尝试学习中，学生必须在旧知识的基础上，通过自己尝试探究的活动形成结论，自己完成内化过程，把结论纳入新的认知结构中，它不仅重视结果，更强调尝试探究的过程。

尝试学习和接受学习这两者虽是对立的两种学习方式，但两者之间可以互补，可以互相渗透。美国的奥苏伯尔提出的有意义接受学习同机械接受学习不同，也要重视学生在学习过程中的主动性和积极性，强调学生应将教师组织好和系统呈现的定论性学科知识"内化"到主体的认知结构中。他的观点值得我们思考和借鉴。

尝试学习是一种自主学习，一种探究学习，也是一种发现学习。尝试学习是由学生用尝试的方式去发现所学的知识，这是一种有指导的发现学习。但尝试学习同西方的发现学习有所不同，尝试学习更重视教师的指导作用和教科书的示范作用，不会让学生去瞎摸而花费太长的时间。我认为，对中小学生而言，尝试学习更为切合实际，符合中小学生的学习特点。"发现"一般属于科学范畴，"尝试"一般属于学习范畴。让学生"试一试"，仅是解决教科书中的某一个内容，有难度，但"跳一跳"可以做到，更何况在尝试过程中可以充分发挥教师的指导作用、课本的示范作用、旧知识的迁移作用、同学之间的互补作用以及电教手段的辅助作用等，为学生的尝试成功提供有利的条件。另外，尝试可争取成功，也允许失败，学生没有太大的负担，更具宽容性和灵活性，更具人文精神。

6. 尝试学习的特征是"先试后导、先练后讲、先学后教"，具体操作是"从尝试入手，从练习开始"，采用灵活多样的尝试策略

尝试学习有鲜明的特征，同接受学习不同。它的主要过程如下：

提出尝试问题，是尝试的开端，也是引发学生积极尝试的动力。尝试学习是以提出问题—解决问题为主线的自主学习过程。尝试问题一般由教师根据教科书的要求提出，到高年级也可让学生自己提出。

寻找解决问题的策略。问题提出后，不是教师先讲解，而是学生先尝试来解决。因为教师没有先讲，学生解决问题只能试试看，所以提"尝试"是非常恰当的，既通俗又合乎情理。学生解决尝试问题的策略应该是多样的，主要有：

（1）自学课本。教科书中对如何解决问题都有详细说明，有例题、有课文、有实验等，应该指导学生自学，从课本中获取解决问题的信息。不必让学生瞎摸、兜圈子，充分发挥教科书的示范作用，这点也是区别于发现学习的。让学生学会自学课本，这是学生掌握尝试学习的关键，必须逐步认

真培养。

（2）合作讨论。如果自学课本后，学生还不能解决问题，可以向同学请教，大家共同讨论研究，提倡同学之间互相帮助，合作攻关。

（3）动手操作。有些问题的解决，必须学生自己动手操作才能完成，包括实验操作、学具操作等。

（4）提问请教。对一些比较困难的问题，一时还弄不清楚的问题，可以向周围同学请教，也可以大胆向教师请教，要提倡学生敢于提出问题。

（5）网上查询。充分利用现代教育技术，让学生自己上网查询，找到解决问题的办法和资料。暂时没有条件的，也可以查阅参考书。

以上所提的各种尝试策略，正是中小学各科新课程标准所要求的，它们的基本理念是完全一致的。

解决问题。学生通过各种尝试策略，获得了尝试结果，使尝试问题基本得到解决。到此，尝试学习并没有完结。应该让学生对尝试结果进行自我评价、自我鉴别。谁做对了，谁做错了，还存在什么问题，最后教师给予指导点拨，帮助学生形成正确的概念，把新知识纳入原有的认知结构中，形成更高一级的认知结构。整个尝试学习过程可用如下简图表示：

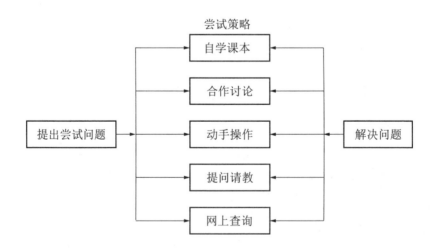

尝试学习过程，特征鲜明，操作灵活，只要按照"先试后导、先练后讲、先学后教"的基本精神，灵活安排操作程序，让学生自己选择尝试策略，它是一个有序、可控、开放的学习系统。

综上所述，尝试学习过程同学生今后踏上社会参加工作的自学过程是一致的，因此尝试学习是符合终身教育要求的学习模式，学生一旦掌握了尝试学习的真谛即能终身受益。

尝试学习虽强调学生自主学习，但不是放羊式的随意学习，不是学生高兴干什么就干什么。尊重不等于放纵，自主学习不等于自流学习，尝试学习仍要发挥教师的指导作用。

教师要认真设计尝试准备题，为学生解决尝试题作好铺垫，要按照教科书的要求准备好尝试题，在学生决定尝试策略时，教师要从旁加以指导，了解尝试情况。学生尝试解决问题后，教师要进行指导，引导学生归纳小结，还要根据情况安排第二次尝试练习。将尊重学生同严格要求统一起来，教师的指导作用主要体现在最大限度地去发挥学生的主体作用。

7. 敢于尝试，才能创新，尝试学习应该被扩展到学校教育的各个领域

尝试学习不局限于认知领域的尝试，应扩展到情感领域和意志领域。尝试学习中，既要重视尝试的结果，更要关注尝试的过程，要使学生充分体验尝试过程中的情意。要激发学生乐于尝试、敢于尝试的热情；体验尝试成功的喜悦，进行尝试失败后的反思；坚定走向成功的信心和克服困难的意志。

尝试学习不局限在智育范畴，应渗透到德育、体育等范畴。班主任、少先队工作中不要包办代替，让学生自己尝试主持班会，组织野炊活动；让学生轮流当班长，使每个人都来尝试管理班组，为同学服务……让学生参与各项社会公益活动，在尝试活动中学会服务、学会理财、学会管理，并在活动中潜移默化地形成良好的道德品质。真正的体育不仅是循规蹈矩的达标，更是对尝试勇气、冒险精神的培养。体育课要鼓励学生大胆尝试，自己完成规定动作，领会动作要领。

尝试学习应延伸到家庭教育和社会教育。中国的父母对孩子太溺爱，都把孩子当成"小皇帝""小公主"，他们在学校依赖教师，在家依赖父母，不

需要尝试，也没有机会尝试。学校通过家长会或家长学校培训转变他们对孩子的教育理念。让孩子从婴儿开始单独睡觉，尝试一个人独处；孩子跌跤，要让他们尝试自己爬起来；要自己洗脸、穿衣，自己的事情自己做；要帮助父母做家务，尝试做各种事情，鼓励孩子大胆尝试，学会生存。学校通过同社区和有关方面联系，给学生创设适宜他们尝试的社会环境。

教育的各个领域、各个部分都是互相联系的，基本理念应该一致，才能形成合力，有利于培养人的尝试精神和创新精神。"敢于尝试，才能创新"，这是大家公认的道理。有一所学校在教室贴上这样一条标语："从小会尝试，长大能创新"，简明朴素地道出了这个真理。

8. 尝试学习的科学性早已为实践所证实，已经显示出巨大的生命力，进一步深入尝试学习研究，为建设具有中国特色的教育理论共同努力

从尝试教学法发展到尝试教学理论，现在又进入尝试学习研究，这是教育理论合乎逻辑的发展过程。发展的各个阶段是互相联系、互相渗透的，在前两个阶段中，事实上"尝试学习过程"已是客观存在的，只是我们没有从"学习理论和学习策略"的角度去分析研究。因此，尝试学习的科学性早已为 30 年的教育实践所证实，已经显示出巨大的生命力，以其特点鲜明、操作简便、效果显著而受到广大教师的欢迎。不管城市还是农村，不管是老教师还是新教师，不管是一所学校还是一个地区，凡进行尝试教学后，教学质量都有明显提高。

内蒙古阿拉善盟左旗塔尔岭小学是一所地处偏僻、紧靠沙漠的村小，教学条件极差，原来毕业班数学平均分只有 40 多分，进行尝试教学后，连续 11 年获得好成绩，最好一年达到 98.5 分，名列阿盟（地区）第一名，创造了本地区教育上的奇迹。浙江省长兴县煤山中学也是一所非重点的农村中学，余志勇老师在高一数学科进行尝试教学仅一年时间，数学成绩从原来全县倒数第 2 名一跃成为全县第 1 名，也传为教育佳话。云南省玉溪市、重庆

市忠县、湖南省吉首市、河北省永年县、山东省平度市、西藏自治区拉萨市等，在本地区推广尝试教学后，教学质量都获得了大幅度提高。

为什么尝试教学有如此大的魅力，只要正确运用，教学质量就会提高，许多人对此迷惑不解。事实上这是"尝试学习"在起作用，尝试学习是学生自主的学习，充分调动了学生学习的主动性和积极性，尝试学习抓住了学习的本质，"先试后导，先练后讲"符合学生的学习规律。

目前要以实施新课程改革为契机，进一步深入研究尝试学习。从学习理论和学习策略的角度重新审视尝试教学过程。尝试教学是有指导的尝试，但是"指导"应该有个"度"，指导太多，什么都给学生准备铺垫，学生遇到一点困难就暗示"启发"，就失去了"尝试"的意义。教师必须注意，要使学生从被动尝试转化成主动尝试，使尝试教学过程真正成为学生自主学习的过程。新课程改革的实施，促进了尝试学习研究的发展，反过来尝试学习又能更好地为新课程改革服务。

中国改革开放以来的教学改革，是世界上最丰富最活跃的，产生了许多新理论、新经验、新方法，希望能得到教育理论界的关爱和扶植。中国的基础教育在世界上是领先的，我们对此要有充分的自信，不能妄自菲薄。

让我们从这里起步"尝试之"。中国的教育理论具有中国特色才能走向世界，有民族性才有世界性。愿大家同心协力，为建设具有中国特色的教育理论而努力。

《人民教育》2002 年 10 月

请不要告诉我，让我先试一试

"尝试教学理论研究与实践"研究课题通过专家鉴定，结题后用理论指导实践，推动了全国各地的尝试教学实验研究，以此来为素质教育、创新教育以及新课改服务，各地产生了许多新思想、新经验，丰富的教育实践又推动了理论研究，使尝试教学理论不断丰富，趋向成熟。《人民教育》杂志社为了把这项比较成熟的研究成果介绍给全国教育界，特出版"尝试教学专辑"，分三个方面推介，包括专家解读、应用案例、区域推广。

本文是专辑首篇的主题文章，从新的视角，用通俗易懂、生动活泼的笔调，解读尝试教学理论。此文发表后，"请不要告诉我，让我先试一试"成为教育界的流行语，在广大教师中传播。

标题上的这句话是用学生的口气说的，意思是请老师不要把现存的结论告诉学生，先让他们自己去"试一试"。这句话简明扼要地既阐明了尝试教学思想的实质，又揭示了具体的操作方法，一目了然。所以，我用这句话作为文章的标题。

50年前，我从华东师大教育系毕业，留校任教，同时兼任华东师大附小教导处副主任，开展教改实验。为了改变注入式教学方法，我萌发了"先练后讲"的思想，后因"文革"而中断实验。直到1980年，我才正式开始系统的教学实验，从小学数学尝试教学法→尝试教学法→尝试教学理论→尝试创新理论→尝试学习理论，一路走来，整整搞了半个世纪了。

1. 理论源于实践，实践出真知

我当小学教师时就已经知道"学生是课堂的主人"了，事实上"以学生为主"已经提了几十年了，为什么学生还"主"不起来呢？问题究竟出在哪里？后来我发现问题出在"先讲后练"的传统教学模式上。

"先讲后练"的教学模式就是教师先讲，把什么都讲明白了，然后学生再练，似乎这是教师的职责。在这种"先讲后练"的模式下，教师讲，学生听；教师问，学生答；教师出题，学生做题。学生已经处于被动的位置，哪能主动呢？当时我就萌发异想，既然根子在"先讲后练"，能否反其道而行之，颠倒过来改为"先练后讲"呢？这就是尝试教学法思想的雏形。

实验因"文革"而中断，为了照顾家庭，我也离开华东师大到江苏溧阳农村当一名中学数学老师。按理说，我是没有资格教中学数学的。16岁那年，我高一还没有读完，就下乡当小学代课老师，1956年考上大学，教育系属于文科，不考数学。因此，我当时的数学水平也就是一个初中毕业生的水平。通常我采用一边自学，一边教的办法，先自学例题，弄懂后再做习题，对书上的每道题都要做一遍，并研究编者为什么要设计这道题，有什么作用。我从初一直教到高中，有时遇到难题，怎么都解不出来，碍于面子我又不敢去问教研组同行，一个大学教师连书上的数学题都不会做，这不成了笑话？我就找参考书，逼着自己一定要想出来。

我用这个方法不但自己学会了，还能教别人。为何不把这套自学方法教给学生呢？我自己教的班，当然我做主。我就要求学生先自学例题，然后尝试做书上的练习题，有困难我再讲解。这套方法真灵，学生反映"邱老师的课听得懂，学得会，又有趣"，教学成绩居然在全县名列前茅。

有了六十年代的思考研究，七十年代自己亲自试用，已经具有一定的实践基础，因而在"文革"结束后，1980年正式启动系统的尝试教学实验。所以尝试教学法不是在书房里冥思苦想出来的，也不是从外国舶来的，而是在中国的教育实践基础上产生的。

2. 试一下，海阔天空

教师先不讲，让学生先练，就是让学生先试一试。尝试可以成功，也允许失败。成功了，说明学生自己能够学会；失败了，再听教师有针对性的讲解，效果不是更好吗？

把"先讲后练"改成"先练后讲"，学生在课堂教学中的位置就会发生根本的变化。一上课教师提出尝试问题，让学生先练，学生必然会遇到困难，遇到困难，学生就会产生一系列的主动行为：

看到尝试题后，主动去思考，想一想自己能不能做出来；

遇到困难主动去自学课本，在课本中寻找解答线索；

再遇到困难会主动向别人请教；

做完尝试题后，不知道自己做得对不对，就主动与同学进行讨论、交流；

最后会主动要求教师指点迷津。

以上每一步都是学生的主动行为，因此"先练后讲"后，才能真正把学生推到主动位置。所以，从"先讲后练"改变到"先练后讲"会引发课堂教学的根本变化，保证学生的主体地位，促成教师的角色转换。

从"先讲后练"到"先练后讲"，虽然只是前后顺序调换一下，可这是教育思想的巨大变化，是从传统教育观向现代教育观的转变。前者强调教师是主宰，是接受性学习；后者强调学生是主体，是尝试性学习，也是自主学习。引导学生自学探索，鼓励学生合作交流，这些都是新课程改革的基本教育理念。

"五四"运动时就有人开始反对注入式教学方法，近百年来虽经历了许多教学改革，但都是在"先讲后练"的模式下兜圈子，没能触动根本，学生始终"主"不起来。如果"先讲后练"模式不变，我敢说，一百年以后学生还是"主"不起来。

这里给我们一个很大的启示，把课堂还给学生，真正做到以学生为主，必须抓住教学模式这个根本，从"先讲后练"改变到"先练后讲"。一步走对，全盘皆活，真所谓："试一下，海阔天空"。

3. 国家兴旺，需要尝试精神

古今中外科学家的创造发明无不从尝试开始，无论从事何种职业，要取得事业的成功也无不从尝试开始。所以说，尝试是创造的前提，尝试是成功的阶梯。没有尝试，何来创新。

尝试必须大胆，有时需要冒险，如果不去尝试，机会只能是零，试一试就会有 50% 的成功机会。在人类居住的这个蓝色星球上，什么样的奇迹都会发生，问题在于你是否敢去尝试！但是现在聪明的人很多，胆大的人却太少，主要是不敢去尝试。

尝试既然这么重要，为什么不将之引进到教学活动中去呢？让尝试成为学生的一种学习方法，培养学生的尝试精神。这个想法引发我 50 年探索尝试教学研究的思路，让我执著追求。

受几千年封建习惯势力的束缚，加上新中国成立后历次政治运动所留下的阴影，中国人大多封闭保守，胆小怕事，唯书唯上。目前大家都在关心和议论一个问题：新中国成立 60 多年了，为什么在科学上我们还没有出一个诺贝尔奖获得者，虽然原因很多，但陈旧的教育思想和教学方法应该是一个重要原因。美籍华人、诺贝尔奖获得者杨振宁教授曾语重心长地指出：中国学生要在科学上创造成就，就必须具有勇于尝试的冒险精神。

潜移默化的作用是强大的，教师天天要给学生上课，他所采用的教学方法对学生的思维方法和习惯会产生巨大的影响。如果采用"先讲后练"，教师讲、学生听的注入式的教学方法，学生只能被动地接受教师灌输的知识，什么都跟着教师走。这样学生就会养成"人云亦云""依样画葫芦""吃大锅饭""随大流"的思想和习惯。这样的人是很难有所发展的。

如果采用"先练后讲"的尝试教学方法，大胆让学生自己去尝试练习，他们就会在尝试中学习，在尝试中成功。这样从小培养学生"试一试"的精神，学生会逐步具有一种敢于尝试、勇于创新的精神。从小会尝试，长大能创新。

古往今来无数事实证明，人们探索精神的强弱是一个国家、一个民族兴旺发达与否的重要标志。因此，作为一个清醒的教育工作者，目光要放远点，采用什么样的教学方法，并不仅仅是为了提高学习成绩，更是关系到人才的培养和国家的兴旺，关系到中华民族的伟大复兴。

4. 教改中的趋同现象突显教育规律

改革开放给教育事业带来了春天——流派纷呈，百花（法）齐放，一派繁荣景象。洋思中学、杜郎口中学、东庐中学、宜兴实验中学、松坪学校等一批教改典型相继出现，形成中国教育一道亮丽的风景线。

我们认真分析众多的教改典型，虽各有特点，但有许多共同的地方，我们称之为"教改中的趋同现象"。不妨举几例比较一下：

尝试教学法：先练后讲，练在当堂。

洋思经验：先学后教，当堂训练。

杜郎口经验：预习展示，反馈达标。

青浦经验：尝试指导，反馈矫正。

以上几例竟然十分相似，这种趋同现象的特征可被概括成两句话：一抓尝试自学，二抓练习达标。这种趋同现象中的共同亮点是"尝试"，为什么能够异曲同工、不谋而合呢？应该是这些方法突显了教育规律，是教育规律在起作用。

众多教改实验不谋而合的趋同现象正说明"尝试"是学习的基本形式。抓住了学生学习的本质，抓住了课堂教学的规律与根本。尝试教学过程实质上是学生自主学习的过程，是一种学习方式，也是一种学习策略。

以上各教改典型都是在各自环境下摸索课堂教学的规律，不约而同地找到中华教育优良传统的精华——尝试自学，因而才出现殊途同归的趋同现象，这充分证明尝试教学思想在中国有着根深蒂固的影响，在尝试教学思想的指导下会各具特色，有各种表达方式。

在国外，有的提"发现教学法"，有的提"探究教学法"，有的提"研究性学习"等。我认为，对中小学生而言，提"尝试"更为切合实际，符合中小学生的特点。不可否认，中小学生的主要任务是掌握人类长期积累又经过不断提炼的最基本的知识。如果都要中小学生脱离课本去"发现、探究、研究",是不切实际的,也是没有必要的。

尝试教学主要是按照教科书的要求,尝试去解决某一个知识点,仅是让学生在旧知识的基础上,尝试去自学课本,或主动向别人请教,自己去解决问题。学生尝试后,再听教师讲解点评,进行正误对比,印象深刻效果好。另外,提"尝试"通俗易懂,便于操作。尝试可争取成功,也允许失败,学生没有太大的负担,更具宽容性和灵活性,更具人文精神。每堂课都可以尝试,但不可能每堂课都去发现,这是非常简单的道理。

5. 学生能做尝试题的奥秘

教师还没有教,学生居然能做尝试题,奥秘究竟是什么?可以从三方面进行分析。

人有思维属性

从人的本质上进行分析,人有三种属性:生物属性、社会属性和思维属性。动物有生物属性,也可能有社会属性,却没有思维属性,这是人与动物的根本区别。

人的大脑大约有一千亿个活动神经细胞,每个细胞又可长出多达 2 万个树枝状的树突,以存储和输送信息。因此,大脑的潜在能量是巨大的,关键问题在于开发。人的大脑是进行思维的物质基础,也是人能够尝试的物质基础,有了这个物质基础,人才能够做到模仿记忆,触类旁通,举一反三,由此及彼。

由此可见,作为教师必须懂得一个简单而重要的道理:学生是人,而人是有意识的,大脑是能够思维的,思维的潜力是巨大的。

人的大脑中有内存

人的大脑里并不是空白的,借用电脑的术语来说,已经有了内存,它已经储存了许许多多旧有的知识结构和生活经验。学生完全可以利用大脑中的内存和已获得的学习能力，在尝试中学习，在尝试中获得新知识。打个通俗的比方：新知识对学生来说并不完全陌生，而是"七分熟，三分生"。这样可以利用"七分熟"的旧知识作为基础，去尝试学习"三分生"的新知识。

教师往往有个误区，以为上课前学生对新知一无所知，教师不讲学生就不会，所以一定要从头讲起，讲深讲透。殊不知学生已经有了内存。这里我再讲一则寓言故事，使大家更明白其中的道理。

有一位印第安老人，赚了钱，买来一辆汽车，他不知道汽车有内能，可以去开动它，于是雇了一匹马拉着它走。现在看来，这位老人确实可笑，但是，在我们学校里，也确实有这样的印第安老人式的教师，他们不知道学生有内能（内存），可以去激活他们，而偏要用教师的能量去硬性拖着学生走。

我们还可以从中国的武术智慧中得到启发，功夫精深的武术高手，常把打斗对象的力量看作自己的资源。对手冲过来的时候，他并不正面硬拼，而是顺势轻轻一拨，就把对手放倒了。这比那些与对手拼命对冲的人，不仅境界要高，而且省力又省时。

我想起了中国武术明星李小龙，原来我以为他只是一个会舞拳弄棒的明星，看了电视剧《李小龙传奇》后恍然大悟，原来他在美国华盛顿大学学过哲学，他用中国古典哲学研究武术，练习武术。摒弃不实用的三招五式的套路，把别人进攻的力量为我所用。他能够把"中国功夫"推向世界，是值得我们教育工作者深思的。

儿童喜欢尝试符合人的本性

尝试是一种甜蜜的体验，喜欢尝试是孩子的本性。俗话说"周半儿，摸坛摸罐"，婴儿出生不久，听到声音，眼睛就会朝向声音来源处，这就是开始试探了。幼儿喜欢爬行，喜欢到处行走，进一步开始试探这个世界。有人认为育儿有两件事是最成功的，一件是学会说话，一件是学会走路。按理说，学会这两件事是十分困难的，可是家长并没有刻意去教，孩子在尝试中就学会了。当孩子能站立的时候，最笨的妈妈也知道要放手让孩子自己试着走。永远被妈妈抱在怀里的孩子，是学不会走路的。教师应该从这里得到启示，为什么我们连最笨的妈妈都不如，抱着孩子不放呢？

尝试是人的本性，尝试是学生的权利，教师应该保护和尊重孩子进行尝试的权利。

6. 从有模到无模，此时无模胜有模

教师最关心的问题是，如何在课堂教学中操作这种尝试教学法。我主张，首先要有一个基本模式，适用于一般情况，然后再灵活运用。没有基本，哪来灵活。根据教学情况的变化而有各种变式，形成一个教学模式体系。我的导师，原华东师范大学校长刘佛年教授，在生前看了我的《尝试教学法》书稿后，特别欣赏我这个观点，他在为该书的题词中指出："它既有一定的理论基础，而实践的方法又简便易行，几乎每个小学教师都能掌握，每个学生都能适应，它既有一个大致的模式，但又反对机械搬用，强调从实际情况出发灵活应用。"

我把尝试教学模式分成三类：

第一类：基本模式（适用于一般情况的常用模式）。

第二类：灵活模式（灵活应用基本模式的变式）。

第三类：整合模式（把尝试教学思想与其他教学思想整合起来的模式）。

由上可见，尝试教学模式不是固定不变的，不是单一的，它已经建立起适应各种不同教学需要的教学模式体系。这样就给教师选择和创新留有较大的空间，可以达到既有模又无模的境界。但万变不离其宗，"先练后讲、先试后导、先学后教"的基本精神不能变。

第一类：基本模式。一般分为七步进行。

准备练习——发挥旧知识的迁移作用，以旧引新，为学生解决尝试问题辅路架桥。

出示尝试题——根据教学目标要求，提出尝试问题，以尝试题引路，引导学生进行尝试。

自学课本——发挥课本的示范作用，为学生自己解决尝试题提供信息，这是学生自主学习的重要一步。

尝试练习——这一步是学生尝试活动的主体，大胆放手让学生自己尝试

解决问题，在尝试过程中重视对学困生的帮助。

学生讨论——让学生将尝试结果在小组内进行合作交流，让学生自我评价，尝试讲道理。

教师讲解——根据学生的尝试结果，教师有针对性地讲解，也是对学生的尝试结果进行评价。

第二次尝试练习——这一步主要给学困生再射一箭的机会，一堂课应该有多层次尝试，逐步逼近教学目标。

以上七步仅是尝试教学的主要过程，并不是一堂课的全部。一堂完整的课前后还有任务：前面有导入新课、出示目标等，后面有课堂作业或达标检测、课堂小结等。

第二类：灵活模式。教学法的灵魂在于灵活，固定不变、搞绝对化就没有生命力了。具体问题具体分析的辩证法在教学中尤为重要。灵活模式有如下几种：

第一种：增添式——在基本式上增添一、二步，如出示尝试题后可增加一次学生讨论。

第二种：调换式——把基本式的几步位置调换一下，如把自学课本与尝试练习的位置调换一下，先做尝试练习再自学课本。

第三种：结合式——把"自学课本"和"尝试练习"合成一步，让学生自己决定先自学课本还是先做尝试题，或把"学生讨论"和"教师讲解"合成一步，把教师的点评讲解插到学生讨论之中。

第四种：超前式——小学高年级和中学一节课的教学内容较多，如果基本式七步都要在课内完成，时间不够。可以把前面四步提前到课前作为预习完成。下堂课就从学生讨论开始，也可让学生上台当小先生，让学生先讲，这样做会出现一种全新的课堂教学氛围。

第三类：整合模式。

我历来主张，提倡一种教学法，并不排斥另一种教学法，它们之间不应该是对立的，而应该互相融合。尝试教学模式具有开放性，能吸纳、包容很多教学流派。在教学实践中已产生目标尝试教学法、愉快尝试教学法、情境尝试教学法、合作尝试教学法、分层尝试教学法等。

教学理论宝库是丰富多彩的，应该充分利用，使各种教学方法为我所用，才能使课堂教学充满活力、多姿多彩。一堂好课，一般是"一法为主、多法配合"，达到整合模式的整合，此时已从有模到无模，达到"此时无模胜有模"的境界。一个教师要认真学习和实践各种教学模式，然后灵活应用，不拘一格，一切从实际出发，需要什么用什么，一切为我所用，这样才能形成特色。

杜郎口中学的课堂模式事实上是把尝试教学、目标教学、合作教学等整式合起来，再加上自己的创造，大胆让学生展示，这样形成了特色。

7. 尝试教学思想源于"童蒙求我"

我国教育历史悠久，尝试教学思想自古有之。

《易经》在第四卦"蒙卦"中指出："匪我求童蒙，童蒙求我"。意为师长不应在孩子主动求教之前提出教孩子学习，而应该等孩子来求教。为什么要等待孩子来求教呢？只有孩子产生内在的需求，师长的启蒙教育才能达到预期的效果。这表明中华远古教育从一开始就从原始的生命直觉上提出"童蒙求我"，确认求学者的主体地位，这在人类教育史上是非常了不起的，这也是尝试教学思想的源头。

现在我们常说要把"要我学"改成"我要学"，其实这个道理远在三千年前的老祖宗就已经告诉我们了，可是有些教师直到现在还不接受这个道理，死抱着注入式教学方法不放。

"童蒙求我"强调尝试自学的教育思想，为历代中国教育家所重视，并被继承和发扬光大。

孔子的"启发诱导"思想已经闪耀出尝试教学思想的光辉，他的名言"不愤不启，不悱不发"，意为不到学生想弄明白又弄不明白时不要告诉他什么意思；不到学生想说而又说不出来时不要告诉他如何表达。很显然，这是对"童蒙求我"教学思想的发挥，等到学生有内在需要时，处于愤悱的心理需求状态时，教师才去教学生。这实质是"先愤后启，先悱后发"，同现在的"先练后讲，先学后教"的尝试教学思想是一致的。

孟子是中国教育史上第一个正式提出"尝试"的教育家，他的名言"我虽不敏，请尝试之"，意思是，我虽然迟钝，也要尝试，道出了尝试的普遍性。他主张教不是教学过程的开端，而主张学后再教，强调让学生自求、自学、自得，这样才能学有收获。

《学记》是我国最早也是世界最早的教学论著作，它已经用朴素的语言揭示教学必须启发学生思考和重视学生自学的道理。《学记》中有句名言："是故学然后知不足，教然后知困。知不足然后能自反也；知困然后能自强也。故曰教学相长也。"这段话虽是阐明教学相长的思想，但也渗透了尝试教学思想。如果把这段话的意思延伸一下，"学然后知不足，知不足然后再学；教然后知困，知困后再教"，这样就同"先练后讲，先学后教"的尝试教学思想相吻合了。

宋代教育家、思想家朱熹认为，学习是学生自己的事情，别人不能代替，必须强调自学。他明确地指出："书用你自去读，道理用你自去究索，某只是得个引路人，做得个证明底人，有疑问处，同商量而已。"这段话把学生和教师的角色、地位说得非常明白，学生学习要靠自己去尝试，教师只是引路人，学生有了疑问，与学生共同商量而已。

陶行知是我国现代著名教育家，他极力反对注入式教学法，提倡让学生自己学，他指出："我以为好的先生不是教书，不是教学生，乃是教学生学。""对于一个问题，不是要先生拿现成的解决方法来传授学生，乃是要把这个解决方法找出来，安排停当，指导他，使他在短的时间，经过相关的经历，发生相类的理想，自己将这个方法找出来，并且能够利用这种经验理想来找别的方法，解决别的问题。"

叶圣陶是在语文教学中比较系统论述尝试教学思想的一位教育家。他明确指出，培养学生阅读书籍的能力、养成良好的学习习惯，最好的办法是："惟有让他们自己去尝试""无论成功与否，尝试都比不尝试有益得多；其故就在运用了一番心力，那一番心力是一辈子要运用的，除非不要读书"。学生通过尝试的方法，获得了自学能力，就能达到"教为了不需要教"的境界。

以上简略回顾一下教育史，事实证明：尝试教学思想自古有之，源远流长，它是中华教育优良传统的精华。在中国这块沃土上产生和发展尝试教学理论是历史的必然。

8. 改革潮流，"试"不可挡

为什么很多教改实验随着时间的推移逐步消失了，而尝试教学实验历经50多年时间长盛不衰，应用范围和影响越来越大。据不完全统计，应用教师七八十万，受教学生达3000多万，正式以此命名的实验学校有2300多所，其中有幼儿园、小学、中学、职业学校以及聋哑学校等。应用范围已遍及全国31个省、市、自治区以及港、澳、台地区，在国外也产生一定的影响。2010年在深圳召开的"首届尝试学习理论国际研讨会"上，美国瓦格纳教授评价说："尝试教学实验研究是当今世界上规模最大的一项教学实验研究。"究其原因主要有如下方面：

（1）首先尝试教学有强大的生命活力，尝试是学习的本质，是中华教育优良传统中的精华。因此这项研究具有自身发展的原动力。

（2）改革开放的正确路线、稳定的政治局面，是尝试教学研究迅速发展的保证。

过去由于受各种政治运动的影响，政策、口号经常变，大纲教材不稳定，教学实验很难进行，大都半途夭折，大家对此都有切肤之痛。教学实验周期长，没有相对安定的政治局面是无法进行的。

改革开放以来，由于政治局面稳定，经济飞速发展，教育事业稳步发展，大纲教材相对稳定。改革开放的政策促进了教学改革，鼓励大家放手搞实验研究。这样才使得尝试教学研究坚持了30多年，得到不断的发展。

改革开放以来，新教法不断产生，各种教改典型相继出现，丰富的教育实验又推动教育理论的发展，呈现出一派繁荣景象。现在是我国教育科学发展最兴旺发达的一段时期。因此，我们应该珍惜来之不易的安定团结的政治局面，国家需要稳定，教学改革的深入和教育科学的发展也需要稳定。

（3）各级教育行政领导和广大教师的支持是尝试教学研究迅速发展的基

础。从尝试教学法到尝试教学理论，不是我个人的创造，它凝聚了千千万万人的心血，是集体智慧的结晶。

（4）研究与推广并重是尝试教学研究迅速发展的重要策略。一项科研成果不能写本书得个奖就算完事，这里也有将科研成果转化成生产力的问题。我们研究的目的就是为了使教师掌握新的教学方法，使孩子得到更好的教育。如果把自己关在书房里讲空话是不行的，应该到教学第一线摇旗呐喊，放下架子，扎扎实实地去做推广工作。

（5）把志同道合的人组织起来，形成一个研究团队，是尝试教学研究长盛不衰的重要原因。我们在有关单位的支持下成立了"尝试教学理论研究会""尝试学习研究会"，后来又开通了"邱学华尝试教学在线"网站（www.try-Qxh.cn）。这样就有了研究、交流、展示的平台，把大家凝聚起来。研究团队主要由四方面人员组成：一是各级教科所、教研室研究人员，二是广大一线教师，三是各级教育行政领导，四是高等院校专家教授。有了这支研究团队，再加上两千多所实验学校组成的基本队伍，就不会重蹈过去教改实验大起大落的厄运。

（6）理论研究要不断深入，与时俱进，如此才能得到不断发展。我深信，教育理论源于教育实践，反过来又为教育实践服务。我对尝试教学的研究是不断深入的，在理论上不断升华提高的。教育科学研究是为了解决教育实际问题，必须与时俱进，不断为素质教育、创新教育、新课程改革服务，这样也使尝试教学研究不断得到发展的空间。

（7）为民服务的推广模式。教育科学研究应该为学生服务，为学校服务。虽然我们的课题是国家教育重点研究课题，但我们坚持不向学校收取课题费或赞助费。学校不论大小，条件不论好坏，只要自愿申请，都可以作为研究会的实验学校，因此我们有很多边远山区、少数民族地区以及贫困地区的实验学校。对于这些学校，我们非但不收取任何费用，还有一定的扶贫措施，每次研讨会、观摩会，不收贫困地区的教师会务费，还赠送资料，有的还补助差旅费。另外，在实验学校中开展一帮一的活动，沿海经济发达地区的学校和贫困地区的学校结对子，把扶贫工作做到实处。

9. 具有中国特色才能走向世界

中国的教育理论界一向崇洋，看不起自己的东西。翻开教学论著作，全是外国的教学理论。纵观中国近代教学理论的发展，先是学日本，后来学美国，新中国成立以后又"全盘苏化"学苏联，现在又全面"开放"，外国各种各样的教学理论和教育思潮涌进中国。我读过多本《中国教育史》和《外国教育史》，为我国古代光辉灿烂的教育文明史深感自豪，也为近代教育照搬照抄外国而羞愧。直到现在，有些人只相信外国人，开口布鲁纳，闭口赞柯夫，总看不起自己，不敢相信自己的东西。

我国有五千年的文明史，还有两千多年的优良教育传统和经验，难道就不能在教育理论研究上走一条创新之路，建立具有中国特色的教育理论吗？我是憋着这股气而发奋工作，并坚持长达半个世纪的尝试教学研究的。

美国布鲁纳的"发现教学法"，从二十世纪八十年代开始，在我国介绍和研究的文章像雪片似的见于各种教育报刊，可是到现在还有多少教师在应用？因为发现教学法仅停留在理论层面，就是在美国亲身实践者也并不多，它并不切合中小学生的实际情况。许多年前，日本伊藤武教授给我来信说，他在日本研究发现教学法多年，但应用者寥寥，他对我在中国能如此大规模推广应用尝试教学法，羡慕不已。

尝试教学研究历经半个世纪，经受了长期的时间考验，又有七八十万教师的应用，受教学生达 3000 多万，出版的尝试教学研究著作有 40 多本，近一千万字。教育科学出版社专门出版了一套 8 本的"尝试教学理论研究"丛书，它已经具备了比较完整的理论体系。它同世界上许多有影响的教学理论相比也毫不逊色，我们应该有这个自信。

尝试教学理论从博大精深的中国优良教育传统中吸取精华，以中国教育中合理的尝试思想为内核，并植根于遍及中国的中小学教育实践，具有鲜明的中国特色。愈是民族的，愈是世界的。艺术是如此，教育亦是这样。所以，尝试教学理论已具有走向世界的条件和空间。

由于历史的种种原因，我们在教育上也缺少话语权，我们要努力让世界倾听中国的声音。我的尝试教学研究论文已被译成日文、英文、德文、俄文，并在国外教育杂志上发表。早在 1992 年，中国新闻社记者以《中国历经十年研究和实验，尝试教学法推广已获实绩》为题，向海外作了报道，《人民日报（海外版）》也曾作过报道。2010 年 11 月在深圳市南山区教育局支持下，举行了"首届尝试学习理论国际研讨会"，国内外许多著名专家出席了这次会议，尝试学习理论正式走上了国际舞台。

《人民教育》2011 年第 13、14 期合刊

做到做不到，试一试就知道

——从尝试教学走向尝试教育

在长期的尝试教学中，我发现尝试作为一种教育理念是带有普遍意义的，不仅能用在课堂教学中，而且能运用到德育、体育、美育、劳动教育等领域。新世纪开始后，全国已有许多单位纷纷开展新一轮的实验。2004年10月，我在《人民教育》发表的《尝试学习的原理与策略》一文就已经提出"大尝试"的概念。2008年9月在北京举行的全国第十四届尝试教学学术年会上，我作了"尝试教育思想的研究与实践"的主题报告；2012年10月在四川省宜宾市举行的全国第十六届尝试教学学术年会上，我又作了"尝试教育理论研究与发展"的主题报告，提出尝试思想不仅可以被应用到课堂教学中，还可被应用到德育、体育，以及班主任工作、团队工作、课外活动、家庭教育中，从尝试教学走向尝试教育。

经过10多年的教育实践与研究，已积累了不少成功的经验，为了促进实验研究和相互交流，《人民教育》杂志社决定在2014年第15期出版《"尝试教育"专辑》，以下是《人民教育》写的编者按：

教育到底能为学生的未来编织些什么？怎样的教育能为学生种下创新的种子？

在实现中华民族伟大复兴的道路上，我们从来没有像今天这样呼唤创新人才的培养。培养人才之于教育而言，肩负着神圣的使命。作为为人才培养奠基的基础教育，能否走出一条符合教育规律、符合创新人才成长规律的路子？

本刊推出的《"尝试教育"专辑》便是邱学华和实验者们从理论到实践提出的一种解决方案。这个专辑是本刊继 2011 年 7 月推出的《"尝试教学"专辑》之后的第二个关于"尝试"思想和探索的专辑，与前一个专辑相比，尝试的目标已从课堂教学拓展到了班级管理、德育工作等多个方面；从一种教学思想、教学方式、教学策略延伸为一种教育思想、教育方式、教学策略；它更强调学生的整体发展，更注重学生尝试习惯的养成和尝试精神的培育。

本专辑从"专家释义""课堂实践""教师领悟""学生感言""学校行动""区域推广"等六个层面呈现尝试教育的最新理论和实践成果。

有尝试才会有发现，有发现才会有超越，有超越才会有创新。试想，如果我们的关注点都从培养创新人才的高度出发，我们的行动都是从培养创新人才开始，我们的教育能够抵达学生的心灵、能够影响学生的精神建构，那么时代的希冀、国家的诉求都将不再是难题。

2011 年 7 月《人民教育》推出了《"尝试教学"专辑》，我写了一篇文章《请不要告诉我，让我先试一试》，引发了大家对尝试教学的关注和兴趣。"请不要告诉我，让我先试一试"已成了中小学教师中的一句流行语。这句话简明扼要，把尝试教学的本质和操作方法说得一清二楚，就是在教学过程中教师不要把现成的知识直接告诉学生，而是让学生先试一试，通过自己的努力去获得知识。这句话，当时主要是针对教学范畴来说的。

在现实世界中，尝试带有普遍意义，事事能尝试，处处能尝试。同样在学校教育中，我们要跳出课堂看尝试，把尝试的思想引入学校各项工作，如德育工作、班主任工作、团队工作、课外活动、社会实践活动以及家庭教育等。10 年前，我的《尝试学习的原理与策略》发表于《人民教育》（2002 年第 11 期），文中已经提出"大尝试"的概念，从尝试教学走向尝试教育。在2006 年举行的第十三届全国尝试教学学术年会上，我正式提出启动尝试教育理论的研究任务，得到全国各地实验单位的支持，纷纷开展新一轮的实验，经过八年时间的酝酿思考和实验研究，已取得丰硕成果。

1. 尝试是一种精神

尝试不仅是一种教学方法，更是一种精神。对待需要解决的困难，是左右徘徊、等待观望呢，还是下定决心、大胆尝试呢？作出的选择受精神支配。如果有"做到做不到，试一试就知道"的信念，大胆去尝试，其实就具备了尝试精神。

改革开放打掉了人们精神上的枷锁，邓小平同志竖起改革开放的大旗，他号召："看准了的就大胆的试，大胆的闯。""没有一点闯的精神，没有一点'冒'的精神，没有一股气呀，劲呀，就走不出一条好路，走不出一条新路，就干不出新的事业。"[1]他要求大家"摸着石头过河"，不要站在岸上看，要亲自下水去尝试，"深圳经济特区""一国两制"都是他震惊世界的伟大尝试。

鲁迅把敢于尝试的人比作"第一个吃螃蟹的人"。原来以为这仅是一个比喻。前几年，我去江苏省昆山市巴城中心小学考察。参观了巴城古镇上的螃蟹博物馆，才知道第一个吃螃蟹的人真有。巴城古镇是阳澄湖边上的一个小镇，相传大禹时代，湖水泛滥，危害百姓。大禹派一位名叫巴解（读xiè）的大臣到阳澄湖治水。他按照大禹"疏导"的办法治水成功了。水治好了，可是还有一种叫"八爪虫"的害虫，它有着坚硬的壳，长着两个大钳和八个爪，一到秋天成千上万只爬上岸吃庄稼，伤小孩，到处横行，百姓叫苦不迭。巴解想出用开水烫死害虫的办法，动员百姓在阳澄湖边上开挖一条长沟，家家户户烧好开水，晚上八爪虫爬上岸就掉进沟里，百姓就倒开水烫。忽然沟里飘出阵阵香味。巴解闻到此香，心想既然害虫有香味，能不能吃呢？百姓都面面相觑不敢吃。巴解大胆抓起一个，剥开硬壳第一个吃，觉得非常美味。百姓见状，都纷纷吃起来，连说好吃好吃。从此百姓主动去抓"八爪虫"，用吃掉的办法解决了虫害。大禹为了奖励巴解，把小镇的名字改成了"巴城"，把八爪害虫命名为"蟹"，就是用巴解的名"解"字下面加个虫字。第一个吃螃蟹的人一直激励着人们勇往直前。我们的老祖宗是勇敢的

1《邓小平文选》（第一卷），人民出版社，1991年，第287页。

尝试者，作为中华民族的子孙应该敢于尝试，去完成中华民族的复兴大业。中国教育学会名誉会长顾明远教授给《尝试教学论》一书的题词："创新在于尝试，尝试促进创新，成功必属于第一个吃螃蟹（尝试）的人。"

胡适提倡新文化运动，主张少议论多尝试，自己带头尝试写白话文、白话诗。他把自己写的白话诗汇编成书，取名为《尝试集》，并在自序中说："请看药圣尝百草，尝了一味又一味。又如名医试丹药，何嫌六百零六次？莫想小试便成功，哪有这样容易事！""我生求师二十年，今得'尝试'两个字。作诗做事要如此，虽未能到颇有致。作'尝试歌'颂吾师，愿大家都来尝试！"[1]

胡适为推行白话文、白话诗作出了巨大的贡献，更重要的是，他所提倡的尝试精神呼喊出"自古成功在尝试"。

所谓尝试精神，是一种敢于探究的精神，勇于实践的精神，乐于冒险的精神，坚信"做到做不到，试一试就知道"。它的哲学基础是辩证唯物主义认识论，认为人的认识必须通过自身的积极、有效的活动而获得，是先行后知，实践出真知。所以，"做到做不到"，不能等待观望，而是要"试一试"就知道。但有时"试一试"可能会有一定的危险性，所以尝试也是一种冒险精神。

尝试必须大胆，有时需要冒险，如果不去尝试，机会只能是零，试一试就会有 50% 的成功机会。在中国聪明的人很多，胆大的却太少，主要是不敢去尝试。

人的潜力是巨大的，问题在于用什么方法去激发。尝试是一种好方法，能够最大限度地激发人的潜力，"能力有多大，试一试就知道"。不去试一试，怎能知道你不行？

在中国科技高速发展的今天，为实现中华民族复兴大业，我们尤其需要这种尝试精神。诺贝尔奖获得者杨振宇教授语重心长地提出：中国学生要在科学界创出成就，就必须具有勇于尝试的冒险精神。

---

1 胡适：《尝试集》自序，原载 1919 年 5 月《新青年》6 卷 5 号，刊于胡适代表作《尝试集》，华夏出版社，2011 年，第 43 页。

我们把尝试思想引入学校教育中，不仅仅是为了提高学习成绩，更重要的是看到它背后孕育了一个人的尝试精神，这是利国利民、功德无量的大事，关系到人才的培养和国家的兴旺。

2. 尝试是一种创新人才的培养模式

《人民教育》（2011 年 13、14 期合刊）《"尝试教学"专辑》的编者按中指出："植根中国教育土壤，经过 30 年持续的实验，研究与推广，尝试教学首先以其思想、理念的科学性、创新性，成为教学改革中极具生命力的教学理论之一。""我们更看重的是尝试教学对于教学方式的转变，人才培养模式转变的启示作用，"这里给学校教育提出一个非常重要的命题：如何培养创新人才？

在构建尝试教学理论的同时，我特别关注对尝试与创新关系的研究。2000 年《中国教育报》开辟了邱学华谈尝试与创新专栏，连续发表了我写的六篇文章。研究结果证明，"尝试是创造的前提，尝试是成功的阶梯"这两句话是千真万确的，是普遍的真理。

尝试是创造力的门户，尝试是创造发明的催化剂，没有尝试就没有创造。同样事业上的成功，也必须经过尝试，大胆尝试，甚至冒险尝试，才能取得成功，尝试是成功的阶梯。古今中外无数事实都证明了这点。

中国明代医药学家李时珍，尝尽了人间药草，编著了闻名世界的《本草纲目》。李时珍出身医学世家，医术高明，后入朝任御医，年老告老还乡。鉴于历朝历代的医书很多，但没有一本完整的医疗、药物的书，他利用别人享度晚年的时光，决心尝试编一部后人称为医药方面的百科全书的《本草纲目》。

李时珍为了编写《本草纲目》不耻下问，收集民间药方。为了一剂药方，他不辞辛劳跋山涉水；为了验证药草的药力，他亲自冒险尝用。这部著作集中国医药之大成，对建立中医中药的科学体系作出了巨大贡献。它流传到全世界，对推动世界文明也作出了贡献。

美国科学家爱迪生（1842—1931 年）是世界级的"发明大王"，他一生中共有 2000 多项大大小小的发明，如电灯、发电机、蓄电池、电影机等。

这些发明深刻地改变和影响了人类的生活，我们现在还在享受着他的发明。

爱迪生出身贫寒，一生只进过 3 个月的学校。开始，他靠在火车上卖报为生。凭借顽强的毅力，他努力自学，不断尝试，终于获得辉煌的成就。从小有很强的好奇心，敢于大胆尝试，他看到母鸡孵小鸡，想到既然母鸡靠它的体温能将鸡蛋孵出小鸡，人行不行呢？他把鸡蛋裹在怀里，像母鸡一样伏在角落里孵小鸡。为了发明电灯，关键是要找到一种合适的材料做灯泡中的灯丝，爱迪生尝试用了 1600 多种材料，最终发现钨丝最好。

世界上第一个两次获得诺贝尔奖的女科学家居里夫人，只是从理论上推测到但无法证明存在有放射性元素"镭"。为了找到"镭"，她想方设法大胆尝试。当时条件很差，没有实验室，没有设备，没有助手，在巴黎大学一个无人使用、四面透风漏雨的大棚里进行实验，对 8 吨沥青矿渣进行溶解分离，经过一千多个日日夜夜的艰苦工作，终于找到了具有极强的放射性的新元素"镭"。

再说说大家熟悉的一位美国人，在中国各地的肯德基炸鸡店门口站着一位老人模型，这位老人是肯德基公司的创始人山德士上校。他退休后，最初在路边开了一家小餐厅。后来，新路建成，车辆不经过这里，餐厅只好关门。这时山德士已经 60 岁了，但他对自己做的炸鸡很有信心，不过缺乏资金。于是他开始寻找合作伙伴。他拜访过几百个生意人，可别人对他的炸鸡秘方并不感兴趣。他没有灰心，继续尝试寻找，从一次又一次的失败中研究对方不接受的原因，并想方设法说服对方。经过 1009 次努力，他终于找到了投资人。后来山德士上校成功创办了世界闻名的肯德基公司，把肯德基炸鸡店开到全世界。

再讲一讲现在中国的一位年轻人刘伟，10 岁时，他在一场车祸中失去了双臂。这对一个年轻人来说是天大的打击，他没有因此而消沉，而是鼓起勇气尝试用双脚吃饭、洗衣、做一切事情。后来竟然尝试用双脚弹钢琴，并走上世界音乐舞台，在维也纳金色大厅演出，受到世人惊叹，成为奇迹。作家高晓松问他："你怎么用脚弹钢琴，匪夷所思，我们用手学钢琴，都学很多年呢。"刘伟回答说："我觉得在我人生中，只有两条路，要么赶紧死，要么精彩地活着。没有人规定钢琴一定要用手弹！"一个失去双臂的年轻人创造了奇迹，我们学习刘伟，不是要大家都用双脚去弹钢琴，而是学习他背后的一种敢于尝试的精神。大家看看刘伟，听听他的音乐，就觉得生活中，任何的抱怨或者不满都应该没有了。

在历史的长河中，无数事实证明："尝试是创造的前提，尝试是成功的阶梯"。人类居住的这个蓝色的星球上，什么样的奇迹都会发生，问题是你是否敢于去尝试！

尝试与创新是密切联系、相辅相成的。尝试是手段，创新是目标。我们通过尝试的手段，达到创新的目标。创新教育已被提了好多年了，可是效果并不太理想。30多年来的教学实践证明，通过尝试达到创新是比较理想的手段。有的学校在墙上贴出"从小会尝试，长大能创新"的大字标语，就说明了这个道理。

尝试教育的特征是"先练后讲，先学后教，先行后知，先做后知"，教师不要把现成的结论告诉学生，而是让学生尝试去解决问题。因为预先没有现成的结论，学生可以这样试，也可以那样试，为创新留有空间，学生的思维比较自由、开放，容易迸发出创新的火花。

学生在一次又一次的尝试中，逐渐养成了对于不认识的事物敢于去试一试的习惯，养成了奇思妙想、标新立异的习惯，养成了攻坚克难、坚持到底的习惯；逐渐摒弃依赖他人的习惯，摒弃唯书唯上的习惯，摒弃了胆小怕事的习惯。这些习惯综合起来，逐渐形成人的一种精神，一种受用一生不可估量的精神，即尝试的精神、创新的精神。

有人把世界上诺贝尔奖获得者所具有的共同的特征归纳为六个方面：高瞻远瞩，善于把握时机；选准目标，坚持不懈；勤奋努力，注重实践；富于幻想，大胆探索；排除干扰，勇往直前；兴趣浓厚，好奇心强。这六方面体现着尝试精神、创新精神、顽强精神。

尝试教育有利于创新人才的发展，它是一种培养创新人才的模式。

3. 尝试是一种教育方式

中国应该是最重视德育的国家，从上到下，都认识到"德育第一"，"德育为先"，花费的教育时间并不少，可是效果并不理想。中国人的不文明行为引起世人的嘲笑，实在令人惭愧。这些行为不文明的人都是我们学校培养出来的，连最起码的文明行为都没有，还谈什么德育！

中国学校的德育怎么啦？究其原因，主要是说教太多，大话、空话、假话太多，行动太少。在学校里是劳动标兵，可回家是小皇帝、小公主，不肯做一点家务。当然这同家庭教育也有关系。父母逗孩子玩时，喜欢问孩子喜欢爸爸还是喜欢妈妈，孩子看见只有爸爸在场，就说喜欢爸爸；看见只有妈妈在场，就说喜欢妈妈；两个都在场，就说喜欢爸爸又喜欢妈妈。这时父母哈哈大笑，直夸自己孩子聪明伶俐，其实这是逼孩子说假话，长此以往，孩子养成了见风使舵、阿谀奉承的坏习惯。我遇到一个孩子，爷爷奶奶问他喜欢谁，孙子说他喜欢爷爷也喜欢奶奶。爷爷立即说不行，只能说一个！孙子傻眼了，小眼珠一转，叫爷爷把双手伸出来，反问爷爷：你说左手重要还是右手重要？由这个事例，一方面我们不得不佩服小孙子的机智聪慧，他把爷爷提出的两难问题推给爷爷，一方面看出家庭教育的重要性。

我们学校的德育工作应该是受到重视的，但方法、手段不到位。重说教，轻行动。造成一些学生说好做不好，会说不会做，只说不去做，滋生"说一套，做一套"的弊病。我们要针对弊病对症下药。我们缺少的正是"行动"，"光说不练"是假把式。从国家方面来说，"空谈误国，实干兴邦"；从学校层面来说，也是"空谈误事，实干兴校"。同样，德育工作也要切忌空谈，重在实干。

辩证唯物主义认识论强调实践第一的观点，认识源于实践，也就是"先行后知""先练后讲"，这说明德育工作呼唤尝试教育思想，尝试也是一种教育方式。

尝试是一种有目标的探测活动，它带有普遍意义。用在德育工作中，要让学生自己管理班级，让学生自己主持班会，让学生自己安排社会实践活动，让学生自己布置教室，让学生自己制定班规……"做到做不到，试一试就知道"，放手让学生尝试做各种事。

按理说，班级是学生学习和生活的基层单位，可都是班主任说了算，学生只有配合的份、只有听话的份。只能做助手，不能做主人。这样的班主任可以把班级工作搞得有条不紊，学生安分守己，这个班主任肯定能被评为优秀班主任。学生在这样的班级里，只能按着班主任的意图去照猫画虎，做好一个被管理者，除此以外，还能得到什么呢？

如果把班级还给学生，让学生自己做主，尝试去做各种事。首先让学生自己决定班委会的人选，采用民主选举的方式。参选学生可以发表竞选演说，然后学生民主选举产生班委会。由于班委会是大家真正民主选出来的，能够得到大家的信任和支持，为班级工作的顺利开展奠定了基础。在班委会领导下，让学生自己布置教室，有总体设计的、有购买材料的、有画画写字的、有剪剪贴贴的。对各个班级布置的教室，学校可进行评比，选出"最美教室"，这样更能激起大家的热情。每周的班会也要交给学生自己办，从确定主题、分工准备节目，直到邀请任课教师及家长参加，都让他们自己干。组织秋游，也让学生来决定，到哪里去、怎样去，经费怎样解决，安全怎样保证，都让学生自己定。教师仅是辅导员，大朋友。让学生自己管理班级，虽然不那么完美有序，甚至可能七嘴八舌、吵吵闹闹，可是得到的恰恰是充满自信、自尊、永不言败的尝试精神，这是十分宝贵的东西，是过去无法得到的东西。这样不但把班级管理好了，更重要的是，学生从中得到了历练和快乐，培养了合作精神、尝试精神和创新精神。

现在学校都很重视孝敬父母，如果仅是挂在嘴边说教，哪怕说一百遍一千遍，效果也是不大的。有的学校制定了孝敬父母二十四条，如给父母倒杯水，给父母洗脚，给父母做饭，为父母洗衣服，为父母敲背，为父母过生日，为父母写篇文章等，要求学生将"躬行"落到实处，并且学校要检查，将结果写入学生评价表。

尝试是一种实践，是一种体验，是一种历练，也是一种积累，通过不断尝试、不断提高，学生逐渐养成了一种行为习惯。习惯一经养成，就转化成一种自觉行动，到那时就不需要旁人督促提醒，会自觉完成，所谓"习惯成自然"就是这个意思。

早在十七世纪，美国教育家洛克在《教育漫话》中就说过："一切告诫与规则，无论如何反复叮咛，除非实行成了习惯，全是不中用的。"[1]

尝试不仅是一种教学方式，也是一种教育方式。通过尝试可以把做人的道理转化为日常的行为。

黑龙江省鸡西市在全市范围内把尝试教育思想引入德育工作，重点放在"创新德育形式、强化尝试养成"上，强调学生的行动，用"先行后知""先做后导"的策略，在尝试中去养成、去实践、去体验学生，相信"学生能尝试，尝试能成功，成功能创新"。他们通过教育实践已构建了中小学有效衔接的德育体系，并取得成效，且已编写了《基于尝试教育理论的德育工作》一书。

4. 尝试是中国教育的亮点

我在文章中多次提到要总结研究中国当前教学改革中的趋同现象。我国地域辽阔，但不管在何时何地，不管你搞、我搞、他搞，最后都走到同一条路上。这种异曲同工、不谋而合的趋同现象，是教育规律在起作用。这种趋同现象中最大的亮点是尝试。八十年代的青浦经验，九十年代的洋思经验、东庐经验，新世纪的杜郎口经验，风行全国的尝试教学法，上海育才中学的茶馆式教学法，辽宁魏书生的语文六步教学法，都显示出尝试教育思想。尝试作为当前教学改革中的趋同现象，充分证明尝试的普遍性和强大的生命力，正如《人民教育》编辑部佘慧娟所说："尤其是近10年、20年来，众多教学改革风起云涌，最引人关注的那些，竟然都能从'尝试教学'那里找到渊源。"[2]

朱永新先生在《中华教育思想研究》一书中论述过尝试教育与中华教育思想的关联，指出："中国是一个人口大国、农业大国、农村小学占了绝大部分的比例，大面积、大幅度提高教学质量的关键首先在农村。现代教育

---

1 [英]洛克：《教育漫话》，人民教育出版社，1957年，第10页。
2 佘慧娟：《科学·精致·理性——对尝试教学法及中国教学改革的思考》，刊于《人民教育》，2011年第13、14期，第33页。

家陶行知、梁漱溟等早已认识到这一问题，但真正取得成绩的首推尝试教学法。"[1]

在崇洋之风太盛的中国教育理论界，"发现""探究"作为教育核心理念风靡全中国。著名数学教育家、华东师范大学张奠宙教授力排众议，鲜明地支持中国人自己提出的尝试教学。他指出："尝试教学，有探究、发现教学的同样优点，却比探究发现更切实际、更有效率。理由有三：一是尝试教学是每个学生都能参与的，探究发现却非人人都能做到；二是尝试教学是每堂课都能进行的；三是尝试教学是每个教师都能驾驭的。尝试的本意是，先学后教、先做后说。尝试之后，教师依然起着主导作用，不会出现放羊式的混乱，也不会出现因能力不够无法发现的困境。"[2]

张奠宙教授在最近出版的《数学教育的"中国道路"》中进一步把尝试教学确定为中国数学教育的六大特色之一，专门分析尝试教学和研究性教学的区别与联系。书中指出："正因为尝试教学切合教学实际，所以为广大教师所接受，发展神速。""与此相反，新课程提倡的探究教学却步履艰难。""尝试教学是一项可贵的创造，它有深厚的中国文化渊源。""鉴于发现式教学在欧美诸国的失败，尝试教学应该具有推向世界的普遍价值。"[3]

中国教育理论界历来崇洋，先是学日本，后学美国，新中国成立以后又全面向苏联学习，改革开放以后欧美各种教育思潮涌进中国，特别是美国的教育理念左右着中国的教育理论界。教育界的有识人士一直反对崇洋做法。陶行知先生早在二三十年代就呼吁："今日中国之教育方法亦有两个缺点：一是方法与方针不一致，造就一人不能得一人之用；二是从外国贩来整套之理想与制度不能适合国情，不能消化，不能在人民生活上发现健全之效力。"[4]直到现在张奠宙教授感叹地说："一些教育是一贯地到外国教育超市里去采购，并拿来'以洋非中'，令人遗憾。"

1 朱永新：《中华教育思想研究》，江苏教育出版社，1993年，第802页。

2 张奠宙：《中国的尝试教学与西方的探索发现》，刊于《尝试教育研究》，北京师范大学出版社，2012年，第31页。

3 张奠宙、于波：《数学教育的"中国道路"》，上海教育出版社，2013年，第183—185页。

4 陶行知：《教育改进》（1927年），刊于《陶行知文集》，江苏人民出版社，1981年，第102—103页。

中国有五千年的文明史，三千年的教育史，新中国成立 60 多年来又创造了许多教学流派和教学经验，为什么中国的教育理论一定要跟从外国人呢？外国人说"探究发现"，中国人也只能说"探究发现"。其实外国人也在不断创新，与时俱进。最近看到一篇文章介绍，美国在 2011 年 7 月发布的"K-12 科学教育框架"中最抢眼的甚至有些颠覆意义的变更是，首位关键词从"探究"（inquiry）变成了"实践"（practices）。文中说"探究是美国 1996 年《国家科学教育标准》的核心理念，同时指向学生应该发展的重要能力和科学教学的核心方法。因我国现行的科学课标的制定主要借鉴了这一《标准》，'探究'也成了我国科学教育研究出现频率最高的术语，从教学一线到最高级别的理论刊物，无人不知，无人不晓。那么，'探究'缘何失宠？'实践'又强在哪里？"[1] 现在美国人改了，中国人是不是也要跟在改呢？跟在洋人屁股后面走的人，永远落后于洋人。当今中国已是世界大国，这种自卑的崇洋风气，同大国风范格格不入。中国教育要走自己的路，要有自己的话语权。

2013 年 10 月我在上海市育才中学，由中国教育学会教育学分会等单位主办的"中国基础教育研究与改革论坛"上发言，回答了西方学者提出的中国教育的悖论："为什么中国学生在国际测试中领先于欧美国家，各项大赛连连夺冠，而中国的教学方法又如此落后？我用事实说明了这个悖论是不成立的，是个伪命题。我接着提出"美国教育悖论"：为什么美国的教育理论看上去是如此先进，而其基础教育质量如此之差？

西方人对我们的成见和误解，我们要敢于辩驳，坦说自己的观点，不能低三下四不发声，老是做应声虫。当我们中有些人还沉浸在崇洋梦里没有清醒时，一位西方学者已看到世界发展的趋势，美国资深专栏作家马丁·雅克在《当中国统治世界：中央王国的崛起与西方世界的终结》一书中指出："假以时日，中国不会变得更西方化，世界将变得更中国化。"

对尝试教学的研究历经半个多世纪，从先练后讲的萌芽期发展到尝试教学法，从尝试教学法再到尝试教学理论，现在又从尝试教学理论提升到尝试

---

1 唐小为、丁邦平：《"科学探究"缘何变身"科学实践"？——解读美国科学教育框架理念的首位关键词之变》，刊于《教育研究》，2012 年第 11 期，第 141 页。

教育理论，走出了一条合乎逻辑的发展轨迹，遵循了"实践—理论—实践—理论"的辩证唯物主义的认识规律，在中国教育实践的沃土中逐渐成长。从 2008 年正式提出构建尝试教育理论已有 8 年时间，全国各地新一轮的教育实验已取得丰硕的成果。但教育实验周期长，构建教育理论是一项复杂艰巨的系统工程，必须有扎实的实践基础和科学的理论概括，因此不能急于求成，还有一段很长的路要走。

目前经过有关部门的批准已成立了尝试教育科学研究院，便于更好地开展教育实验和理论提高工作。现在也正式启动编写"尝试教育理论研究"丛书，初定一套 12 本，准备用 8 ~ 10 年时间完成。我已是 80 多岁的人了，有人好心劝我："你年纪大了，一生辛苦，该是享受晚年生活的时候了。这项工程任务太艰巨，工作很辛苦，你又何必呢！还能完成吗？"做这件大事并不只有我一个人在战斗，而是有全国各地教育局、教研室、教科所、实验学校的支持，有几十万实验教师的参与，有教育理论界的学者教授的指导，依靠大家，定能办成大事。我信心百倍，义无反顾，继续尝试，勇往直前。

《人民教育》2014 年第 15 期

下篇

上篇主要是按纵向发展编排，下篇主要是以横向拓展为线索编排的。先将尝试教育思想运用到小学语文，又从小学延伸到中学，再从普教发展延伸到幼教、职教、特教，后从课内拓展到课外，深入到德育。用事实证明，尝试是带有普遍意义的，尝试能够成为中国教育的核心概念。

文章归类编排，不按时间顺序。体裁多样，有论文、著作序言等。

尝试教学研究新进展

——纪念第一篇尝试教学研究论文在《福建教育》发表 30 周年

1982 年第 11 期《福建教育》刊登了我的《尝试教学法的实践和理论》一文，从此揭开了尝试教学研究的序幕。整整 30 年过去了，回首往事，历历在目。

在历史的长河中，30 年只是短暂的一瞬，可是对一个人来说，却是大半辈子。1982 年，我才 47 岁，正是意气风发、风华正茂的壮年，可是现在已是 77 岁的老人了，称呼也从"邱老师"变为"邱老"了。

回想第一篇论文在《福建教育》发表，还有一段耐人寻味的故事。我从 1980 年正式开始尝试做教学实验，经过两年时间，取得了令人信服的结果，据此我写成第一篇论文：《尝试教学法的实践和理论》。文章写成了，到何处去发表我犯愁了。当时"文革"刚刚结束，极"左"思潮仍然有影响，我这篇标新立异的文章是很难发表的。我比较了各地教育杂志，发现《福建教育》杂志刊登的文章观点比较新，而且我是这本杂志的老读者和老作者，五十年代我还在华东师大读书时就给它写文章了，考虑再三，决定向《福建教育》投稿。

当时《福建教育》杂志的数学编辑是陈辉和陈笑晴同志，他们收到我这篇文章后，极为重视，立即请示龚玉书总编。龚总编详细审阅了稿件后，觉得此文观点新颖，操作性强，符合教改方向，批准立即刊发。

意想不到的是，这篇文章发表后，在国内引起强烈的反响，"学生能在尝试中学习"的新观点震动了大家。各地教育杂志相继转载，各地教师纷纷开展实验。正当我沉浸在实验初获成功的喜悦中时，意想不到的打击来了。1983 年 10 月，在西安举行的一次全国性的小学数学教学研讨会上，一位小学数学教育界权威人士在大会上公开指责说：不要提这个法那个法，小学生还能自学？大家心里明白他指的是尝试教学法。在教育杂志编辑的座谈会上，他更露骨地指着《福建教育》杂志社的陈笑晴说："你们《福建教育》不要乱发表文章，要跟中央保持一致。"这顶大帽子扣得真够厉害的。

西安会议结束后，陈笑晴回到福州，向龚总编汇报，龚总编当即表示：《福建教育》杂志社受福建省教育厅党组领导，应该坚持教改方向，支持新教法的实验，要保持宣传尝试教学法的连续性。从此后，《福建教育》非但没有为权威人士所吓倒，反而加大力度追踪报道尝试教学法，继续刊登我写的《再谈尝试教学法》《三谈尝试教学法》以及专家、学者的评论文章，各地实验学校的经验文章，到现在已连续追踪报道了整整 30 年，发表了 100 多篇文章，这在教育杂志出版界是没有先例的。

事情已经过去 30 年了，今天重提此事，主要为说明当时《福建教育》敢于发表我的第一篇文章，除了有编辑的慧眼外，还有良知和责任感，特别是面对权威压力表现出的坚持真理的大无畏精神。《福建教育》的领导和编辑换了几茬，但都坚持对尝试教学研究的宣传报道，实在不易。

设想一下，如果当时《福建教育》不敢发表这篇文章，再如果摄于权威的压力不再继续发表尝试教学的文章，就不可能有今天在全国产生影响的尝试教学流派了。

饮水思源，尝试教学法的产生和发展离不开《福建教育》的帮助和支持，对《福建教育》，我一直怀着感激之情。感谢的最好的办法是努力工作，继续深入进行尝试教学研究。以下我介绍尝试教学研究新进展，以向《福建教育》和广大读者汇报。在教学改革大潮的推动下，尝试教学研究得到空前发展，已成为中国教育的一道靓丽风景线。

从理论层面看，从尝试教学法→尝试教学原则→尝试教学理论→尝试学习理论→尝试教育理论，与时俱进，不断完善，不断提高。

从实践层面看，从一个学校的一个班级发展到遍及全国 31 个省、市、自治区以及港澳台地区，有 90 多万个实验班，3000 多万名学生参与。这可能是全世界规模最大的一项教改实验之一。

从实验范围看，从小学发展到初中、高中，并延伸到职业学校、幼儿园、聋哑学校；从数学学科发展到语文、外语、科学、理化生、政史地、音体美等学科。这充分显示了尝试教学的科学性和普适性。

尝试教学的发展轨迹充分证明它具有强大的生命力，抓住了学习的本质。其强大的生命力源于尝试学习回归了学习的本来面目，反映了人的认识规律。随着新课程改革的深入，尝试教学实验研究得到进一步的发展。特别是《人民教育》（2011 年第 13、14 期合刊）推出《"尝试教学"专辑》以后，在全国又掀起一阵阵"尝试热"。

近几年来尝试教学实验研究的发展，呈现了如下趋势。

1. 在市、县、区范围内整体推进

经过多年的宣传和学习，尝试教学理念已得到大多数教师的认可。尝试教学模式清楚明了，操作简便，便于推广，特别是尝试教学理念同新课改的教育理念是一致的，能够有效地改变旧的课堂教学模式，让学生自主学习。因此，许多地区在实施新课程改革的同时，采用整体推进的方式，推广尝试教学法，并取得成效。如河北省永年县，浙江省武义县，四川省宜宾市翠屏区、大竹县，河南省滑县、民权县，山东省临清市、曹县、莱芜市莱城区，黑龙江省鸡西市等。

2. 向西部边远地区延伸

在新课程改革的驱动下，西部边远地区急需同新课改理念一致的、通俗易懂的、操作简便的教学法，尝试教学法正适应了这种需要，受到西部边远地区教师的欢迎，纷纷推广应用。如云南省玉溪市，甘肃省陇西县、华亭县，内蒙古自治区巴彦淖尔市、锡林郭勒盟、阿拉善盟左旗、包头市白云区、土默特右旗，西藏自治区拉萨市等。

3. 从尝试教学理论向尝试教育理论发展

二十世纪九十年代，当尝试教学理论已基本完成构建任务时，我就提出继续构建尝试教育理论的设想，直到 2005 年我在《尝试教学论》一书中正式论述了从尝试教学理论向尝试教育理论的发展的任务。尝试教育理论是把尝试思想和策略应用到学校工作的各个领域，如学校管理、思想品德教育、班主任工作、团队工作、社团活动、课外活动、社会实践活动、家长工作等，核心理念是坚持"尝试"，任何活动都要"先让学生试一试"，所谓要研究"大尝试"，强调"以人为本，德育为先，能力为重"。目前北京、南京、山东临清、广东深圳、河北永年、甘肃陇西、辽宁新民等地的一些学校早已开展了这方面的实验研究。此理论已在北京师范大学出版社正式立项，出版"尝试教育理论研究丛书"。

4. 从培养人才的高度看，尝试教学模式是培养创新人才的模式

遵照新时代的要求，必须重点培养学生的创新精神和实践能力。可是目标明确了，而采用什么方法去达到目标呢？大家都在苦苦追寻。30 多年的尝试教学实验再一次证明一个颠扑不破的真理："尝试是创造的前提，尝试是成功的阶梯"。不去尝试，何来创新！大胆尝试，至少有 50% 的机会，不跨出尝试的第一步，机会等于零。尝试必须亲自实践，付之行动。由此可见，尝试教学有利于培养学生的创新精神和实践能力，是一种比较理想的培养创新人才的模式。正如《人民教育》编辑部在《"尝试教学"专辑》编者按中所述："在比以往更加关注人才培养模式改革，更加强调创新人才培养的今天，我们推出《"尝试教学"专辑》，是出于一种对未来教育改革发展趋势的价值判断。"

5. 尝试教学法已成为两岸四地都能接受的一种教学流派

两岸四地由于历史原因及文化背景的差异，在教育理念和教学方法上各

具有特色，可以互相交流，共同提高。

从二十世纪九十年代开始，我尽力推动两岸四地的教育交流。在澳门大学汪甄南先生的协助下，澳门进行了尝试教学实验，并取得成效。这个实验结果引起澳门特区政府教育暨青年局的关注，2000年他们派小教处长和中教处长亲自到济南参加全国第十届尝试教学学术年会。她们为所见所闻感到震撼，回澳门汇报后决定在中小学数学学科全面推广尝试教学法，教青局盛情邀请我去澳门为中小学校长宣讲尝试教学法，为数学教师上示范课，指导他们如何用尝试教学法备课、上课。此后，我每年都要去澳门培训教师。

香港、台湾也有实验学校，香港《现代小学数学》课本主编余荣燊先生，台湾教育研究院周筱婷研究员多次来进行实地考察并写文章在港台宣传，我也多次去港台交流。

尝试教学法能被两岸四地的教师接受，我感到幸运，几十年的辛苦没有白费。

6. 尝试教学法已逐步走向世界

二十世纪八十年代初，我有幸作为改革开放后第一批出国的教师去日本考察，认识国立横滨大学片桐重男教授，之后我们成为好朋友，他多次来中国考察尝试教学法，非常推崇这一方法，认为这是一种比较理想的教学法，经他推荐我的论文在日本《新算数研究》杂志上发表，他亲自写了按语。1993年应日本数学教育学会的邀请，我去日本演讲交流。

1990年，在北京举行的国际数学教育大会上，我作了"数学尝试教学法的研究"的演讲，受到许多国家代表的关注，纷纷索要英文讲稿。

1991年，德国巴伐利亚州教育督导（时任上海市师资培训中心专家）岗特·雷纳先生专程到江苏常州考察尝试教学法，认为尝试教学法的教育理念同西方的发现教学法、探究教学法是一致的，但更具中国特色——注重教师和教科书的作用。经他推荐，我的论文在德国《教育世界》杂志上发表，这本杂志是德国具有权威性的教育理论刊物，我是在这本杂志上发表论文的第一个中国人。

2008 年，我接受西南师范大学宋乃庆校长的邀请，为他带领的博士生讲课，其中有一位从老挝来的万象大学教师高鹏先生，他听了十分感兴趣，认为尝试教学法很适合教育尚落后的东南亚地区，他准备回国后介绍给老挝教师。

2010 年，在深圳市南山区教育局的支持下，举行了"首届尝试学习理论国际研讨会"，宣告尝试教学法正式走向世界。我在会上作了"尝试学习的理论的研究与实践"的演讲，美国瓦格纳教授专程赶来参加，他是国际著名智能测量专家，美国总统领导下的教育科学基金评审三人小组成员之一。他对尝试学习理论给予肯定，认为它具有创新性和系统性，尝试教学实验研究是目前世界上规模最大的教改实验。来自乌克兰基辅市苏霍姆林斯基实验学校的校长哈依鲁莲娜是乌克兰教学科学院通讯院士。她认为：尝试教学思想同苏霍姆林斯基的教育思想是一致的，都是尊重学生、相信学生，指导学生自己学习。乌克兰和中国应该加强交流，共同提高。

由于历史原因，中国虽是一个大国，但在国际教育界很少有话语权。国外的各式各样的教育思潮、教学方法可以不断涌进中国，可是在国际教育界很少能听到中国的声音。我们要重视在教育研究上自己的创造，尽力争取走出去，让世界听到中国的声音。中华民族的复兴大业应该在教育上有所作为。几十年来，我能为此尽一份力，添一块砖，这是我一生的荣幸。

《福建教育》2012 年 11 月

尝试教学法促进大面积提高教学质量的奥秘

《湖北教育》编辑部姜大洪先生多次约我写文章介绍尝试教学法的新进展，我答应一定要写，我同湖北教育界有着特殊的感情。

我永远不会忘记1996年10月在湖北十堰市举行的全国第八届尝试教学法研讨会的盛况，以及湖北教师对尝试教学法的热情支持。十堰会议期间，同时举行了全国重点研究课题《尝试教学理论研究与实践》的专家鉴定会，并得到专家组的充分肯定，正式宣告尝试教学法已上升为尝试教学理论，这在尝试教学研究史上是一个里程碑。会后，《湖北教育》杂志全文刊登了研究报告，湖北人民出版社出版了论文集《尝试·成功·发展》。这项研究后来获得教育部颁发的"全国第二届教育科学优秀成果二等奖"。尝试教学理论已成为当代著名教学流派之一。所以说，尝试教学理论是从湖北走向全国的。

从尝试教学法提升到尝试教学理论，说明尝试教学不仅是一种教学方法，也是一种教学理论。

尝试教学法为什么历经30年而不衰？尝试教学法为什么在中小学各科都能促进大面积提高教学质量？奥秘在哪里？奥秘就在于"先练后讲，练在当堂"。

1. 从先讲后练到先练后讲

尝试教学法有鲜明的特征："先练后讲"（也可以说"先试后导""先学后教"）。上课先由教师提出问题，学生试一下，遇到困难可自学课本和互相讨论，学生在旧知识的基础上，依靠自己的努力，尝试去初步解决问题，最后教师根据学生在尝试练习中遇到的难点和教材的重点，有针对性地进行讲解。

传统教学法的共同特点是"先讲后练"，即上课由教师先讲，教师讲课文讲例题，把什么都讲清楚，学生都听懂了，然后让学生做练习。

为什么"以学生为主""以学生为主体"已经提了几十年了，可是到现在，在许多课堂中学生还是"主"不起来？究其原因，毛病主要出在"先讲后练"的教学模式上。你想"教师讲学生听""教师问学生答""教师出题学生做题"已经把学生定位在被动位置上，怎能要学生"主"起来呢？

如果把"先讲后练"改为"先练后讲"，情况就不同了。一上课让学生先练，就把学生推到主动位置上。教师提出尝试问题后，学生会主动思考，想一想自己能不能做出来；遇到困难，就会主动去自学课本，主动向同学请教；做完尝试题后，不知道自己做得对不对，就会主动进行讨论，主动听教师讲解。所以，从"先讲后练"到"先练后讲"会引发课堂教学的一系列变化，如学生从被动转变为主动，教师从"主宰者"转变为"引导者"，引导学生自主探索，鼓励学生合作交流，这些都是新课程改革的主要教育理念。

从"先讲后练"到"先练后讲"，虽然只是前后顺序调换了一下，可这是教育思想的巨大变化，是从传统教育观向现代教育观的转变。这里给我们一个很大的启示，实施新课程改革的新教育理念必须抓住根本，抓住教育模式这个根本，从"先讲后练"转变到"先练后讲"，一步走对，全盘皆活，真所谓："试一下，海阔天空"。

2. 从满堂灌输到练在当堂

"先讲后练"往往会造成满堂灌输，教学实践证明这是低效、费时的。原因在于：

（1）一上课教师先长篇大论地讲解，学生在心理上、知识上没有作好准备，没有引起学生注意。因此，往往教师讲了半天，很多学生还不知道教师在讲什么。

（2）教师的讲解不能适应学生的个别差异。一般教师只能以各级班级的中等水平进行讲解，因而对优生来说有些内容是多余的，对"差生"来说有些又是听不懂的。

（3）教师的讲解是连续性的，没有给学生留下足够的时间去思考，影响学生的理解。

（4）课堂学习的进程受教师讲解控制，学生学习的快慢节奏也是由教师控制的。

（5）教师长时间的单调讲解，会引起学生倦怠，降低学生听课的效率。

（6）教师的讲解占用了课堂大部分时间，接近下课时才匆匆忙忙布置课堂作业，学生拿起笔才做几道题就下课了，剩下的统统留到课外去做。

以上分析满堂灌输的弊病，其中第6条说明满堂灌必然会侵占学生练习的时间，这是目前课堂效率低下的主要原因。

许多教师对练习的重要性并不十分了解。俗话说："百闻不如一见，百见不如手过一遍"，意思是，听一遍不如看一遍，看一遍不如用手做一遍。我已有60年教龄，当过小学教师、中学教师、大学教师，从中悟出了一个道理：学生主要不是听会的，而是练会的。因而课堂上教师要管住自己的嘴巴，控制住讲话时间，一般在10分钟左右，留30分钟左右时间给学生活动和做练习，争取课堂作业在当堂做完，学生当堂反馈，教师当堂矫正，这就叫作"练在当堂"。

课外做很多作业的效果并不好，由于作业过多，时间又不够，加上青少年自控能力差，因而学生只能马马虎虎完成，交差了事。这样做非但没有多少效果，反而养成学生做事马虎、不负责任的坏习惯，害了孩子一生。我认为："马马虎虎做十道题，不如认认真真做一道。"学生在课内做作业，有安静学习的氛围，有教师的指导，有同学的互助，又能当堂校对，当堂订正，能够保证练习效益。

"先练后讲，练在课堂"是尝试教学策略中相互联系的两个方面，"先练后讲"才能留有时间做到"练在当堂"，而"练在当堂"又能保证"先练后讲"的教学效益。这两者缺一不可，形成一个完整体系。

3. 从胆小怕事到大胆创新

由于几千年封建习惯势力的束缚，加上新中国成立后历次政治运动留下的阴影，中国人大多封闭保守、胆小怕事、唯书唯上。

无数事实证明，潜移默化的作用是强大的，教师天天要给学生上课，他所采用的教学方法对学生的思维方法和习惯会产生巨大的影响。如果采用"教师讲，学生听"注入式的教学方法，上课一开始教师就把什么都讲清楚，把现成的结论告诉学生，学生用不着思考，用不着自己去探索，只能被动地接受教师灌输的知识，什么都跟着教师走。如此学生就会养成"人云亦云""依样画葫芦""吃大锅饭""随大流"的思维方法和习惯，这样的人是没有多大出息的。

如果采用"先练后讲"的尝试教学法，大胆让学生自己去尝试练习，遇到困难自己想办法，自学课本和向别人请教，靠自己的努力去初步解决问题，他们在尝试学习的过程中会养成不怕困难、积极思考、敢于创新的精神和习惯。今后遇到新事物和新问题都敢于去"试一试"，这正是新时代对人才的要求。

尝试和创新是密切关联的，没有尝试何来创新。"尝试是创造的前提，尝试是成功的阶梯"，这两句话是简单朴素的真理，为世人所公认。古今中外的科学家、发明家的创造无不是从尝试开始；古今中外的政治家、企业家的成功也无不是从尝试着手。尝试必须大胆，如果不去尝试，机会只能是零，试一试就会有50%的成功机会。人类居住的这个蓝色的星球上，什么样的奇迹都会发生，问题是你是否敢于去尝试！但是现在聪明的人很多，胆大的人却太少，主要是不敢去尝试。当今国家需要大批敢于尝试、勇于创新的人才。

古往今来无数事实证明，人们探索精神的强弱是一个国家、一个民族兴旺发达与否的重要标志。因此，作为一个清醒的教育工作者，目光要放远，采用什么样的教学方法，并不仅仅是为了提高学生的学习成绩，而且关系到人才的培养和国家的兴旺。

4. 崇尚西方到中国特色

中国教育理论界历来"崇洋"，先是照搬日本，后来照搬美国，新中国成立初期又照搬苏联，现在又崇尚西方教育。有些人总认为中国的教育落后，而西方的教育什么都好，看不起自己的东西。开口布鲁纳，闭口赞柯夫。翻开教育理论书籍，全是西方的各式各样的教育理论。其实有些外国的教育理论还在探索中，还有争议，可是在中国已经得到大力宣传，推广应用了，岂非咄咄怪事。100多年的事实证明，西方的教育理论并不能解决中国教育的实际问题。

尝试教学理论继承中国传统教育思想的精神，又从中国教育实际出发，具有鲜明的中国教育特色。其应用范围遍及全国31个省、市、自治区以及港、澳、台地区，从小学发展到中学，又渗透到幼儿园，从普教发展到职教，试用教师有六七十万，受教学生达3000多万，特别是经受了近30年的时间考验，它已成为中国当代著名教学流派之一。

现在有两所闻名全国的中学，一所是江苏省泰兴市洋思中学，一所是山东省茌平县杜郎口中学。他们原来都是落后的农村中学，生源差、条件差、教师水平也不高，教学质量很差。经过大胆改革，奇迹发生了，洋思中学的教学质量达到全省前列，杜郎口中学从全县倒数第一达到名列前茅。前去参观学习的教师络绎不绝，每天有几百人甚至上千人，这成为中国学校教育的一大奇观。对这种现象有人比喻说："一个病入膏肓的病人，遇到一位走访郎中，服用了神奇的中草药。"虽然这个比喻带有一点嘲讽的口气，但是恰恰说明它们是中国的教师采用自己的办法，解决了世界教育上的难题，创造了教育的奇迹。

这个神奇的"中草药"是什么，洋思中学是"先学后教，当堂训练"，杜郎口中学是"预习展示，反馈达标"，这同尝试教学法的"先练后讲，练在当堂"不谋而合，异曲同工。这种教学改革中的趋同现象，正说明尝试教学思想的强大生命力，尝试教学理论是具有中国特色的教学理论。

尝试的过程，也是探究的过程、发现的过程，外国人提"探究""发现"，而中国人提"尝试"更符合中小学生的特点，对教师来说更通俗易懂，便于操作。我们要认真总结经验，按教育科学规律办事，尊重中国人自己的创造，走自己的道路。

《湖北教育》1997 年 10 月

尝试教育理论概要

为了使广大教师初步认识尝试教育理论，这份《尝试教育理论概要》写得简明扼要，通俗易懂，便于操作，推动尝试教育理论的研究与实践。

理论核心： 学生能尝试，尝试能成功，成功能创新。

特征： 先练后讲，先学后教，先试后导，先行后知。

策略： 先练后讲，练在当堂。从尝试着手，从练习开始。

应用价值： 尝试是创造的前提，尝试是成功的阶梯，发展人的核心素养。

教育理念： 尝试是学习的基本形式，真正意义上的学习是尝试。

理论内涵： 尝试教育是运用尝试思想和策略按一定的目标对人进行德、智、体、美全面培养的活动过程。把尝试思想渗透到学校、家庭。社会的各个领域，称作"大尝试"。

教育流行语： 做到做不到，试一试就知道。

理论范围： 尝试教育理论是尝试教学理论的拓展和升华。它包括尝试德育、尝试教学、尝试家庭教育、尝试社会教育等方面。

尝试德育： 尝试德育是指运用尝试教育的理论、思想和策略，向学生进行政治、思想、道德、心理、法制教育等方面的活动过程。尝试教学是指主要通过课堂教学，运用尝试思想培养学生知识、经验、方法、能力、情感、价值观的活动过程，尝试德育和尝试教学是学校教育中互相联系的两个重要组成部分。

在尝试教育理论指导下的课堂，更加重视以人为本，立德树人，全面发展的教育理念。把尝试教学与尝试德育有机地结合起来。不仅要关注知识领域的要求，而且要关注思想教育、兴趣、情感、心理素质、思维品质、实践能力、行为习惯等方面的全面发展，发展学生的核心素养。在课堂教学中要正确处理好各方面关系，分清主次。学习本学科的知识为主，在学习知识的同时，关注人的全面发展，把素质教育落实到课堂教学中。

尝试教育理论的操作：尝试教育理论是把尝试思想应用到学校工作的各个领域。任何活动都要"先让学生试一试"，试一试的过程就是行动，实践。核心理念是相信"学生能尝试，尝试能成功，成功能创新"。把尝试思想应用到学校管理、思想品德教育、班主任工作、团队工作、社团活动、课外活动、社会实践活动、家长工作等方面。

尝试课堂教学的总策略：以尝试教学法为抓手，以课本为根本，以学案为载体，全面推进课改。

具体策略从以下五方面着手——

一个观点：让学生在尝试中学习，让学生在尝试中成功。尝试是学习的本质，抓住了尝试也就抓住了学习的本质，这个观点颠覆了"让学生在教师讲解中学习"的传统教育观念，能够促使课堂出现一个全新的面貌。

两抓：对洋思经验、杜郎口经验、东庐经验、青浦经验等教改典型进行深入分析，发现两条主要的趋同现象：一抓尝试自学，二抓练习达标。

所以课改中一定要抓自学，把自学搞得充分好；一定要抓练习，把练习做得充分大。抓住这两条，就能拥有高效课堂。

三看：一看参与面，二看练习面，三看开口面。

课堂是学生学习的学堂，是学生合作交流的平台，是倾听教师点拨解惑的直通车。课堂是学生的，没有学生的参与，学生不动手练习，不张嘴开口何来效益。

四个当堂：当堂练习、当堂校对、当堂订正、当堂解决。

课堂教学以练为主，不同层次的练习组成一堂课的骨架，学生的自学和教师的讲解插在练习之中，所谓"学生在练习中学习，教师在练习中讲解"。

当堂练习：布置的练习必须在课内做完，不能拖到课后。实施的难度在于学生做练习有时间差，优秀生可多做几题，但是不要教师规定，让大家争取。

当堂校对：采用即时反馈原则，当堂做练习当堂校对。

当堂订正：发现错误，当堂就订正。根据教育心理学研究结果，错误在头脑里停留的时间越长越难消除。因此，当堂发现错误，当堂就订正消除，这种学习方式效果最好。

当堂解决：经过当堂练习、当堂校对、当堂订正三个环节，就能做到堂堂清，当堂解决问题，不留尾巴到下一堂课。做到堂堂清，人人清。

五个一定要：

一定要看书。

自学课本是课堂教学中必不可少的环节，直接影响到课堂教学效益。培养学生的阅读兴趣和阅读能力是教育的重要任务。

一定要讨论。

讨论是小组合作交流的重要形式，也是保证人人开口的好机会。一定要加强合作小组的建设。任务布置明确，大家有话好讲。学生合作交流的人际交往能力是一个必备的能力。

一定要让学生提问。

学生能够提出问题是学生自主学习的最高形式，也是学生的一种重要学习能力。"你们还有什么问题吗？"要成为教师的口头禅。问题是创新的开端，学会提问题，才能培养学生的创新意识和能力。

一定要保证练习时间。

一堂课应有二分之一到三分之二的时间让学生练习。练习包括口头练习和笔头练习。口笔结合，以笔为主。一堂课必须有一定量的笔头练习。俗话说："百闻不如一见，百见不如手过一遍"，这是有科学根据的。

一定要达标。

衡量一堂课的效率高低不能光看形式，主要看教学效果。而评价教学效果高低的标准主要是依据这堂课的教学目标，所以，一堂课最终要看教学目标的达成程度，要有当堂检测，测定目标的达到度，达标要全面，既要关注知识目标，更要关注适应终身发展和社会发展需要的核心素养和关键能力。

《中小学教学研究》2001 年 4 月

尝试错误的教育价值与应对的策略

从启动尝试活动到最终尝试成功绝非一个一蹴而就的简单过程，其间的正确做法与错误做法往往是交织混杂在一起的，尝试的脚步一帆风顺的时候并不常见，更多的时候是在辨识正确与错误中前进的，学生不仅要品尝尝试成功的喜悦，而且要妥善应对尝试错误带来的危机和转机。没有尝试错误的尝试教学是不完整的。

一个班级有几十人，学生之间的差异是客观存在的。因此经常会出现大部分学生尝试成功了，一部分学生尝试错误的情况。

受传统文化价值观的影响，对于错误，人们已形成了如下十分流行的观念：错误是让人害怕的坏东西，不犯错误的人是最了不起的，谈错误是令人尴尬和无意义的行为，隐瞒错误才能有效防范错误的负面影响，聪明人或成功人士是不犯错误的。这些观念视"错误"如洪水猛兽，唯恐避之不及，导致人们不敢与错误产生任何的关联。

其实，但凡做事，尤其是尝试，就不可能总是正确，即使是那些天才或成功人士也不可避免地会犯错。更何况暂时的错误并不必然导致失败，因此，尝试错误并不等于尝试失败。特别是在学习活动中产生的那些错误，其本身并不必然会导致好的或坏的后继影响，关键是教师和学生如何看待它们，能否发现错误中潜存的教育价值，能否相机将之转化并巧妙利用。正如心理学家盖耶所说的："谁不愿意尝试错误、不允许学生犯错，就将错过最富有成效的学习时刻。"错误与正确虽然互为矛盾，却可以互相转化。对错误采取正确的看法和做法，就能导致尝试成功；对错误采取错误的看法和做法，就会导致尝试失败。

1. 尝试错误的教育价值及分类

在尝试学习中，当学生出现错误时，从他内心来讲，他并不愿意把它公开出来作为"靶子"供大家指指点点，尽管这很可能使他和同学们对此印象深刻，保证以后不会重犯这样的错误，但这也会让他很难为情、很沮丧。如果教师注意不到这一点，让学生经常性地经受错误的心理倾轧，他们就会慢慢变得谨小慎微、亦步亦趋、不敢冒险，成为一个保守的、懦弱的、自认为很无能的学习失败者。所以，当教师把尝试错误作为一种教学资源加以利用时，尽可能让学生踏着尝试错误走向尝试成功。

没有尝试错误，学生的学习会变得缺少刺激，了无趣味，他们无法体验到克服困难、改正错误所带来的巨大成就感。

没有尝试错误，会压抑学生的主动尝试精神，使他们甘心用最稳妥的常规办法做事，不敢想别人未曾做的事，不会去尝试新的方式、新的思路，不会去主动建立知识间的新联系，不愿做"第一个"尝试者而心甘情愿做个亦步亦趋的追随者。

没有尝试错误，会导致学生错失发现的契机，只走寻常路。通往真理之路，是由错误铺成的。如果你把所有错误都关在门外，那真理也要被关在门外。尝试错误对于学生的发展拥有不可替代的价值。

没有尝试错误，学生的心理承受能力会下降，抗挫折能力差，学习意志薄弱。在学习的过程中没有经历"风吹雨打"的考验，一旦遭遇意外和挫折，学生就会自乱阵脚，陷入困境。因为没有克服尝试错误的经历，学生会误以为学习是一件十分轻松和容易的事，他们的心理免疫力将在不知不觉间慢慢退化。

事实上，学生的尝试错误是无法彻底避免的，很多时候，不过是教师带领学生绕过了尝试错误这块大石头。学生貌似取得了尝试成功，但错误依然在原处，并没被真正解决。一旦问题稍有变化，学生的错误就会一个接一个地冒出来，把学生推向学习失败的境地。这时再想把失败扭转成成功，需要师生付出更加昂贵的代价。

2. 尝试错误的教育功能

（1）尝试错误提出的问题，往往对学生探索新知具有启发作用。

学生的错误表现虽然与预期的教学目标不符，但它能触发学生深刻的反思活动，使他们的认识由混沌走向有序，由浅层走向深层，由表象走向本质，启发他们作出新的探索。在现代著名科学哲学家卡尔·波普尔看来，产生错误或者发现错误，对于科学研究不是坏事而是好事，因为它是科学发展的必要前提；只有发现错误才能消除错误，从而才能提高理论的逼真度，促进科学的发展。他写道："当认识到了它们，我们自己的错误便提供暗淡的红光，帮助我们在洞穴的黑暗中摸索出路。"波普尔认为，真理与错误是不可分地联系着的，科学只能在不断清除错误中前进。因此，他提出了一个著名的口号："从错误中学习"。

（2）尝试错误提供了学生进一步探究新知所需的重要材料和学习信息。

学生初步尝试获得的结果是错误的，但并不代表它所依据的材料本身也是不可靠的，相反这些材料可能具有特殊的学习价值。换言之，学生前期尝试所做出的不正确的结果或解法，归根结底都是对正确事实的不正确观念或错误使用引起的。通过调整学生尝试的角度或思路，学生就会从已有的材料中挖掘出更具本质意义的结论或方法，明确区分哪些是合理因素，哪些是不合理因素，哪些是关键因素，哪些是次要因素，这不仅有助于认识的发展，而且会提升整体的学习素质。

（3）尝试错误可以刺激学生主动变换尝试角度，从而向真理逼近。

在进行尝试时，发现"此路不通"，往往就意味着必须另辟蹊径。顺向思考行不通，可以试试逆向思考；单纯逻辑分析行不通，可以试试数形结合；分析的思路不通，可以试试综合的思路……通过变换尝试角度，有助于学生迅速找到尝试的突破口，打开尝试成功的新局面。

（4）尝试错误可以促进学生整体素质的提高。

学生出现尝试错误的原因是多方面的，有的是因为知识的缺乏，有的是能力还不够强，有的是心理素质比较薄弱，等等。从学生的错误中能够发现他们在整体素质上的某个弱项，有意识地利用错误来针对性地培养相关的素质，这正是尝试错误的一个重要价值。也就是说，尝试错误为我们的教学提供了十分重要的发展信息。比如，学生出现错误之后，往往都会出现负面的情绪，产生挫败感。但是，只要教师引导得好，这反而会成为培养学生积极乐观、迎难而上的态度的契机。尝试错误，可能正意味着学生的发展出现了新的生长点。

3. 尝试错误的分类及应对的策略

根据学生在尝试学习中所犯错误的表现形式，我们把尝试错误分为三类。

第一类：知识性错误。它属于尝试准备性错误，主要是指学生在尝试准备阶段因尚不具备完成尝试活动所需的必要知识和熟练技能而引发的错误，从形态上分析属于结果性错误。

第二类：认知性错误。它属于尝试探究性错误，主要是指学生在尝试探究阶段因不当的思维方法和学习策略而引发的错误，从形态上分析属于过程性错误。

第三类：心源性错误。它属于尝试情意性错误，主要是指学生在尝试活动中因不当的态度和习惯而引发的错误，从形态上分析属于意向性错误。

（1）知识性错误的应对策略。

在尝试教学中，学生的尝试活动是以一定的知识和技能为准备条件的。如果学生在进行尝试活动前对此尚未作好充分的准备，就会引发一系列的尝试困难和尝试错误。比如：学生的尝试活动无法正常启动，学生因某个技能不熟练而无法把主要精力真正投入到富于探索性的部分，学生尝试学习处处受阻、效率低下等。

知识性错误可分为两类：概念性错误和技能性错误。比如在教学"异分母分数加减法"时，如果学生对同分母分数加减法、通分、约分等必备技能掌握得还不够熟练，那么在做尝试题 "$\frac{1}{12} + \frac{2}{3} =$" 时，就会不断出现令人意想不到的错误，干扰正常的尝试活动。再比如在教学"长方形面积的计算"时，学生把长方形面积与周长概念混淆，尽管学生非常投入地进行尝试题的解答，无奈早已偏离了尝试的方向，做的都是无用功，白白浪费了尝试时间。

知识性错误的应对策略主要有：

①通过课前调查了解学生的知识性错误。

在进行新课教学前，教师可以设计一份与新知学习相关的测试题供学生做。学生完成后，教师详细分析学生的掌握情况，对学生出现的知识性错误进行归类辨析，分析出现错误的类型和成因，据此提出查缺补漏的对策。

②通过尝试准备题化解学生的知识性错误。

这是尝试教学中较为常用的一种教学策略。通过教材分析、学情分析，教师在新旧知识的连接点上设计尝试准备题。学生完成了尝试准备题，也就化解了做尝试题时可能出现的知识性错误。

两位数减两位数的退位减法是 100 以内加减法的难点之一。要想使学生顺利完成对尝试题"42-28="的解答，掌握其算理，学生必须首先对两位数减一位数的退位减法口算和两位数减两位数的不退位减法笔算掌握熟练。教师通过安排尝试准备题，为学生进行知识、方法的迁移作好了准备。

③通过建立尝试错误档案，化解学生的知识性错误。

虽然学生在知识性错误上有一些共通的规律，但由于每个学生的学情各不相同，所以学生的知识性错误也呈现出分散化、个性化的特点。教师在设计准备题时一般只能解决共通的、典型性较强的错误，还不能切实做到因材施教。只有把改错的主动权交到学生手上，才能有效分解知识性错误给教师带来的困扰，借助学生自己的力量化解他们遇到的困难。有些教师采用的让学生自己编写错题集或尝试错误档案的办法，起到了很好的纠错效果。

④通过学习基本功比赛，化解学生的知识性错误。

学生出现知识性错误，多数是由于基本功不过关而造成的。这里的基本功因学科不同而异，语文学科主要是指常用的听、说、读、写等的基本知识和基本技能，数学学科主要是指对基本概念、基本技能、常用规则的记忆和掌握。学习基本功需要一个较为长期的训练过程，本身比较枯燥，学生兴趣不大。这就需要教师赋予学习基本功训练一定的趣味和竞争因素。有的教师结合教学进度组织学生进行学习基本功比赛，取得了不错的训练效果。不同水平的听写、听算、听说和阅读比赛，对提高学生口头和书面语言的熟练程度具有强化作用。经过常规性的训练之后，学生对知识信息的接收速度和接收程度都会明显增强。

⑤化解学生的知识性错误要不断回归到概念上。

学生出现知识性错误，并不仅是一个记忆不够牢固的问题，单靠机械死记并不能真正解决问题。不能真正理解知识所承载的意义，可能是更深层次的原因。教师应该引导学生从根源上（意义上）寻找症结并作出改变。维特根思坦曾说："洞见或透识隐藏于深处的棘手问题是艰难的，因为如果只是把握这一棘手问题的表层，它就会维持原状，仍然得不到解决。因此，必须把它'连根拔起'，使它彻底地暴露出来；这就要求我们开始以一种新的方式来思考。"不断地回归到概念上，就为化解学生的知识性错误提供了条件。

⑥通过拓展学习途径，化解学生的知识性错误。

化解学生的知识性错误，有时需要一个多次"遇见"的过程。教师可以有意识地引导学生通过不同的学习路径展开学习，随着学生学习天地的不断拓展，学生与某些知识会不断"相遇"而渐渐熟悉，从而有效掌握这些知识。

（2）认知性错误的应对策略。

在尝试教学中，学生完成尝试题的过程其实就是一个自主进行问题解决的过程。这个过程的关键步骤有两个：一是对题目提供的信息进行知识表征，二是运用认知迁移规律解决问题。在知识表征阶段，主要看学生能否以合适的信息结构重组已有信息，进而给第二阶段的认知迁移提供合适的解题原型，并进行知识匹配，这是能否高效解决问题的前提条件；认知迁移阶段主要决定着学生采取的解决问题的每一环节是否合理可靠并构成达成最终目标的解题链，这是能否顺利实施解决问题方案的保障条件。我们一般都比较重视运用认知迁移规律解决问题，"为迁移而教"口号的提出说明了这一点。但知识表征的重要性还未引起足够的重视，相关的教学实践和研究都十分薄弱。

①根据"关键词"进行无意义的知识表征。

比如在解答应用题时，抓关键字词对分析、解答应用题有一定的帮助，但过度使用会导致学生思维僵化，产生错误的知识表征和解法。比如题目中问"一共"表示用加法，问"还剩"表示用减法。有的教师总结分数应用题的解题技巧：先看关键词，后确定"单位1"。所谓关键词，"占""比""是"；找到"单位1"，就去看分率；分率是多意，用1加分率；分率是少意，用1减分率；已知"单位1"，就用乘法做；若求"单位1"，除法最满意。这样的解题技巧，其实不是在引领学生进行真正的数学思维活动，它舍弃了对问题情景中隐含的抽象数量关系的分析，把运算背后的数学意义置于可有可无的境地，解答应用题被简化成了一个"简单对应机械套用"的过程。

②根据"标准式"进行单一化的知识表征。

例如：张明家距学校500米，李刚家距学校800米，张明和李刚两家相距多少米？这是一道开放题，张明和李刚家的具体位置根据题意不能完全确定，也就是他们两家的位置关系是不确定的。但很多学生在对此题进行表征的时候，都想当然地把张明家、学校、李刚家定位在一条直线上，即学校居中，张明家和李刚家分居学校两侧。结果他们的解答算式都是清一色的500+800=1300（米）。这显然是受过去所做的"标准式"题型的影响，这种先前经验的多次出现，使学生不由自主地简化了思维过程，减缩了信息的收集过程与经验的积累过程，以致产生了表征定势，没有做到具体问题具体分析。

③根据"常规做法"进行无变通的知识表征。

例如，在学习三角形面积计算问题时，学生往往会先找出三角形的一条底和这条底上的高，再利用面积公式计算出面积，这种思维定势在学生大脑中早已根深蒂固。这种定势对于解决已知底和高再求三角形面积的问题十分好用，学生可以不假思索地做出正确的解题方案，但对于解决变式问题，学生可能就束手无策了。

随着学习时间的延长，学生学习的经验愈加丰富，头脑中储存的"类型化"信息越来越多。这些"类型化"信息有力地提升了学生的知识表征的速度，但同时也会限制学生灵活表征意识的发展。在日常教学中，教师不能一味督促学生提高解题的速度，满足于解法的正确，要经常性地追问这样做的根据和意义。特别是在刚开始学习一种新类型题目时，教师一定不能因贪图省时省事而放弃让学生进行多元表征的环节，过早地强加给学生一个所谓的"范式"。

④加强对比性训练，把握知识的本质意义。

认知迁移的主要根据是相似性原理，所以有时就会为知识之间的"表面"相似性所蒙蔽，导致负迁移的产生。通过对比性训练，就能把那些相异性因素和本质性因素分别凸显出来，从而有效提升学生对知识本质意义的概括水平。正如美国学者贾德在研究迁移现象时指出的那样："只要一个人对他的经验进行了概括，就可以完成从一个情境到另一个情境的迁移。"

教师应积极引导学生开展辨错、析错、思错、改错活动，促使他们理解错误，反思错误，利用错误，纠正错误。课后还可引导学生分学科编制"错题集""纠错本""病例册"，写"学科改错日记"等，真正实现一"错"多得，把错误"绊脚石"加工成成功"垫脚石"，充分发挥错误中蕴含的教育价值，让学生在错误中得到进步与提高。

⑤引导学生进行思维调节活动。

理想的解题过程应是一个"准静态"的过程，即解题系统所处的各个状态都应是平衡的。但在实际解题中，解题者对问题的认识和把握总是相对的；解题过程会时常或多或少地偏离正确的轨道而失去平衡。思维调节的目的就在于使解题进程不致偏离正确轨道太远，使解题系统从不平衡趋向平衡，从旧的平衡趋向新的平衡。决定调节的内容和方式，依据是解题者在解题中获得的新信息，而获取新信息的诱因则是解题者在解题中提出的种种问题，是问题引导解题者去获取各种各样的信息的。

解题者在解题过程中应当经常问自己："我的解题方案是否可行？实施这个方案的困难将有多大？是否存在更简便的解题途径？我现在面临的困难是什么？我现在已经进行到哪一步？已经取得了哪些成果？这些成果对进一步求解问题有什么作用？我现在是否比原来更接近目标了？我离目标还有多远？接下来我应当解决什么问题？我选择的'次目标'是否与终极目标一致？……"

（3）心源性错误的应对策略。

在尝试教学中，学生出错的诱因除了认知上的，就是情意上的。我们把因为情意不当引发的错误称为心源性错误。这种错误的出现与学生的性格特征、生活环境息息相关，渗透在尝试学习的每个环节，克服起来更加困难，需要更多的时间和更坚韧的努力。心源性错误主要有以下五种表现形态。

第一种：畏缩保守。在尝试活动中，不愿意主动尝试，很少发表个人意见，被别人批评，即使有不一样的想法（哪怕是正确的）也没有勇气发表，"不求有功但求无过"。

第二种：粗心大意。在尝试活动中，表现得冒冒失失，常常未加思索就开口发表意见，做事欠周详，漏洞较多，不能长时间专注于一件事情的解决上，常常在"小沟里翻船"。

第三种：过度紧张。在尝试活动中，表现得十分恐慌、犹犹豫豫，即使心里想明白了嘴上仍说得语无伦次，最害怕做"小先生"，总是不能充分发挥水平，常常怀疑自己。

第四种：不够坚韧。在尝试活动中，克服困难的决心不够大，遇到尝试错误就打退堂鼓，做事情（尤其是耗时长的）很少坚持到底，离成功总是差那么一点点。

第五种：过于自我。在尝试活动中，固执地维护自己的观点和做法，要求别人听自己的却听不进别人的意见或建议，不顾及别人的内心感受，很少让步，很难沟通，缺乏真正的合作精神。

针对上述心源性错误，我们的应对策略主要有：

①宽容纳错。

在学校，学生们大多都很惧怕出现错误，因为出错被认为是不光彩的事情，应该受到批评甚至惩罚。有的教师怀着"恨铁不成钢"的心态对学生的错误报以怒吼、斥责、讽刺，在这样的环境中，谁还会愿意与错误扯上关系呢？这样对待错误，其实恰恰掩盖了真实的问题，也错失了教育的契机。出错，是每个学生的权利；教室，是允许学生尝试错误的地方。改变错误观，从教师做起。错误资源化，从宽容错误开始。在心理安全和心理自由的教室里，教师才能最大限度地激发学生主动尝试的精神，塑造积极尝试的班级文化。

②理解错误。

有一个十分精辟的观点：错误只有被理解、被认识后才能体现它的价值，也只有这时"失败才会是成功之母"。错误中潜藏的教育价值只有在理解的空间中才能被释放出来。不明白学生为什么出错，不了解错误表现背后的积极因素，看不到错误中隐含的教育资源，只会出现误解和误用。理解了错误，学生才能逐步学会怎样对待错误，学会如何汲取错误中积极有益的东西而摒除消极有害的东西。

③利用错误。

错误是学生学习过程中的相伴产物，是一种具有特殊教育作用的学习资源，是一种宝贵的教学资源。教师在教学中充分挖掘错误中的积极教育因子，让"差错"显露出它的价值，将其转化为有利于达成教学任务、促进学生发展的教学资源，能收到良好的教学效果。

学生出错了，这就会在学生的心理上激荡起比较强烈的认知和情绪体验。如果以学生的错误"作品"作为教学素材进行教学法上的加工，就能够产生"以子之矛，攻子之盾"的教学效应，有力地促进学生认知的完善和思维的发展，增强学生对错误的识别和利用能力。

课堂是允许学生出错的地方，这已逐渐成为广大教师的共识。如果教师出错了呢？显然，其触发的心理效应一定是十分热烈和广泛的。作为教师，如果能够利用学生的这种特殊心理故意犯错，肯定会引发学生对错误的特别关注，有效提升他们自我检查的质量，进而培养其自觉自查的习惯。

通过交流错误，错误就会由"个别"学生的专有资源转化成"集体"共享的资源，能促使各个层次的学生投入到辨识错误、剖析错误、修正错误、反思错误的学习活动中。在生生互动中，学生得以相互激发、彼此激励、交互提醒、协同发展。

教师在课堂上有意制造错误，针对错误再展开探究，使"错误"与"正确"发生激烈的矛盾冲突，在冲突中发现、探究改正错误的新方法，有助于学生充分内化知识，促进其学习素养的全面提升。

④反思错误。

心源性错误，大都是由注意力不集中、粗心大意造成的，同不良的学习习惯有关。克服这种错误，必须从培养良好的学习习惯着手，这是一个长期且艰巨的过程。靠教师不断说教，"做作业要认真细致，不能粗心大意""下次不能再错了"，收效甚微。还是要发挥学生的主体作用，让他们自己发现错误，反思为什么出错了。经常让学生反思，自己教育自己。

选自邱学华、张良朋:《怎样用尝试教学法上课》，江西人民出版社 2016年版，第 231—268 页。

培养幼儿的尝试精神

——《幼儿尝试教学活动设计》代序

　　从 1980 年开始，我先在小学数学学科实验尝试教学法，尔后逐步将之拓展到小学各科，又发展到中学、大学。在十多年尝试教学法实验研究的基础上，1992 年我又进一步提出尝试教学理论的构想，并开展新一轮的实验研究。此项研究被列入全国教育科学重点研究课题，课题名称为"尝试教学理论研究与实践"。构建一种教学理论是一项极其复杂的系统工程，靠个人是无法完成的，必须依靠集体的力量，教育理论工作者和实际工作者紧密结合，共同努力才能完成。全国各地的有关单位都积极支持这项研究，共承担了 106 个子课题的研究任务。本书就是其中一个子课题"培养幼儿尝试精神"的研究成果。

　　我们首先认识到这个研究于课题的重要意义。幼儿阶段是一个人成长的关键时期，俗话说："三岁看大，七岁看老。"素质教育奠基工程应该在幼儿园。有一篇报道介绍，在 75 位曾获诺贝尔奖的科学家举行的一次集会上，记者采访一位老学者："请谈谈，您是在哪所大学、哪个著名的实验室学到了您认为最重要的东西？"老学者略想了下说："在幼儿园我学到了最重要的东西：把自己的东西分一半给小伙伴；不是自己的东西不要拿；东西要放整齐；吃饭前要洗手；做错了事要道歉；午饭后要休息；要仔细观察周围的大自然。从根本上说，我学到的东西就是这些。"与会科学家都表示赞同。

　　这篇报道虽不长，但极大地震撼了我，这位老科学家的话给我们两点启示：一是幼儿教育对一个人的成长有着极其重要的作用；二是幼儿教育最重要的是培养一个人的精神和良好的习惯。由此证实，从幼儿开始，培养他们的尝试精神和创造精神将对提高人的素质产生深远的影响。我从教40多年，在小学、中学、大学都工作过，到幼儿园搞实验还是第一次，由于明确了工作的意义，我很乐意跟幼教老师一起研究，从1993年到现在已坚持整整五年了。

课题名称为"培养幼儿尝试精神"，明确了幼儿教育的着眼点是培养人的一种精神，也就是尝试精神。因此在幼儿教育中不能生搬硬套中小学的尝试教学模式，不强求幼儿的尝试结果，而重视尝试的过程，在尝试活动中培养他们的尝试精神。尝试精神一般包含三个方面的内容：尝试意识、尝试态度和尝试能力。尝试意识主要是解决敢于尝试的问题，尝试态度主要是解决乐于尝试的问题，尝试能力主要是解决善于尝试的问题。幼儿尝试精神偏重于前两个方面，尝试能力方面仅是初步的、最简单的。

幼儿的尝试主要是通过活动来实施。按照尝试教学理论的基本特征："先试后导""先练后讲"，根据幼儿的年龄特点来安排活动过程。一般按照"尝试准备→尝试问题→尝试指导→尝试活动→尝试评价"的顺序进行。有些教师归纳成"三前三后"，即：幼儿在前，教师在后；问题在前，结论在后；尝试在前，讲解在后。

这项研究首先在江苏省常州市5所幼儿园开始实验，后来逐步扩大，参与的幼儿园越来越多，到现在已有江苏、上海、浙江、山东、湖北、湖南等地120多所幼儿园参与。五年来共写出论文、经验介绍300多篇，活动设计600多篇，硕果累累。现挑选有代表性的实验研究报告和优秀的观摩课活动设计编成本书。为了便于教师操作，本书侧重于活动设计，因此书名定为《幼儿尝试教育活动设计》。本书用大量的事实证明，将尝试教学思想渗透到幼儿教育不但是非常必要的，而且是切实可行的，并从各个不同视角论证幼儿尝试教学的实质、原则和具体方法。活动设计包括幼儿园的全部活动，有语言、计算、常识、音乐、体育、美术等活动。内容比较丰富、全面。

参加这项研究的各地幼教工作的同志，大都是第一次参加教育科学研究工作，虽缺乏理论和经验，可是他们不畏困难，认真学习，积极探索，努力工作。我和他们一起工作，深深地被他们的热情感动。在短短的几年时间里，他们竟能取得如此丰硕的成果，实在令人敬佩。他们的研究成果使尝试教学思想扩展到幼教领域，对构建和丰富尝试教学理论将产生重大的作用。借此机会，向参加实验工作的所有同志表示衷心的感谢！

这项研究才刚刚起步，目前还在进行滚动研究，许多理论问题和实践问题还待逐步解决。本书的出版目的在于征求社会各界的意见，引起大家对这个问题的重视，希望有更多的同志参与这项研究，并在应用的过程中有本参考书，省得走弯路。

尝试是创造的前提，任何发明创造都是从尝试开始，没有尝试何来创造。尝试是成功的阶梯，英国大诗人莎士比亚说过，"本来无望的事，大胆尝试往往能成功"。培养尝试精神，要从娃娃抓起。这样从小培养儿童"试一试"的精神，使他们逐步形成一种敢于探索的精神。他们长大以后，对于不懂的事物、大胆的设想，都能有"让我试一试"的精神。这种敢于尝试的探索精神是极其可贵的，是现代人的素质的重要内容。古往今来无数事实证明，人们探索精神的强弱是一个国家、一个民族兴旺发达与否的重要标志。我们所做的工作是伟大的，让我们用脚踏实地的工作，为伟大的事业添上一砖一瓦。研究本身就是一种尝试，相信尝试能成功！

邱学华主编:《幼儿尝试教育活动设计》，教育科学出版社 1999 年版，第 1—3 页。

小学数学课堂教学的一场革命

——《小学数学尝试教学设计》代序

"教师先讲例题，学生再做习题"，从小学到大学，教师上数学课都是这样教的。对这种"先讲后练"的教学模式，大家都习以为常，认为是天经地义的，很少有人怀疑。

50年前，我在农村当小学教师时，用的也是这套先讲后练的办法。后来我考入华东师大教育系深造，毕业后留校当了助教，专门研究小学数学教学法理论。我如饥似渴地学习古今中外各种教学理论，发现古今中外先进的教学思想虽各有特点，但有一个共同的理想：相信学生，要让学生主动学习。我开始对"先讲后练"的教学模式产生怀疑，教师先讲例题，把什么都讲得清清楚楚、明明白白，学生就用不着去动脑筋了，只要照着教师讲的去做练习，这是一种知识传授型的教学模式，学生完全处于被动地位，不利于学生智力的发展和创造能力的培养。我大胆设想，能不能让学生先做练习，然后教师再讲解，这是尝试教学思想的雏形。我偷偷地在师大附小搞实验，但那时政治运动不断，无法搞系统的教学实验，后因"文革"中断。

"文革"结束后，我在家乡常州师范学校办起"小学数学教学研究班"，培训骨干教师。"学生先做题，教师再讲解"这个思考已久的大胆设想重新在我头脑里浮现，党的十一届三中全会后的大好形势鼓舞着我，时机已经成熟，我决定进行系统的教学实验。

经过两年多的教学实验，结果令人惊喜，大量实验资料证明：学生能在尝试中学习。"学生先做题，教师再讲解"的大胆设想已成为现实。

1982 年 11 月，第一篇论文《尝试教学法的实践和理论》在《福建教育》发表了。意想不到的是，这篇文章发表后，在国内引起强烈的反响，"学生能在尝试中学习"的新观点震动了大家，各地教育杂志相继转载，各地教师纷纷开展实验，全国掀起了一股尝试热。

从"先讲后练"到"先练后讲"，虽然仅是两字的顺序换了一下，但是引发了小学数学课堂教学的一场革命。最主要的是在教师的教育观念上的革命，"先讲后练"只是把学生看成是接受知识的容器，教学过程也就是教师把知识传授给学生的过程，以为教师讲得越多越清楚，学生也就接受得越多；"先练后讲"是把学生看成是有主观能动性的人，教学过程主要是教师引导学生自己去探索，在学生主动参与的活动过程中，由学生自己去获取知识和获得能力，充分相信学生能在尝试中学习，能在尝试中成功。教育观念转变了，教学方法、课堂结构、教学设计以及师生关系等都会发生一系列的变化。尝试教学思想的引进，使小学数学课堂教学发生了根本性的变化，而且这场革命有全国各地几十万教师的参与，这是前所未有的。

对小学数学课堂教学的这场革命，当前一方面要总结提高，另一方面还要深化发展。总结提高有几十万教师参与的教改成功，是有极其重要的意义的，为此决定编写一本《小学数学尝试教学设计》，作为"尝试教学理论研究"丛书中的一本。

本书分为两部分。上篇是指导小学数学教学设计的理论和经验文章，尝试教学实验从小学数学开始到现在已有近 20 年时间，积累了丰富的教学经验，形成了一套比较完整的教学体系，这里刊登的文章是从历届年会中挑选出来的优秀论文；下篇是教学设计，以前已出版了两本《小学数学尝试教学法教案精选》，1998 年又开展了全国性尝试教学法优秀教案精选活动，本书所刊用的教学设计是从上千篇优秀教案中挑选出来的。由于教学设计来自全国各地，格式不一定统一，这样也好保留各位教师的教学特色。为了了解教者的意图和个人的教学特色，大家都在教学设计中加上评析。

本书中的教学设计都是根据教者所在的班级的具体情况编写的，另外，尝试教学理论研究还在不断发展，因此本书中的教学设计仅供参考。教师必须根据学生自己的特点，以及尝试教学理论研究的新水平编写出教学设计。

灵活应用是教学法的灵魂，教师应切记。

从尝试教学法到尝试教学理论的发展，一直受到各级教育行政部门和教育科研机构的关怀和支持。1992 年我提出"尝试教学理论研究"课题，立即被全国教育科学规划领导小组列入"八五"规划全国教育科学重点研究课题；1996 年"尝试教学理论研究"重点研究课题通过国家专家鉴定后，需要总结提高，教育科学出版社决定出版"尝试教学理论研究"丛书，国家教育部总督学柳斌先生亲自为丛书题词："深化教改实验，建设有中国特色的教学理论体系"。近 20 年来，参与尝试教学实验研究的教师和研究人员又何止千千万万。借本书出版之机，向所有关心和支持尝试教学研究的同志表示衷心的感谢。

邱学华主编:《小学数学尝试教学设计》，教育科学出版社 1999 年版，第 1—3 页。

语文教学改革呼唤尝试教学理论

——《小学语文尝试教学设计》代序

　　1980 年，我从小学数学学科开始实验尝试教学法。第一篇论文《尝试教学法的实践和理论》发表后，不仅引起了小学数学教育界的强烈反响，也引起语文教育界的关注。首先站出来支持的是我的老师，华东师大李伯棠教授，他在《从尝试中来，走自己的路》一文中指出："尝试教学法能否移植到语文教学中来吗？答案是肯定的。数学教学可以先练后讲，语文教学何尝不可呢？由于语文学科涉及的语文知识的范围较广，基本训练的项目较多，尝试教学法在语文教学中也大有用武之地。"

　　1983 年，浙江省绍兴县教研室周一贯先生带领漓渚中心小学的老师率先进行语文尝试教学实验。根据语文教学的特点，把尝试教学法应用到识字教学、听说教学、阅读教学、作文教学，积累了较全面的经验。而后，在江苏省金湖县、四川省忠县、湖北省荆门县、浙江省杭州市、福建省南安市等地相继开展实验研究。对尝试教学法的研究提升为对尝试教学理论的研究，有力地推动了语文尝试教学研究与实践。1997 年，在鲁迅的家乡绍兴举行了全国协作区第一届语文尝试教学法研讨会，并编印了《语文尝试教学研究文集》，这标志着语文尝试教学研究已趋成熟。现在这本反映近 20 年来研究成果的《小学语文尝试教学设计》的出版，标志着语文尝试教学已经到了结出硕果的时候了。

　　明确提出在语文学科中采用尝试教学方法的，我不是第一个。早在 60多年前，著名教育家叶圣陶先生就比较系统地论述过这个问题。他明确指出，培养阅读书籍的能力，养成良好习惯的方法，"惟有让他们自己去尝试"。他认为启发学生运用自己的心力是尝试的宗旨。他在《论中学国文课程的修订》一文中对此作了详细的阐述："学生不甚了解的文章书本，要使他们运用自己的心力，尝试去了解，这才和养成读书习惯的目标结合；因为我们遇到一篇文章或一本书，都不能预言必然能了解，总是准备着一副心力，尝试去了解。"他又说："无论成功与否，尝试总比不尝试有益得多；其故就在运用了一番心力，那一番心力是一辈子要运用的，除非不要读书。"叶圣陶先生在半个世纪前，已经比较系统地阐述了尝试教学思想，这是非常有远见的，这是他留给后人的极重要的精神财富。

目前，语文教学仍然比较普遍地因袭着教师讲学生听的陈旧模式。教师讲得多，学生练得少；花费时间多，教学效益少；内容情节分析多，语言文字训练少。这"三多三少"的语文教学的时弊已引起社会各界的关注，迫切要求改革。改革的阻力来自部分教师头脑中的陈旧教育观念，冲不破"先讲后练"的教学模式。

"先练后讲，以练为主"的尝试教学模式正切中语文教学的时弊。这种教学模式强调学生在尝试中学习，也就是让学生自己学习，在语言实践中学习，这是符合学生学习语文的规律的。正如著名语文教育专家刘国正所说，学习语文主要靠语文实践，即从阅读中学习阅读，从写作中学习写作，从说话中学习说话，是获得语文能力的基本途径，语文知识是辅助手段。

"先练后讲，以练为主"的尝试教学模式，把学生推到课堂教学的主体地位，让学生主动参与教学过程，学生自能读书，自能会意，自能作文，这样就使语言文字训练落到了实处。特别是学生在经常性的尝试活动中养成勇于探索、敢于成功的创造精神，这正是现代人最宝贵的素质。

深化语文教学改革呼唤着尝试教学理论，这种理论是对实践经验的总结和升华，反过来必将有效地指导语文教学实践，促使教师的教育观念转变，推动语文课堂教学的改革。语文教师不妨试一试。

这本书主要由浙江省特级语文教师周一贯先生和长期从事语文尝试教学实验研究的第一线教师编写，比较系统地论述了小学语文尝试教学设计的指导思想、设计原则和方法，并配以具体教例。此书意在帮助教师了解尝试教学理论如何被应用到语文课堂教学中，作为备课上课的参考资料。

语文教学有自身的特点，其中字词教学、听说教学、阅读教学和作文教学又有各自的特点，因此不能套用数学尝试教学模式，而应在尝试教学的基本操作模式上，按照语文教学的特点灵活应用。关键在于掌握"先试后导，先练后讲"的基本特征，具体来说有"三先三主"：先试后导，以试为主；先练后讲，以练为主；先读后析，以读为主。

尝试教学理论研究一直受到社会各界的热情支持。教育科学出版社决定出版"尝试教学理论研究"丛书，显示了他们工作的魄力和勇气。国家教育部总督学柳斌先生亲自为丛书题词："深化教改实验，建设有中国特色的教学理论体系"，为尝试教学理论研究指明了方向。语文尝试教学的研究和发展，得到语文教育界的专家和教师的支持与帮助。借本书出版之机，再次向所有关心和支持尝试教学研究的同志表示衷心的感谢，并希望继续得到支持。

周一贯主编：《小学语文尝试教学设计》，教育科学出版社 2000 年版，第 1—3 页。

大胆在中学推广尝试教学法

——《中学尝试教学设计》代序

　　1986 年我曾经接到从湖南山区一所农村中学的来信，写信的人是一位年轻的数学教师，我并不认识，看完信后才知道"真相"。这位年轻的数学教师是湖南师范大学数学系的高材生，毕业后分配到家乡的一所重点中学任教。这位高材生在大学的成绩门门优秀，却不会教书，不懂教学方法，结果把班级弄得一团糟，学生成绩直线下降，家长纷纷向学校提意见，因此，这位数学教师就被调离重点中学，到山区一所初级中学工作了。

　　对这位年轻人来说，这是一个很大的打击。幸好他没有消沉，这件事反而促使他反思，下决心钻研教育理论和教学方法。那时，当地的小学正在轰轰烈烈地推广尝试教学法，他就到小学听课，千方百计地寻找我写的文章和有关资料，如饥似渴地学习。他在他所教的初二班级中试用尝试教学法，边学边教。经过两年时间，参加全地区毕业会考，结果出人意料，他所带班级名列全地区第一名，后来那所重点中学的校长又把他请了回去，为此，他写了一封长长的信感谢我，谈及他的酸甜苦辣，深切地体会到作为教师，一定要学习新的教学理论和新的教学方法。

　　可是这一点，很长时间不为有关方面所关注。从 1983 年起，已有少数中学教师采用尝试教学法，可是步履维艰，形不成气候，中学教师不敢进行教法改革。直到 1995 年，湖北省十堰市教委率先在中学推广尝试教学法，1996 年举行的全国协作区第八届尝试教学法研讨会上开始有中学课堂教学观摩，逐步在中学教育领域产生影响。特别是 1998 年 9 月 4 日《中国教育报》

用整版篇幅介绍尝试教学法以后，更加快了中学运用尝试教学法的步伐。浙江省海宁市和长兴县、江苏省常州市和金湖县、广东省新会市和顺德市、山东省泰安市和平度市等地都纷纷在中学大面积推广尝试教学法。在此基础上，1999 年在浙江海宁、2000 年在上海浦东新区、2001 年在山东济南连续三年举行全国协作区中学尝试教学法研讨会，中学教育领域掀起一阵阵尝试热。

从教育观念和教改热情方面看，推广尝试教学法，一般来说，中学不如小学，小学不如幼儿园。这不能怪中学教师，主要是由"应试教育"的体制造成的。近几年，随着素质教育的不断深入，尝试教学法在中学得到发展。

小学生能尝试，中学生更能尝试，这应该是毫无疑问的结论。中学生已经具有小学的基础知识，又有一定的阅读能力和思维能力，他们更适应尝试教学，教学效果会更好。江苏省常州市 26 中学的邱学美老师，坚持近三年超前进行尝试教学法实验，现在学生都能超前学习后面的教材，不但能做尝试题，而且还能尝试上台当小先生，学生成绩百分之百达到优秀，这是一般中学连想都不敢想的事情。

广东省新会市荷塘镇的初中教学水平原来比较落后，自从在初中各科全面运用尝试教学法以后，教学质量连年提高，已达到全市先进水平，连续三年荣获市人民政府的中考优秀成绩奖。

开始时的实验大都在初中。由于有高考的升学压力，高中成了教法改革的禁区，大家都沿用传统的老办法，加班加点满堂灌加上题海战术，如果谁敢越雷池半步，升学率受了影响，定吃不了兜着走。二十世纪九十年代有一些胆大的高中校长和教师，偷偷地应用尝试教学法。浙江省长兴县煤山中学是一所农村普通中学，招收的都是三流学生，该校高二数学教师俞志勇在校长的鼓励下，大胆运用尝试教学法仅一年时间，学生的期末统考成绩从全县 150 名跃居第一名，超过了重点中学。山东省齐河县一中张著军老师教两个班的物理，原来两个班平均分都只有 60 分左右，采用对比实验不到一年，试用尝试教学法的实验班成绩提高到 81 分，而普通班仍只有 66 分。令人惊喜的是，第二年普通班也改用尝试教学法后，不到半年学生成绩也提高到 81.6 分。

从新世纪开始，随着新课程改革的实施，越来越多的高中也加入到尝试教学研究的队伍。重庆市开县第一中学，是有 60 多个班级的高级中学，该校大胆在高中各年级、各学科全方位推行尝试教学法，结果奇迹发生了，高考升学率逐年提高，连续六年获得好成绩，2008 年高考本科上线率竟高达 80% 以上。高中阶段不能搞教法改革的神话破灭了，禁区被打开了。这个事例有力地证明：抓高考升学率也必须按教育科学规律办，也必须破除损害学生身心健康的落后教育观念和教学方法。随着高中新课程改革的全面实施，尝试教学法在中学阶段的运用和推广，必将得到进一步的发展。

前面简单回顾了尝试教学法在中学的发展历程。先行的学校和教师，他们的经验是极其宝贵的。现挑选中学各科运用尝试教学法的优秀论文和教学设计汇编成本书：《中学尝试教学设计》。这本书的出版标志着中学尝试教学研究已趋成熟。由于中学长期套着"应试教育"的枷锁，他们在实验研究过程中受到的压力更大，因此这些文章来之不易，更应该珍惜，特别是他们这种"敢为天下先"的教改精神，令人敬佩。借这本书出版之际，谨向他们表示深深的敬意。

随着素质教育的深入、创新教育的加强，尝试教学实验研究在中学会有更大的发展，中学有广阔的天地任你驰骋，教育实验本身就是尝试，大家都来尝试吧，因为尝试能成功！

邱学华主编：《中学尝试教学设计》，教育科学出版社 2002 年版，第 1—3 页。

职业技术教育呼唤尝试教育

——《职业学校尝试教学设计》代序

《职业学校尝试教学设计》的出版，标志着尝试教学法已被应用到职业教育领域，并取得丰硕成果，这是尝试教学研究的又一次重大突破。

这次重大突破应该感谢一位关键人物，就是本书主编、浙江省绍兴市职业教育中心校长楼建儿。他是我的老朋友，早在二十世纪九十年代初我们就相识。当时他担任绍兴县教师进修学校校长，以非凡的胆识、十足的干劲在小学推广尝试教学法，特别是承办了两次全国协作区小学语文尝试教学法研讨会，对推动尝试教学法在小学语文教学中的应用作出了重要的贡献。

新世纪初，他调任绍兴市职业教育中心校长，从普教转到职教，他是干一行爱一行，潜心研究职业教育，积极投入到职业学校的建设和发展中，把一所职业学校搞得红红火火。学校上了规模以后，他又开始思考，职业学校要进一步发展，必须深入课堂教学改革，他对尝试教学法情有独钟，决定把尝试教学法的应用推广作为职业学校课堂教学改革的突破口，于是从2003年开始正式启动"尝试教学理论在中职教学中的应用研究"。

他搞这项课题研究的目标非常明确，从实践上促进职业学校的课堂教学改革，解决职业学校可持续发展的问题；从理论上构建中职尝试教学法的理论体系。有了这样的雄心壮志，还必须脚踏实地去干。他发动全校教师参与，按专业将他们分成10个子课题研究组，有计划、有步骤、有考核地分阶段实施。经过四年坚持不懈的努力，该校不但完成研究任务，而且硕果累累。研究课题通过专家鉴定，并获得浙江省人民政府颁发的教育科研成果一等奖殊荣,《中国教育报》两次作了全面报道。

绍兴市职业教育中心的这项研究成果具有突破性和创造性,证明尝试教学理论同样适用于职业学校,它对推动职业学校课堂教学改革发挥了重要的作用,职业学校也呼唤尝试学习。同时这项研究成果也充分证明尝试教学具有普遍意义,中小学生能尝试,连幼儿都能尝试,当然职校生也能尝试。

我从1980年开始,先在小学实验尝试教学法,后拓展到中学、大学,又渗透到幼儿园。现在又从普教拓展到职教,近30年的实践研究,充分证明了我的一个观点:"学生能尝试,尝试能成功,成功能创新"。尝试是人类学习的基本形式,真正的学习都是带有个人意义的尝试学习,学会尝试才能学会学习。学习是学生自己的事,别人是不能替代的,只有他们亲自尝试,有了体验和领悟,才能将所学变成自己的知识和技能。例如学习游泳,如果只在岸上听讲,那一辈子也学不会。只有跳下水亲自尝试一下,虽然可能呛几口水,但才能真正学会,这是很简单的道理。

尝试教学法在职业教育中有着广阔的天地,对推进职校的课堂教学改革有着重要的作用。特别是职业学校的专业课,大都属于专业技能训练,需要动手操作,因而更需要试一试,要在尝试的过程中逐步提高认识,形成技能。绍兴市职业教育中心的实践证明,专业课更适合应用尝试教学法,学习一种专业技能,先让学生试一试,学生有了体验和领悟,教师再有针对性地讲解,也就是"先试后导,先练后讲",要求学生在练中学,在练中想,在练中会,这种尝试学习的方式收到的教学效果好。

现在有些职业学校在推行探究学习、发现学习和研究性学习,事实上尝试学习在本质上同它们是一致的。尝试学习是以学生尝试为特征的学习理念和学习方式,它强调学生自主学习、主动参与、自由探究,强调尝试在学习活动中的重要作用。尝试的过程是探究的过程,也可能是发现的过程,当然也是一种研究性学习。但是我认为提"尝试"更为切合实际,它符合学生学习的特点,并具有普遍性。每堂课都能尝试,并不是每堂课都能发现。另外,提"尝试",通俗易懂,便于操作,先让学生试一试,试过以后教师再作针对性讲解,过程清楚明白,一听就懂。至于如何探究、如何发现,一般人是很难弄清楚的。尝试可争取成功,也允许失败,学生没有太大的负担,更具有宽容性，更具有人文精神。

尝试教学法具有很大的包容性和灵活性，能够同其他教学法结合起来运用，如目标教学法、情境教学法、合作教学法、分层教学法等。尝试教学法也能配合项目教学法，项目教学法一般偏重在教学内容的选择与整合，尝试教学法偏重在一堂课的操作程序，这样就可以在一堂课中以尝试的手段去实现项目的一个教学目标。任何教学方法都不是十全十美的，都是在一定的条件下起作用的，有优越性也有局限性。因而我主张在一堂课中应该是"一法为主，多法配合"，把各种教学方法整合起来，灵活应用。对教师来说，掌握的教学法越多越好，可以发挥各种教学法的长处，为我所用。

职业学校的尝试教学模式，同样遵循"先试后导，先学后教，先练后讲"的原则。一般分为六步：提出尝试问题，学生自学讨论，尝试练习，师生评价尝试结果，教师有针对性地讲解指导，再次尝试练习。这六步仅是基本模式，不是一成不变的，必须根据文化课和专业课的不同特点以及教学需要灵活应用，有各种灵活模式和整合模式。

为了让更多的职业学校参与，开展协作研究，全国学习科学学会尝试学习研究会于2006年、2007年连续两次在绍兴市职教中心举行"全国协作区职业学校尝试创新研讨会"，以绍兴市职教中心的实验研究为典型，大家共同学习研讨。来自浙江、江苏、山东、云南等地50多所职业学校参与，会后在尝试学习研究会属下成立了"职业教育专业委员会"，形成了全国性的研究网络，各职业学校纷纷申报研究课题，开展协作研究。2008年10月又在山东省商贸学校举行"全国协作区第三届职业学校尝试创新研讨会"，吸引更多职业学校参与，收到的论文和教学设计就有几百篇，职业学校尝试创新研究已在全国形成规模。会后商定，2009年10月将在云南省玉溪市举行"全国协作区第四届职业学校尝试创新研讨会"，预计会有更大的发展，把这项实验研究深入开展下去。我在"邱学华尝试教学在线"网站（www.try-qxh.cn）上开设了专门的职业教育研究平台，便于大家学习和互相交流。

职业学校教师学习和应用尝试教学法，急需一本专著。楼建儿校长又挑起重担亲自主编了这本《职业学校尝试教学设计》。本书以绍兴市职教中心的研究成果为主，并选编了山东省商贸学校、临清市工业学校、云南省玉溪市第二职业高级中学、工贸学校以及峨山县彝族自治县职业高级中学等单位的论文和教学设计。文章都出自一线教师之笔，读来亲切可信。本书在编排上独具匠心，分学科、分专业，有研究心得、教学经验、教学设计、课堂实录，特别还有学生评价。本书还配有照片，一方面增加可信度，另一方面可活跃版面，增加可读性。这样丰富多彩的编排形式，在教育理论书籍中是不多见的。

这项研究工作得到有关地区的教育局和教科所的大力支持，特别是绍兴市职教处王彦处长、教育部职业技术教育中心研究所姜大源教授、浙江省教育科学院方展画院长、山东省职业教育科学研究所尚志平所长、云南玉溪市教科所李永云所长、华东师大职教研究所徐国庆博士等的热情帮助，在此借本书出版之机，表示诚挚的谢意。

本书能被列入"尝试教学理论研究"丛书并顺利出版，应感谢教育科学出版社韦禾、周益群编辑。教育科学出版社从1998年开始，历时7年出版"尝试教学理论研究"丛书（一套8本）。为中国人自己创立的教育理论出版一套丛书是没有先例的，这需要魄力和胆量。《尝试教学论》出版时被认为是丛书的最后一本了，现在要再增加《职业学校尝试教学设计》一书，她们表示理解并给予支持。看来，教学理论要在教育实践中不断发展、不断完善，这是一个动态的发展过程，永远不能说"最后一本"。

现在再回头看柳斌先生为"尝试教学理论研究"丛书的题词："深化教改实验，建设有中国特色的教学理论体系。"真是高瞻远瞩，含义深刻，我为此将继续奋斗。

楼建儿主编：《职业学校尝试教学设计》，教育科学出版社2009年版，第1—4页。

聋哑学生欢迎尝试教学法

把尝试教学法引入聋哑学校，缘于一次偶然的机会。

在常州市一次人代会上，遇到聋哑学校的刘校长，我从来没有去过聋哑学校，出于好奇，向刘校长提出去参观聋哑学校的请求，他一口答应。

那一天去常州聋哑学校，我要求听一节数学课。教师采用的教学方法同普通学校的差不多，也是"先讲后练，满堂灌"，教师先讲了例题，普通学校用嘴巴讲，聋哑学校教师用手语讲，教师比划着手语一遍又一遍地教。聋哑学生非常认真地看着教师，目光里饱含着求知的渴望，看来没有弄懂，急得他们"呀呀呀呀"地叫着，他们听不见、说不出，实在太可怜了，我是含着眼泪听完这堂课的。

结束后，我沉思良久，能否为他们做点什么？能否用尝试教学法试一试？我萌发了在聋哑学校引进尝试教学法的想法，我把这个想法告诉了刘校长，得到了他的支持。他选派了姚再卿老师和我一起搞实验。

1.尝试教学法适合聋哑学生的特点

我同姚老师共同分析了聋哑学生的特点，他们生活在无声的世界里，有强烈的求职欲望，集中注意力强，模仿能力也强。聋哑学生上课以目代耳，注意了教师的手语、口型、板书，忽视了思考，加上手语的表达能力有限，稍不注意，看不清手语，就像我们听到的讲话断断续续一样，势必使学生对一些概念、法则理解不清，一知半解，似懂非懂。前面烧了夹生饭，后面的学习就更困难了。

尝试教学法采用"先练后讲"的方式，一上来就让学生练习，有困难他们先自学课本，聋哑学生可以模仿例题，自己尝试做题，有错误教师再用手语作适当指导。在不断纠错中，学生自己找到正确的解法。

聋哑学生自尊心强，他们好奇、好胜、好表现自己。尝试教学法正好利用他们的特点进行教学。出示尝试题目后，学生自学课本后就让他们到黑板上尝试练习，让他们在同伴中表现自己的本领和发现，使他们在学习中享受乐趣。

2. 在聋哑学校中具体操作尝试教学法的特点

尝试教学法的具体操作模式同普通学校大致相同。贯彻"先练后讲，练在当堂"的要求，依照"五步六段模式结构"（五步基本程序配合六段式结构）进行。根据聋哑学生的特点，必须注意如下几个方面：

（1）首先教师要转变教育理念，学生学习要靠自己，聋哑学生和普通学生都是相同的。不能片面强调聋哑学生的特殊性，一遍又一遍地讲。聋哑学生也必须靠自己，克服生理上的缺陷和心理上的惧怕。

（2）用手语比划着"讲"效果差，应该重视依靠课本进行信息传递。特别要重视培养聋哑学生的自学能力，这是极为重要的一步。这不仅仅是为了解决他们眼前的学习任务，更重要的是为他们一生着想。

尝试教学法教会学生遇到问题自己看书，与同伴商量，动脑筋尝试解决问题。当他们走出学校参加工作遇到问题时，也能借助书本、网络，或与同伴协作，寻求解决问题的方法。这种自学、动手、动脑解决问题的能力，聋哑学生比健全学生更加需要。聋哑学生在校九年，学到的知识是有限的，而且容易遗忘，而这种自学能力将会伴随他们终身。这会使他们能够学到取之不尽的知识，使他们能自立于社会，成为残而不废的劳动者。

（3）由于聋哑学生的缺陷造成他们学习上困难大，尝试练习容易出差错，因此可以增加尝试练习的次数，降低尝试练习的坡度，多给他们纠错的机会，使他们通过不断纠错，逐步学会正确的方法。

（4）重视当堂检测。留有充裕的时间让学生当堂检测，使学生当堂就知道哪里有错，当堂就订正，做到"堂堂清""人人清"。开始不要赶进度，宁可少一点，但要好一些。基础打好了，自学能力形成了，后面就好办了。一定要一步一个脚印，走踏实了。如果聋哑学生为了赶进度，都是烧夹生饭，又不会看书，到那时学生尽管看了多少遍手语，也无济于事了。

3. 尝试教学法实验的效果与社会影响

常州市聋哑学校经过十年的实验研究，取得了丰硕的成果。尝试教学法实验研究推动和促进了聋哑学校的教学改革，原以为由于聋哑学校的特殊性，不能像普通学校那样搞改革，其实聋哑学校同样有改革的巨大空间。

实践证明，尝试教学法同样适合聋哑学校，为聋哑学校的发展带来了新的活力。聋哑学生的自学能力提高了，解决问题的能力提高了，教学质量得到了大幅度提高。更重要的是，聋哑学生获得终身学习能力，有利于他们自立于社会，回报社会。

常州市聋哑学校试用尝试教学法的经验已引起特殊教育系统的重视。全国各地的聋哑学校纷纷来常州参观学习，我们已接待了几十批同行。在江苏省特殊教育研究会的支持下，聋哑学校应用尝试教学法的范围像滚雪球一样越滚越大，先在江苏地区，后又发展到邻近的浙江、安徽等省。常州市聋哑学校教师应邀到福建、甘肃、宁夏等地举办的特殊教师资格培训班上讲学。

此后，由于尝试教学法研究与推广的重点逐步移到中学，因而我多少年没有去聋哑学校了。希望这项造福于聋哑学生的教学实验能够被坚持下去。

2016 年 2 月

尝试教学理论大厦的真正建立

——《尝试教学论》后记

《尝试教学论》一书终于脱稿了，如释重负，心里充满着成功的喜悦，这是我 40 多年来进行尝试教学实验研究的最新成果。

1998 年，教育科学出版社决定出版"尝试教学理论研究"丛书。为中国人自己创立的教育理论出版一套丛书，这是没有先例的，他们的魄力和勇气令人敬佩，他们对我充满信心，更激励我排除一切困难，去完成这项使命。

这套丛书，从 1999 年开始陆续出版，便受到教育界的关注。第一本《幼儿尝试教育活动设计》在 1999 年 4 月问世，大受欢迎，几年来连印 6 次，总印数已达 4 万册。《邱学华尝试课堂教学艺术》一书也受到读者欢迎，2002 年获教育理论类书籍的畅销书奖。

本书是丛书中的最后一本，也是最重要的一本，它将构建完整的尝试教学理论体系，概括 20 多年来全国各地实验研究的经验，是尝试教学研究的最新成果。从 2000 年，我就开始思考酝酿，搜集资料。今年 6 月，定下心来闭门写书，前后整整忙了半年。

这本书我大胆采用第一人称来写，因为所写的内容大都是我亲身经历的，如数家珍，这样写亲切可信，不是站在旁观者的角度去论述和说教。中国人应该写中国人自己的东西，尽量采用各地实验教师的优秀案例。我写的东西是给广大教师看的，尽量做到通俗易懂、深入浅出，将深奥的道理用生动的实例和简洁的语言来表达。对全书体例和编排格式也作了大胆尝试，尽量使读者一目了然，印象深刻。本书到底写得怎样，还是让读者来评说吧。

这套"尝试教学理论研究"丛书即将完成了，此时此刻我思绪万千、感慨万分。这套丛书凝聚了千千万万人的心血，它是集体智慧的创造，绝非个人力量能够办到的。编写出版"尝试教学理论研究"丛书，最早是由苏州大学朱永新教授向我建议的，并得到教育科学出版社领导的支持。1999 年初我想请时任国家教育委员会副主任的柳斌先生题词，可是我是一个普通教师，并不认识柳先生，只能抱着试一试的心理给柳先生写信。令我喜出望外的是，很快收到了柳先生寄来的回信和题词，他给予我极大的鼓舞，直到现在我还没有机会当面向他表示感谢。教育理论界的许多教授、学者都亲自写文章和写信给予支持，如刘佛年、顾明远、戴汝潜、钟启泉、朱永新、陈梓北、李伯黍、姜乐仁、张梅玲、查有梁、袁振国、王坦、华国栋、于美方、汪刘生、苏春景等。特别是教育第一线的教研员和老师提供了大量的、生动的实验资料和案例，这是丛书的基础，没有他们，我就无法完成编写丛书的巨大工程。

此时此刻最怀念的是我的导师，华东师大名誉校长刘佛年先生，在我最困难的时候，他站出来支持了我，他还于 1988 年在百忙中抽出时间审阅了我写的《尝试教学法》（福建教育出版社出版）书稿，并亲自题词，这篇题词在教育界产生了很大的影响。可是，没有等到"尝试教学理论研究"丛书全部完成，他已离我们而去。他老人家的支持和鼓励，我将永远铭记在心。为此，我把这篇题词重新刊登在本书前，作为永久的纪念。

中国教育学会会长顾明远先生以及朱永新先生、华国栋先生一直关注和支持尝试教学研究。这次他们一起为本书写序，这在教育理论界是十分难得的事，这是我的幸运。这套丛书的顺利完成同责任编辑鲁民、周益群先生的指导帮助和辛勤劳动是分不开的。

借本书出版的机会，再次向所有支持或参与尝试教学研究的各级教育行政领导、教育理论界专家、出版界朋友以及战斗在教育第一线的教研员和教师表示深深的谢意和敬意。

"人生七十古来稀"，我已经是 70 岁的"老人"了，我将珍惜老天留给我的时间，继续坚持尝试教学研究，不断完善，不断提高，为建立有中国特色的教育理论体系添上一砖一瓦。我更加盼望大家继续给予支持。教育实验也是一种尝试，尝试能成功，我坚信具有中国特色的教育理论体系一定能建立！

选自邱学华:《尝试教学论》，教育科学出版社2005年版，第216—217页。

开启尝试教育理论的研究

——"尝试教育理论研究"丛书总序

尝试，尝试，再尝试。尝试教学研究的步伐，一直向前迈进。从先练后讲的操作方法到尝试教学法，从尝试教学法再到尝试教学理论，现在又要向尝试教育理论发展。

在尝试教学法实验初期，我编著的《尝试教学法》由福建教育出版社出版，该书几次加印，后来又出修订本，共计发行了10多万册，成为当时教育理论类图书中的一朵奇葩。此书在1989年获首届优秀教育理论著作奖。另外配套编写了《新编小学数学备课指导》，一套12本；又编写了《小学数学尝试学习准备与测定》，一套12本。

在尝试教学理论研究阶段，1991年由全国教育科学规划办批准"尝试教学理论研究与实践"，被列入"八五"规划全国教育科学重点研究课题。我组织全国各地的实验学校开展了106个子课题研究，1996年全部结题，通过了全国教育科学规划办公室主持的专家鉴定，研究成果《尝试·成功·发展》由湖北人民出版社出版。其后，相继出版了《尝试教学理论研究》《尝试创新研究》《尝试学习研究》等著作。

1998年，我在尝试教学理论指导下开展了新一轮的实验研究，同时，正式启动"尝试教学理论研究"丛书的编写工作，在教育科学出版社的大力支持下逐步出版，丛书中有理论范畴的，也有实践范畴的。实践范畴又涵盖了小学、中学、幼儿园、职业学校等基础教育领域。最后一本《尝试教学论》在2005年出版。"尝试教学理论研究"丛书一套8本，历经7年时间完成。

这套丛书合计发行了 21 万多册。一套专题性的教育理论著作，能有如此大的发行量，且能让众多教师得益，这在教育理论界可以说也是很少见的。这对我本人而言，也足慰平生。

"尝试教学理论研究"丛书的出版，奠定了尝试教学的理论基础和实践基础，也说明尝试教学法已经逐步走向成熟，按理说可以大功告成。但我们没有止步，在 2006 年举行的全国第十三届尝试教学学术年会上，我又提出从尝试教学理论向尝试教育理论发展的新的研究任务，我的倡议得到了全国各地实验单位的支持，大家纷纷开展新一轮的实验研究，经过 8 年的酝酿与思考、实验与研究，又取得了一大批重要成果。

大家认识到尝试不仅仅是教学方法、教学模式，更重要的是，尝试是一种教育规律、一种精神。对待前进道路上的困难，对待科学上的未知世界，我们都要有一种敢于去试一试的大无畏精神。学生在一次又一次的尝试学习中，坚持"做到做不到，试一试就知道"的理念，逐步养成一种自学的习惯，养成一种攻坚克难的习惯，养成探求未知世界的习惯，逐步摒弃依赖他人的习惯，摒弃了靠天吃饭的习惯，而习惯发展成一种自觉行为，行为转化成一种精神，它就是尝试创新的精神，促使人们能够去大胆尝试、勇于创新的精神。这种精神的力量是不可估量的，学生将会受用一生。

现在教育界对知识与能力的关系、加强基础知识教学与发展思维的关系、学习知识与培育精神的关系，一直争论不休。《走到人生边上》一书中有一句话："运动员受训练，练出了壮健的肌肉和筋骨，同时也练出了吃苦耐劳，坚持不懈的意志与精神。"这句话给了我们很大的启示。我们不但要看到学生学到的知识和形成的能力，更重要的是要看到知识和能力背后所体现出来的精神。

在尝试教育理论指导下，对课堂教学应有新的认识，通过课堂教学既教给学生知识，又教给学生方法，更重要的是能培养精神，促进人的全面发展，这样就拓展了课堂教学的广度和深度。

从尝试教学理论发展到尝试教育理论，就可跳出课堂，把尝试教育思想引入德育、体育、美育，应用到班主任工作、学校管理、课外活动、社会实践活动以及家庭教育等工作和生活中。处处能尝试，事事能尝试，把尝试思想拓展到学校工作的各个领域，目标最终被落实到培养学生的创新精神和实践能力，这是新时期培养人才的要求。

我们采用边实验研究边总结提高的办法，准备在 8 年（2006 ～ 2014 年）实验研究的基础上，正式启动编写"尝试教育理论研究"丛书的工程，一套 18 本，其中包括《基于尝试教育理论小学数学课堂》《基于尝试教育理论中学语文课堂》《基于尝试教育理论中学政治课堂》《基于尝试教育理论德育研究》《基于尝试教育理论班主任工作》等。

这项工程十分艰巨复杂，靠个人的力量是很难完成的。我们采用"总体设计、分工合作"的办法，由一个教育局、一个教科所或一所学校负责编写一本，按照总体设计的指导思想、编写要求和体例，组织优秀实验教师参与并成立专门班子进行审查修改，最后定稿。成熟一本，出版一本，争取用 8 ～ 10 年时间完成。

我已是近 80 岁的人了，有人好心劝我："你年纪大了，该是享受晚年生活的时候了，这项工程任务太艰巨，工作很辛苦，你又何必呢！还能完成吗？"就算这项工程要用 10 年时间，我已到 90 岁，我相信我能活到那一天，能把这件大事做完。

做这件大事并不是我一个人在奋斗，而是有全国各地教育局、教研室、教科所、实验学校的支持，有成千上万优秀教师的参与。依靠大家，定能办成这件大事。我信心百倍，义无反顾，勇往直前。

为了统筹管理及实施这项工程，我们成立了"尝试教育理论研究"丛书编委会，邀请原中国教育学会会长顾明远教授和原国家教育委员会副主任、总督学柳斌先生任顾问。他们不但欣然同意，而且亲自为这套丛书题名或题词。编委会人员中有教育局局长、教科所所长、名校长和名教师，都是尝试教育研究队伍中的中坚力量和热心人。特别是南京素养教育研究中心董事长姜广平先生，他原是一位优秀的高中语文教师，还做过教育类报刊的主编工作，现在成为尝试教育研究的积极支持者和实践者。他担任本套丛书编委会常务副主任，全面协助我做好编辑、出版、发行工作。

现在，呈现在读者面前的这套丛书，每一本书都有主编及编委会，都具有相对的独立性，各有独特的编撰风格与特色。

在此，向所有支持和参与尝试教育研究的单位与人士，表示深深的谢意与敬意！

这套丛书的出版，得到了天津教育出版社的大力支持，在此一并感谢！

俞景福主编:《基于尝试教育理论德育工作》，天津教育出版社 2014 年版，第 1—4 页。

建立具有中国特色的教学法新体系

——邱学华对《湖南教育》记者谈尝试教学法

以"先练后讲"为核心的尝试教学法由著名教学专家邱学华提出以后，在小学数学教育界引起了较大的反响。全国广大教师和教研员纷纷进行教学实验，一些教育界老前辈也撰文评论，给予肯定，使这一教法在一种"良好的生态环境"下得以生存和发展。那么，近年来，尝试教学法实验究竟取得了哪些可喜的成绩呢？记者带着这一问题，在全国"第三届尝试教学法研讨会"召开前夕，采访了邱学华同志。

记者：8 年前，您一反"先讲后练"的注入式教学思想，组织了尝试教学法的实验，8 年后的今天，我国尝试教学法实验的规模如何呢？

邱：据不完全调查，全国有 28 个省、市、自治区的近 20 万个教师、30 万个班级、1000 多万个学生参加了尝试教学法实验。其中，宁夏回族自治区教研室组织全区师生进行了教学实验，这是实验规模最大的一个单位。其他一般是以地区、市、县教研室为单位组织进行的，较典型的有湖南的湘西、江苏的淮阴、广西的玉林。从这个情况看，尝试教学法的规模是巨大的，并且是新中国成立以来任何教育实验的规模所不及的。

记者：尝试教学法有如此巨大的实验规模，它说明了什么问题？

邱：我想它主要说明以下三个问题。第一，在党中央的领导下，在《中共中央关于教育体制改革的决定》的精神指导下，教改的形势是大好的，教改是有成绩的。尝试教学法实验也正是在这种形势下获得蓬勃发展的。它告诉我们，只要坚持党的基本路线的"两个基本点"，坚持了先进教学理论对于实践的指导，教改就有成功的可能。

第二，我们应该看到，尝试教学法实验之所以有如此巨大的规模，是因为广大的教研员、教师积极参加了这场教改实验。他们热爱改革，潜心改革，为尝试教学法实验的推广起了很大的作用。这又说明，教育改革的实践者是教改成功的关键，离开了他们，任何教改实验都将成为空中楼阁。因此，调动教师进行教改的积极性是一项十分重要的工作。

第三，中国在现代教学法实验研究和推广方面，并不比国外差。一些发达的资本主义国家尽管有先进的科学技术辅助进行教改实验，但他们不见得就能取得良好的实验效果。最近，我收到日本琦玉大学教学法研究专家伊藤武教授的来信，他说：想不到在中国，一种新的教学法推广得如此快，几年就能取得这样好的成绩，真叫人羡慕。我在日本国推广教学法，阻力是挺大的呀！这一事例雄辩地说明，在教法的研究上，我们要相信我们自己的能力和水平。只要广大的教育工作者同心协力，我们是能搞出具有中国特色的先进教学法体系的。

记者：尝试教学法在国外也是独具一格的。听说尝试教学法还被写入了日本大阪市立大学伊藤三郎教授主编的《世界有特色的教学方法》一书。那么，尝试教学法为什么能受广大师生的欢迎和国内外教学法专家的注目呢？

邱：这首先因为尝试教学法有着较先进的理论依据。它的理论依据概括来讲，就是这样几句话：符合一个指导思想，促进两个结构有机结合，合理应用三个方法论，充分发挥四个作用。

第一，符合一个指导思想，就是符合现代教学论思想。现代教学论思想的核心就是：在教学过程中，教师不仅要传授知识，而且要培养学生独立获取和运用知识的能力，发展学生的智力。尝试教学法的应用在课堂教学过程中充分体现了以学生为主、以自学为主和以练习为主的精神，从而改变了那种注入式、满堂灌的教学法，使现代教学论思想在具体的教学程序上得到了落实。

第二，促进两个结构的有机结合，就是促进儿童的认知结构和教材的知识结构的有机结合。儿童认知结构的特点可概括为"提出问题—学生尝试—教师指导—学生再尝试—解决问题"。而数学教材的知识结构中有两个突出特点，即教材分步细，呈阶梯式一步步上升，表现出特别强的系统性；数学知识是通过习题形式出现的。尝试教学法让学生在旧知识的基础上，自己去解决新问题，从而使儿童的认知结构和数学教材知识结构有机地结合在一起。

第三，合理应用三个方法论，就是应用信息论、控制论和系统论。尝试教学法就是从整体出发，以这三论为指导来研究各种基本教学法的最佳组合的。

第四，充分发挥四个作用，就是充分发挥教师的指导作用、学生的主体作用、教科书的示范作用和学生之间的相互作用。尝试教学法的"先练后讲"使教师、学生、教科书和学生之间相互作用，并有机地结合在一起，因此，用尝试教学法进行教学，能够提高课堂教学效率。

其次是因为尝试教学法有利于中差生的提高，有利于减轻学生课外作业负担，大面积提高教学质量。例如，江苏金湖县，原来教学质量比较差。1984 年在全县推广应用尝试教学法以后，连续三年迈进三大步。全县及格率由 70.2% 上升到 92.3%，小学升初中的成绩平均由 60 多分上升到 80 多分。又如，湖南省湘西自治州的花垣小学，在应用尝试教学法教学之前，小学升初中的数学平均成绩只有四五十分，落后语文平均成绩二三十分，用尝试教学法教学一年，数学成绩一下子超过语文成绩，变为 80 多分。再如，内蒙古阿拉善盟塔尔岭小学是一所边远山区的村校，采用尝试教学法以后，数学成绩大幅度上升，一跃成为全盟第一。

以上三例不难说明尝试教学法对大面积提高教学质量的作用。

再次是因为尝试教学方法简单，易学易用。尝试教学法按五步进行教学，一环套一环，并不需要特别的教学技巧，也不需要另搞一套教学教材，更不需要很高级的教学设备，易学易用，容易为广大教师所接受。

记者：据我们所知，有些教师，尤其是一些青年教师对正确运用尝试法，还有一定的困难，您认为问题的关键何在？

邱：关键是教师钻研教材不够。因为运用尝试教学法教学的关键，在于教师出好了准备题。准备题出得好，在学生做尝试题时，就能起到以旧引新的作用。否则，就达不到目的。而出好准备题的前提，是教师深入钻研教材，掌握教材的知识结构，根据新旧知识之间的内在联系，设计出承基本训练题之前，启尝试题之后的准备题。因此，对那些运用尝试教学法有困难的老师来说，首先要解决的是"练就钻研和处理教材的基本功"。

记者：为使尝试教学法在实践过程中不断丰富和发展，当前，尝试教学法实验主要应研究哪几个问题？

邱：当前，尝试教学实验主要应围绕以下三个问题开展教学研究活动。

第一，研究怎样建立立体式的尝试教学法体系。从现在开展实验的情况看，尝试教学法的运用，在纵的方面已从小学发展到中学、师范和教师进修学校；在横的方面已由小学数学发展到小学语文和史地，中学也由数学发展到物理、化学。如何根据不同年级和不同学科灵活运用尝试教学法，使整个学校的教学过程形成一个纵横交错的立体式的尝试教学法体系，是我们今后要重点研究的问题。今年在湖南省湘西自治州召开的全国"第三届尝试教学法研讨会"就是以此为主题的。

第二，研究怎样使尝试教学法序列化的问题。小学生由低年级到中年级、高年级，其心理成熟水平、知识水平和自学能力在不断地提高，数学教材根据其难易也可分为初步概念教材、半独立性教材和后继教材三类。教师在运用尝试教学法教学时，如何根据儿童的认识发展序列和教材知识发展序列灵活运用教学法的五步，同时又不离"先练后讲"这一核心思想呢？这也是我们目前要研究的问题之一。

第三，研究怎样使尝试教学法多样化的问题。这个多样化包括两方面的含义。一是根据"先练后讲"的精神，灵活运用尝试法的五步，使教学步骤多样化；二是在一堂课里，除采用尝试教学法外，怎样综合使用其他的教学方法，以达到课堂上"一法为主，多法配合"的目的。

随着教改工作的开展，国内外涌现出了许多新的教学法，如发现法、自学辅导法、尝试法等。我认为这些方法都不可能是十全十美的，它们都必须在一定的条件下才能发挥最大作用。因此，教师要根据实际情况有选择地采用，不要每堂课都采用某种单一的教学方法。事实上，任何一堂课也不可能只用某一种教法。而某种教法如果很好地综合了其他的教学方法，那么这种方法就是比较理想的。尝试教学法就用了讲解法、练习法、阅读法、实验法、演示法等，并且是这些方法有机组合的结果。因此，研究怎样使尝试法多样化的问题是比较重要的。

记者：有人把发现法、尝试法等看成是现代的、先进的，而把练习法、讲解法、演示法等看成是传统的、落后的。您对此有何看法？

邱：这种看法是不妥的。我认为，练习法、讲解法、演示法是基本的、单因素教学法，而发现法、尝试法则是综合的、多因素的教学法。后者是建立在前者基础上的，它们的关系就好比简单应用题与复合应用题的不同组合。多因素教学法实际上也就是单因素教学法的不同组合。明确了这样一种思想，对我们研究尝试教学法多样化问题是有很大的作用的。

《湖南教育》1978 年 10 月　记者　叶仁波

尝试学习纵横谈

——《福建教育》网络会客厅邱学华答读者问

陈晓铃（福建省云霄县下楼小学）、丁春荣（河南省新密市教师进修学校）等问：尝试学习与新课程改革有怎样的关系？

邱：教育部颁布的《基础教育课程改革纲要（试行）》中指出："改变课程实施对于强调接受学习、死记硬背、机械训练的现状，强调学生主动参与、乐于探究、勤于动手，培养学生搜集和处理信息的能力、获取新知识的能力、分析和解决问题的能力以及交流合作的能力。"改变学生的学习方式是这次课程改革的重要内容，新的学习方式应该让学生自主学习、主动参与、自由探究。尝试学习是符合这些特点的理想的学习方式之一，是实施新课程改革的需要。尝试是学习的基本形式，抓住了尝试就抓住了学习的本质。尝试学习是一种学习方式，也是一种学习策略。实施新课程改革，对教师来说，关键在于转变教育观念；对学生来说，关键在于改变学习方式。尝试学习符合新课程改革的要求。

邢文学（山东省淄博市高新区付山小学）、陈丽丽（浙江省洞头县实验小学）等问：尝试学习与新课程倡导的自主探索是一回事吗？

邱：有联系，也有区别。尝试学习是一种自主探索的方式，是以学生尝试为特征的学习理念和学习方式，它强调学生自主学习、主动参与、自由探究，强调尝试在学习活动中的重要作用。尝试是人类学习的基本形式，真正的学习都是带有个人意义的尝试学习。学会学习的着眼点应该是尝试学习，学会尝试才能学会学习，没有尝试的学习，永远不能学会学习。尝试学习是一种自主学习，一种探究学习，也是一种发现学习。尝试学习是由学生用尝试的方式去发现所学的知识，是一种有指导的发现学习。尝试学习更重视教师的指导作用和教科书的示范作用。

自主探索有很多方式，尝试学习是自主探索中的一种方式，尝试学习比较具体，便于操作。

曹秋涛（江苏省无锡市新区硕放实验小学）、赵英（四川省宜宾市江安县西城小学）等问：尝试学习的特征是什么？

邱：尝试学习强调"从尝试入手，从练习开始"，其特征是"先试后导，先练后讲，先学后教"，具体表现为"四前四后"：（1）学生在前，教师在后；（2）尝试在前，指导在后；（3）练习在前，讲解在后；（4）活动在前，结论在后。尝试学习虽强调学生自主学习，但不是放羊式的随意学习，不是学生高兴干什么就干什么。尝试学习仍要发挥教师的指导作用。教师的指导作用主要体现在最大限度地去发挥学生的主体作用。

宋玉玲（辽宁省阜新市海州区中华路小学）、刘光泉（广东省深圳市南山区阳光小学）等问：尝试学习有无一定的模式？

邱：有模式，但没有固定不变的模式。尝试学习强调根据实际情况灵活应用，建立一套操作模式体系，包括基本模式、灵活模式、整合模式，详见《福建教育》2006年第12期《谈尝试教学的操作模式体系》一文。

陈敬文（福建省福州市平潭实验小学）、齐胜利（安徽省黄山市黄山区甘棠小学）等问："先试后导，先练后讲"会不会造成思维定势？会不会导致"浅质"的学习？这种模式化的教学与新课程倡导的多样化学习方式会

不会有矛盾？

邱："先试后导，先练后讲"是一种学生自主学习方式，它不会受课本的束缚，也不会受教师讲解的束缚，不会造成思维定势。新课程倡导的多样化的学习方式，并没有反对采用一定的教学模式，只是不要模式化。我倡导尝试学习，一再强调尝试学习有一定的局限性，不要求堂堂课用，要同其他教学模式结合起来用，这同新课程倡导的多样化学习方式是一致的。

苏清波（福建省晋江市内坑镇甘棠小学）、袁景丽（辽宁省阜新市海州区中部小学）等问：您曾多次提到尝试学习经久不衰的原因是"抓住了学习的本质"，您认为学习的本质是什么？

邱：学习是什么？学习是学习者适应环境的手段，学习者必须不断地改变自己的行为。所以学习应该是学习者为了自身的生存和发展所采用的一种自主的行为，这就是学习的本质。尝试学习强调自主学习、自主探求，所以就抓住了学习的本质。

赵英（四川省宜宾市江安县西城小学）、刘胜峰（福建省厦门市火炬学校）等问：如何把握"先试后导，先练后讲"模式中"试"和"练"的"放"，"导"和"讲"的"收"？

邱：尝试教学不是让学生盲目尝试，而是有指导的尝试，但是"指导"应该有个"度"，指导太多，什么都给学生准备铺垫，学生遇到一点困难就"暗示启发"，这就失去了"尝试"的意义。学生在尝试过程中，教师必须加以指导，但要把握"度"。这个"度"，要根据学生的年龄特点、学科特点以及教材的难易程度来确定。

一般来说，对于低年级学生而言，难度较大的内容采用"扶"的办法，在尝试中多加指导，对于中高年级学生而言，相对容易的内容应该采用

"放"的办法，让学生独立尝试。

汪志华（江苏省滨海县实验小学）、罗燕（重庆市永川青峰小学）等问：所有类型的学习内容（如概念、规则、定律或约定俗成的知识）都适合采用尝试学习法吗？

邱：不一定。一般来说，原始概念课不适宜用，因为学生对原始概念没有一点认识，如何去尝试呢？学习后继概念、后继知识的课比较适宜用。我们提倡"先练后讲"，并不反对"先讲后练"，一切根据教学实际需要来定。例如，刚开始学"面积"概念，学生没有知识基础，让学生尝试有困难，就可以"先讲后练"。学生有了"面积"概念的基础，特别是学过长方形面积计算以后，再学习平行四边形面积计算、三角形面积计算等知识，就比较适宜运用尝试学习法，就可以"先练后讲"。

洪荣珠（福建省沙县凤岗中心小学）、朱翠梅（河南省新密市教师进修学校）问：所有课型（如新授课、练习课、复习课、试卷讲评课）都适合采用尝试学习法吗？

邱：一般来说，尝试学习更适合用于新授课，因为学生学习新知识时才需要去尝试。练习课、复习课都是巩固或整理已经学会的知识，此时的学习不能再称为尝试。当然，学生自己先归纳整理，再由教师串联，使知识系统化，也能体现"先练后讲"的思想。

陈小华（福建省建瓯市龙村中心小学）、阎素琴（山西省阳泉三矿南楼小学）等问：尝试学习法可能导致学生间的差异扩大，该如何兼顾各层次的学生？

邱：开始，很多教师都以为采用尝试学习法，"差生"会越来越差，两极分化会越来越严重。最初实验尝试教学时，我们总以为教师还没有教，让学生先做尝试题，优秀生不会有什么问题，中差生就难适应。可出乎我们的意料，中差生更喜欢尝试学习，学习成绩提高的幅度更大。在一次座谈会上，学生说："以前，我们听老师讲课，摸不着头脑，糊里糊涂，到练习时碰到困难，已经下课了，我们不敢再问老师。现在做尝试题，知道困难在哪里，再听老师讲就清楚了。""以前，老师要我们看课本，我们不知道从哪里看起，现在为了做尝试题，看课本特别认真，容易看懂。""先让我们试一试，再听老师讲，学起来很有劲。"大量教学实验证明，尝试学习能有效转化"差生"、缩小学生间的差异。

学会看书，学会思考，这是后进生最缺乏的东西。而尝试学习一开始就让学生做尝试题，逼着学生看课本或者请教同学，找出困难后再听教师讲解，促使学生主动自学课本，自觉思考，恰好能对症下药，解决中差生的根本问题。

王海云（山东省淄博市高新区付山小学）、李法兵（重庆市渝北寨坪完全小学）等问：学生在尝试学习过程中容易出现错误，产生挫折感，教师应如何应对？

邱：这里必须分清两种性质的尝试，一种是盲目的尝试，另一种是有指导的尝试。二十世纪初，国外有的心理学家曾提出"尝试错误说"，他们认为尝试错误可以在没有模仿的情况下进行，自己去尝试，在犯了许多错误之后，逐步纠正错误，从中学会知识和技能。这种尝试过程，多少带有一点盲目性。尝试教学并不是盲目的尝试，而是有指导的尝试，同盲目尝试有着本质上的区别。我们创造了三个条件，使学生有可能尝试成功。

第一个条件：旧知识的基础作用。一般教材对学生来说不会完全陌生，而是"七分熟，三分生"。这样学生可以用"七分熟"的知识作为基础，去探索"三分生"的知识。

第二个条件：准备题的引导作用。尝试练习的呈现是有层次的，即由准备题过渡到尝试题，准备题是旧知识，尝试题是新知识。由准备题过渡到尝试题，按心理学的观点就是进行知识的迁移。

第三个条件：课本例题的示范作用。尝试前，学生要先自学课本，通过类比推理去解决尝试题。

教学实践证明，学生自学课本后，做尝试题，正确率一般都在80%以上。另外20%左右的错误不要紧，因为接着就是学生讨论、教师讲解，学生能够很快发现错误，纠正错误，再加上后面还有几个层次的练习，一般是能当堂解决问题的。

余振兴（湖北省黄冈市实验小学）、李步良（江苏省翔宇教育集团宝应县实验小学）等问：尝试学习往往比听讲解费时多，如何才能解决尝试学习耗时多与课堂时间有限的矛盾？

邱：应该辩证地看待教学时间问题。尝试学习过程，主要是引导学生自学课本，找解决问题的线索。开始时学生缺乏自学能力，可能费时，一旦学生具备了较强的自学能力，就不需要花费太多时间，反而比听教师讲花时间少。另外，不能单从教学时间上看问题，还必须从教学效果上分析。尝试学习可能比听讲费时多，但学生自主探求后获得的知识，学得好，学得牢，以后复习巩固不需要花费太多的时间。而听教师讲，好像省力、方便，但往往要吃"回头草"，要花很多时间去复习巩固，做补救工作。

有些教师认为，教师还没有讲解，学生就做尝试题，题目做错了还要订正，何必兜圈子、浪费时间呢？对这个问题，让我们用一个生活中常见的例子来分析。比如，去一个陌生的地方有三种走法：第一种，不动脑筋跟着别人走，当时虽然一切很顺利、很省事，可是离开别人后，自己再走，有的还是不认识路；第二种，自己找路，不会走就问，费时较多，还可能要走弯路，但走了一遍后不会忘记；第三种，先学会看城市地图，然后按地图的位置和路线找到目的地。第三种方法，费时最多，但学会了按图找路的方法后，不管到什么地方都能迅速找到路。去同一个地点，还可能找到几条不同的路线。尝试教学好比是第三种方法，不仅使学生学会知识，更重要的是，使学生在掌握知识的过程中提高了自学能力，掌握了思考方法，学会举一反三、触类旁通。

邱晓军（浙江省嵊州市逸夫小学）、王洪顺（山东省胶州市第二实验小学）等问：您认为，采用尝试学习法学生最大的收获是什么？

邱：尝试学习过程同学生今后踏上社会参加工作的自学过程是一致的，因此，尝试学习法符合终身教育的要求，学生一旦掌握了尝试学习法的真谛即能终身受益。尝试学习能够培养一个人的尝试精神、探索精神和创新精神，这种精神财富是最重要的。

霍君兰（山东省济南市洪家楼第三小学）、黄红成（江苏省江都市邵伯镇南渡小学）问：教师如何才能更好地指导学生进行尝试学习？

邱：指导学生进行尝试学习时，必须注意以下几个主要问题：

尝试问题的难易要适度。问题太容易，无法促使学生思考；太难，会使学生失去尝试的信心。尝试问题要留给学生创新的空间，要引导学生创新。出示尝试问题后，不要急于让学生回答，而应先让学生思考。

教师要诱发学生的尝试欲望，如用激励语言："这个问题老师还没有讲，谁敢试一试？""这个问题有难度，谁能尝试？""请仔细分析其中的规律，你能不能有所发现？""你能不能提出与别人不同的见解？""你能不能想出与别人不同的解法？"

重视尝试过程。尝试过程是学生探求知识和发展能力的过程，是逐渐由"试一试"逼近创新的境界。教师要引导学生，尝试前，仔细观察，认真思考，弄清尝试问题；尝试中，运用各种策略探寻解题思路；尝试后，反思问题是怎么解决的、怎样想到的。这样，学生在获得知识的同时能领悟思维方法，提高认知水平。

充分发挥教师的指导作用。尝试前，教师认真设计准备题，为学生解决尝试题作好铺垫；尝试中，教师了解尝试情况，进行指导，引导学生归纳小结，并根据学生第一次尝试的情况安排第二次尝试练习。

重视尝试过程中的合作。学生讨论是尝试合作的重要形式，教师要多创造机会让学生充分发表意见，要鼓励学生在争论中合作。

活用尝试模式。教师应根据学生情况、学习内容等灵活应用尝试学习模式。

评价尝试结果。评价应指向尝试中创新的方向，应对学生的新解法、新方法、新思路加以鼓励，对学生的标新立异、异想天开加以保护。

《福建教育》编辑部，利用网络平台，使作者同读者"见面"研讨，后把文字刊载于《福建教育》（2007 年 5 月）。

怎样科学地应用尝试教学法

—— 《中国教育报》网络平台邱学华答读者问

刘晓慧：尝试教学法的核心内容是什么？除了数学，这种教学法能被应用到语文、英语等学科吗？

邱：尝试教学法的核心内容是：教师不要把现存的结论告诉学生，而是让学生先试试看，在旧知识的基础上，学生通过自学课本、小组合作讨论，自己初步去解决问题。然后，教师根据学生在尝试中遇到的困难以及教学重点有针对性地讲解。它的特点是：先试后导，先练后讲，先学后教。用一句通俗的话来说："请不要告诉我，让我先试一试"。

既然数学学科能尝试，语文、外语等学科当然能尝试，小学生能尝试，中学生更能尝试。

其实，语文学科可以用尝试教学法，不是我发明的，二十世纪三十年代叶圣陶先生就提倡了。他明确地指出，培养学生阅读能力和良好的学习习惯的最好的办法是："惟有让他们自己去尝试""无论成功与否，尝试都比不尝试有益得多；其故就在运用了一番心力，那一番心力是一辈子要运用的，除非不要读书"。

1982 年我的第一篇文章《尝试教学法的实践和理论》发表后，当时小学语文教育专家华东师大李伯棠教授公开撰文支持，并提出尝试教学法可以被用到语文教学中。1984 年时任浙江省绍兴县教研室语文教研员的周一贯先生率先在小学语文教学中推广尝试教学法，尔后编写出《小学语文尝试教学设计》一书，由教育科学出版社出版。

温风更：在一定范围内推行一种教学模式科学吗？怎样根据具体情况体现教师的教学个性，收到最好的教学效果呢？

邱：你这个问题提得很好。大家对"教学有法，但无定法"认识有误。有些人依此认为不一定要有教学模式，更不能在一定范围内推广一种教学模式。

"教学有法，但无定法"这句话首先肯定"教学有法"，教学工作是有规律可循的，反映这种教育规律必定有一种经过教学实践检验的、相对稳定的教学模式。"但无定法"说的是，对一定的教学模式不要生搬硬套、机械搬用。

启发式教学、尝试教学、发现教学、探究教学、情境教学等都是教学模式，在一定范围中推广，被更多教师掌握运用，并没有坏处，问题在于教师必须掌握这种模式的精神实质，加以灵活应用，不要生搬硬套。

拿尝试教学模式来说，经过 30 多年在全国范围的推广应用，证明有利于提高学生素质，有利于转变教师的教育观念，有利于大面积提高教学质量，有利于促进课改的发展。

经过广大教师的实践，尝试教学现在已经建立了比较科学的尝试教学模式体系：基本模式、灵活模式、整合模式。尝试教学的特征是"先练后讲，先学后教"，但是怎样安排先练，怎样把握后讲，可以各显神通，彰显自己的教学风格和特色。当然"先练后讲，先学后教"也不是每堂课都能用，比如学原始概念的课，学生没有一点基础，学生先尝试有困难，那就"先讲后练，先教后学"，任何一种教学法都是在一定的条件下起作用，不是万能良药，包治百病，要把多种教学方法整合起来运用，这才是科学的态度。

王晶晶：我非常佩服您建立了尝试教学理论体系。学校对老师都有教育科研的要求，可我们教育教学任务繁重，应该如何做好教育科研工作呢？

邱：一线教师进行教育科研的目的主要是为了解决教育中的实际问题，

因此选题很重要，最好同解决教育中的实际问题结合起来，题目要小，用教育调查和教育实验的手段，集中解决好一个问题。比如，数学作业的批改问题，大家很苦恼，每天要花很多时间和精力，可收效并不大。我们可以进行"两种数学作业批改方法的对比实验研究"。一般数学教师教两个班，一个班用老方法，学生课堂做作业，教师课后批作业，隔天再把作业本发还给学生，要求学生订正。一个班用新方法，用我提出"四个当堂"的办法，做到"当堂完成、当堂校对、当堂订正、当堂解决"。作业必须在当堂做完，然后让学生互相批改，学生发现错误当堂就订正，有困难的同学，小组内互相帮助，做到这堂课的问题这堂课就清了，所谓"堂堂清"。当然，学生的作业本还要交给教师批改。

将这两种批改作业的方法进行对比，每天做好记录，一个月或一学期就可结题，通过对学生的学习成绩，学习能力，对数学的学习态度等方面进行测定比较，最后得出结论，哪种批改方法更适合学生。

这种"短平快"的教育科研，既解决了教育中的实际问题，对教师来说也并不困难。对这样的教育实验报告，教育杂志编辑也是很欢迎的。

一心一意：我现在教二年级的数学，不好意思地问您一个问题：课堂上孩子总是说话，做小动作，我要不停地维持课堂纪律，效率很低，怎么办？

邱：这是新教师都会遇到的问题。低年级孩子爱动，专注的时间不会超过15分钟。这是由儿童心理特性决定的，俗称是孩子的"天性"。如果教师要让学生苦坐40分钟，孩子当然坐不住了。因此，对好动的孩子，不要动辄训斥，小孩子是越骂越糟糕。孩子好动、爱讲话是天性，他不是故意冒犯你，你千万不能发火。根据儿童的心理特点，你上课要运用多种学习方式，一会儿看书，一会儿讨论，一会儿听讲，一会儿动手操作，要变换学生坐姿。课中间，学生感到累了，可以站起来做"课中操"，随着音乐做韵律动作，也可边唱边跳。有的教师有更巧妙的办法，结合教学内容做游戏、搞比赛。在丰富多彩的课堂上，孩子兴趣盎然，乐此不疲。

所以，老是在课堂上叫骂孩子是教师无能的表现，高水平的教师能用生动有趣的学习活动让孩子高高兴兴、乖乖地上好课，这就是教学艺术。

文文：邱老师，如何让学生喜欢我呢？

邱： 这个问题提得很实在，但涉及面很广，我写了一本书叫《儿童学习数学的奥秘》，重点就谈这个问题。我提 10 条建议，供你参考。

（1）带着笑脸进教室，每天铁板着脸，怎能叫学生喜欢你呢？

（2）遇到调皮的学生，千万不要发火，他还是个孩子，你没必要跟他较真。

（3）千方百计地去表扬学生，发现每个学生身上的闪光点。

（4）不要当着全班学生指名道姓地训斥学生，忍耐一点，课后找他个别谈谈。

（5）说话幽默一点，讲个笑话，课堂里不时传出笑声，说明你成功了。

（6）上课不要满堂灌，学生会讨厌，要让学生主动参与，孩子爱动，好胜心强，你就让学生多开口，多练习，让孩子上台当小老师，陶行知先生在二十世纪三十年代就提倡小先生制了。

（7）作业在课堂上做完，尽量做到没有家庭作业或少布置家庭作业，学生高兴，你也轻松，皆大欢喜。

（8）要讲民主，以理服人，尊重学生，平等对待每个学生。

（9）不要在家长面前说学生坏话。

（10）学会同学生交朋友，一起学习，一起活动，不要以教育者自居。

教育是科学，又是艺术，大家认真领悟其中的奥妙吧！

明亚：邱老师，您好！我是个无助的家长，孩子上初一，他现在一见数学就烦，我很苦恼，请问有什么方法能让孩子喜欢数学呢？

邱： 无助的家长，我很同情你，我给你三条建议：

一是千万不要再给孩子加作业和送孩子进奥数班。孩子对数学已经没有兴趣，回家还要加作业，休息日还要进奥数班，这不是雪上加霜吗？

二是回家不要问孩子数学考几分，学得怎么样，不要去揭孩子的伤疤。多采用鼓励的办法，树立孩子学习的信心。

三是多同教师沟通，孩子学好数学的事主要靠教师，家长是不能代替的，但此事不要让孩子知道。

家长表面上的不闻不问，要比天天骂孩子好得多。孩子的转变不是一朝一夕的事，要宽容，要等待。

《中国教育报》网络平台 2015 年 3 月

尝试教学与新课改的理念是一致的

——邱学华答《中国教育报》记者问

就尝试教学理论的有关问题，记者日前采访了尝试教学的创立者邱学华先生。

记者：运用尝试教学法进行教学，如何能够解决学生的个体差异问题？

邱：班级中学生的个别差异是客观存在的。应用尝试教学法，很多人会有这样的疑虑：教师还没有教，让学生先尝试练习，对优秀学生不会有什么问题，中等生和学困生就难适应了。教学实践的结果出乎我们的意料，中等生和学困生更喜欢尝试教学法，他们的学习成绩提高的幅度更大。在一次座谈会上，他们道出了其中的奥秘："先做尝试题，知道困难在哪里，然后再听教师讲就清楚了。""以前老师要我们看课本，我们不知道从哪里看起，现在为了做尝试题，看课本特别认真，容易看懂。"学会看书、学会思考，这是中等生和学困生最缺乏的东西。而尝试教学法一开始就让学生做尝试题，"逼"着学生看课本或请教同学，找出困难再听讲解，促使学生主动自学课本、自觉思考，恰好能对症下药，解决中等生和学困生的根本问题。江苏省泰兴市洋思中学的课堂教学模式核心就是"先学后教、当堂训练"，充分体现了尝试教育思想，这就是最好的例证。

记者：学生自主尝试学习费时较多，如何保证在规定课时间内保质保量

地完成教学任务?

邱：刚开始应用尝试教学法，由于学生自学能力差，对新的教学方法还没有适应，可能要多花一点时间，这是应用一种新教学法难免要经历的一个阶段。但是，一旦学生具备了较强的自学能力，就不需要花费太多时间，反而比听讲耗时少。另外，不能单从教学时间上看问题，还必须从教学效果上分析。尝试学习可能比听讲费时，但学生自主尝试获得的知识，学得好，学得牢，以后复习巩固就不需要花费太多的时间。而光听教师讲，好像省力、方便，但往往要吃"回头草"，要花很多时间复习巩固，进行补救。小学高年级和中学由于一堂课的内容较多，解答的尝试问题比较复杂，费时也较多，如果把尝试全过程全部放在课堂上，时间太紧，势必占用课堂作业的时间。我们采用超前尝试教学法，即今天这堂课结束前布置明天的尝试问题，让学生尝试预习，学生按照尝试问题去自学课本、合作交流，也可多方搜集资料。下堂课开始，就从学生讨论做起，各组展示预习成果，师生共同评议，最后进行达标预测。这种做法与山东杜郎口中学的"三三六"自主学习模式相似，他们的课堂教学有"预习、展示、反馈"三大模块，由于学生有充分的时间预习尝试，在课堂上展示时，学生争先恐后，展示才能，对传统的课堂教学有根本性的突破。

记者：尝试学习与新课程改革倡导的自主探究有什么区别与联系？

邱：有区别也有联系。尝试学习是一种自主探索的方式，它是以学生尝试为特征的学习理念和学习方式，强调学生自主学习、自由探索，强调尝试在学习活动中的重要作用。"发现学习""探究学习""研究性学习"都属于自主探索，但我认为，尝试更适合中小学生的特点。"发现"和"探究"一般属于科学范畴，"尝试"一般属于学习范畴。让学生先试一试仅是解决教科书中的某一个内容，有难度，但不是高难度，学生"跳一跳"可以做得到，更何况学生尝试以后，教师根据学生的练习情况可以有针对性地讲解，在尝试过程中还可以充分发挥课本的示范作用、旧知识的迁移作用、同学之间的互补作用和教学手段的互补作用，为学生的尝试成功提供有利条件。另外，"尝试"二字通俗易懂，便于操作。尝试课争取成功，也允许失败，学生没有太大的负担。

记者：尝试教学研究作为一项长达 20 多年的教改实验，积累了宝贵的经验，它对新课程改革有何借鉴之处？

邱：从新世纪开始的新课程改革作为一场教育上的大变革，取得的成绩是巨大的，有不同的看法也是正常的，不值得大惊小怪。现在的问题是，应该虚心听取各方面的意见，认真总结经验教训，修订好各门学科的课程标准，使新课改进一步得到健康发展。我根据尝试教学实验重点谈一个问题："中国的新课改实验必须立足本国，走自己的路。"我国地广人多，各地的经济发展不平衡，不能搞"一刀切"，不要一切都重砌炉灶，一哄而起。中国的中小学生有两三亿，举足轻重，稍有疏忽，损失是不可估量的。在中国有80% 左右的中小学校在农村、山区以及边远地区，目前农村和山区经济尚不发达，教学设备不完善，教师的教学水平也不高，广大教师急需观点鲜明、操作程序具体、语言表达清楚、切合中国实际的教育理念和教学模式。我们应该根据中国的国情走自己的路。

记者：在新课程背景下，尝试教学法如何为新课改服务？您对尝试教学研究还有什么打算？

邱：由于尝试教学理论同新课改的基本理念是一致的，因此许多尝试教学的实验学校都成为了新课改中的骨干力量。经过了 20 多年的教学实践，尝试教学理论已经形成了一套完整的尝试教学模式体系，更便于教师应用，也为新课改提供了一种行之有效的操作模式，以推动新课改的发展。虽说尝试教学实验研究已经经历了 27 年，但还必须不断完善，不断提高。从理论层面上还应深入研究尝试教学的效果为什么特别好，从脑科学、哲学、心理学等方面探索，看能否建立一门"尝试学"。从实践层面上，还应研究"大尝试"，把尝试思想应用到学校管理、班主任工作、团队工作、政治思想工作、体育、美育等各个领域，看能否建立一门"尝试教育学"。同时在局部地区还必须做有关尝试教学的大量推广工作。今年我已经72岁了，靠我个人的力量是无法完成的，我希望有更多的有识之士共同研究，为建立具有中国特色的教学理论而共同努力。

《中国教育报》2007 年 7 月　记者　张　滢

行走在尝试路上的开拓者

——邱学华答《中国教师报》记者问

在教育界，一提起邱学华，就将他同他创立的"尝试教学法""尝试教学理论"联系起来。他带有传奇色彩的尝试人生也在教育界广为传颂。16 岁开始当农村代课教师，后当过大学教师、中学教师、师范学校校长、教科所教研员，"尝试"路上一路走来，历经艰难坎坷、风风雨雨，敢于开拓创新，终于创立了具有中国特色的尝试教学理论。

今年是邱学华从教 60 周年，我们专程到江苏常州进行采访。邱学华已近 76 岁，看上去最多也就 60 岁，精神矍铄、思维敏捷、声音洪亮。

我们就从邱学华最近获得江苏省教育厅颁发的"中小学荣誉教授"证书谈起。

中国教师报：你从教 60 周年来感悟最深的是什么？

邱：我的成长离不开祖国和人民的培养，方方面面朋友的支持。这绝不是"大话""套话"，这是发自肺腑的真心话。我 16 岁当农村小学代课教师，现在看来那时还是一个不懂事的孩子，是国家和人民培养了我；我在大学读书，非但不要一分钱，还每月领工资津贴，是人民养育了我；在尝试教学实验遇到挫折时，是党和人民支持了我。我现在我已是古稀之年，还评上"中小学荣誉教授"……真是千言万语也说不完。

人民养育了我，为人民努力工作是我应尽的责任。做人要有良心，古人都知道"滴水之恩，涌泉相报"，我们就不能为国家、为人民多做一点工作？国家有了翻天覆地的变化，一个国家在发展中肯定会遇到困难，会有不尽如人意的地方，我们就不应该埋怨、责备，而是应该想到我能为国家和人民多做点什么。

我热爱教育事业，我喜欢孩子。看到孩子的笑脸，我就有无穷无尽的乐趣，再苦再累也心甘情愿。中国的中小学生有两亿多，我的工作能为两亿多学生服务，该有多重大的意义！这是我努力工作的最大动力。

干一行要爱一行，热爱自己的事业，甘心为此献身，才能有所成就。一个人连自己的事业都不热爱，当然不会成功。我60年执着追求，艰苦奋斗，如果不用热爱来解释是无法理解的。

中国教师报：你怎么会想起搞"尝试教学法"的？

邱：说来话长，我在农村当小学教师时已经感到困惑：为什么教师辛辛苦苦却得不到好的效果？我是带着问题进了华东师大教育系读书的，我读了大量的中外教育专著，古今中外教育家的教育思想虽各有特点，但有一点是相同的："要相信学生，让学生自己学习"。

毕业后，我留校当助教，在教育系教《小学算术教学法》。我一边在大学教书，一边到师大附小搞教学实验，经过研究，我发现毛病出在"先讲后练"的教学模式上。教师讲，学生听，教师问，学生答，学生始终是被动的，这是教师辛辛苦苦学生却取得不到好成绩的根本原因。当时我有一个大胆的想法：既然毛病出在"先讲后练"上，能不能反其道而行之，把"先讲后练"倒过来，改成"先练后讲"？先让学生练习，教师根据学生练习的情况再有针对性地讲解，这就是"尝试教学法"的雏形。但由于当时政治运动不断，无法搞系统的教学实验。

"文革"后，教学改革的春天到了，在改革开放的形势鼓舞下，1980年我在常州市劳动中路小学一个四年级班正式开始系统的教学实验。两年后，实验结果令人振奋，实验班学生的自学能力和学习成绩大幅度提高了。在一次"三步应用题"测试中，学生自学课本后立即做尝试题的正确率达

88.2%，而普通班只有 54%。 期末考试成绩实验班平均分有 96.5 分，而普通班只有 80.6 分。其他学校的实验班也取得同样的教学效果。实验证明：学生能在尝试中学习。原来大胆的想法已成为现实。

根据实验结果写成的论文《尝试教学法的实践和理论》，在《福建教育》（1982 年 11 月）发表。意想不到的是，这篇文章发表后，在国内引起强烈的反响，"学生能在尝试中学习"的新观点震动了大家。各地教育杂志相继转载，各地教师纷纷开展实验。

中国教师报："尝试教学法"是怎样升华为"尝试教学理论"的？

邱：我开始时只在小学数学学科中实验，仅将之作为小学数学"尝试教学法"。后来在语文、常识等学科实验中都取得成功，这样就把小学数学"尝试教学法"扩展成各科通用的"尝试教学法"。再后来应用范围又从小学发展到中学、大学，又从普教发展到幼教、特教、职教。大量的教学实践充分证明学生能在尝试中学习是带有普遍意义的。从二十世纪九十年代开始，我有了新的思考："为什么'尝试教学法'在中小学各科都呈现积极的效果反应，是受一种教学理论的制约吗？"因此，我萌发出把"尝试教学法"升华到"尝试教学理论"的设想，提出"尝试教学法研究与实践"的研究课题。这个课题经全国教育科学规划领导小组审核批准，列入"八五"规划全国教育科学重点研究课题。一项雄心勃勃的研究计划开始了。

构建教育理论是一项复杂的系统工程，个人的力量是有限的，必须联合各方面的力量。因此我在全国各地联合了 106 个单位（包括学校、教研室），形成 106 个子课题。经过近五年的实验研究，我终于写成"尝试教学理论研究与实践"的研究报告，106 个子课题也相继写出实验报告和研究论文，汇编成近 60 万字的论文集《尝试·成功·发展》，由湖北人民出版社出版。

1996 年 10 月，在湖北省十堰市举行了"全国第八届'尝试教学法'研讨会"，同时举行国家重点研究课题"尝试教学理论研究与实践"的专家鉴定会。专家给予充分肯定和很高的评价。这标志着尝试教学理论正式诞生。尔后我继续进行滚动研究，用两年时间写成《尝试教学论》，并先后用了六年时间出版了一套 8 本的"尝试教学理论研究"丛书（由教育科学出版社出版），至此，尝试教学理论有了扎实的实践和理论的基础。

中国教师报：尝试教学理论的实质和特征是什么？

邱：在尝试教学理论指导下的"尝试教学法"，指导思想明确，并具有操作性。

"尝试教学法"的实质是学生在尝试中学习，在尝试中成功，在尝试中创新。它改变了传统的"先讲后练"的教学模式，不是先由教师讲解，把什么都讲清楚了，学生再做练习。而是先由教师提出问题，学生在旧知识的基础上自学课本和互相讨论，依靠自己的努力，通过尝试练习去初步解决问题，最后教师根据学生尝试练习中的难点和教材中的重点，有针对性地进行讲解。这就是"先练后讲""先学后教"的教学模式。

这种"先练后讲"的尝试教学模式，真正把学生推到主体地位，让学习成为学生自身的需要。由于教师提出尝试问题后不直接讲解，学生只能从课本中找到解题线索，因而自学课本成为学生的需要。如果自学课本后尚弄不清楚，需要请教别人，这时合作交流又成为学生主动的行为。学生依靠自己的努力，初步解决问题，但还不知道做得对不对，这里听教师的讲解才真正成为学生的需要，教师的讲解才能讲到刀口上，讲在点子上。

一个人先是遇到问题，再看书找资料，或向别人求教，然后自己去解决。这是学习的本来面目，也是终身学习的方法。"先练后讲"的尝试学习方法，就是还学习的本来面目，教人以终身学习的方法。因为只有当一个人已有的知识无法解决当前的问题的时候，真正的学习才会发生。

尝试教学的特征就是两句话——"先练后讲，练在当堂"。有人说，"尝试教学法"这么简单，没有理论。孰不知真理是简单的，简单应该是教育的真谛，最简单的往往是最完美的。

中国教师报：是什么力量支持你坚持进行尝试教学研究长达 50 年？

邱：中国的教育理论界一向崇洋，看不起自己的东西。翻开教学论著作，全是外国的教育理论。

纵观中国近代教育理论的发展，先是学日本，后来学美国，新中国成立以后"全盘苏化"学苏联，现在又全面开放，欧美各种各样的教育理论、教育思潮涌进中国。我在华东师大教育系读书时，读过许多种版本的《中国教育史》和《外国教育史》，为我国古代光辉灿烂的教育文明史深感自豪，也为近代教育照搬照抄外国的而羞愧。直到现在，有些人只相信外国人，开口布鲁纳，闭口赞柯夫，总看不起自己，不敢相信自己的东西。我国是有十几亿人口的社会主义大国，有几千年的文明史，还有两千多年的优良教育传统和经验，难道就不能在教育理论研究上走一条创新之路，构建具有中国特色的教学理论？我是憋着这股气而发奋工作的。

中国教师报：你从"尝试教学法"到"尝试教学理论"，整整搞了50年，从中有什么体会能和大家共享？

邱：我用了长达半个世纪的时间进行尝试教学实验研究，这是我一生中最重要的事，是我尝试人生的主要部分。我的体会有如下几点。

一是教育实验必须讲科学，不能空穴来风、急功近利。提出一种教学法和教学实验，必须以大量的教育实验为基础，来不得半点虚假。我从小学数学尝试教学法→尝试教学法→尝试教学理论→尝试学习理论→尝试教育理论，一步一个脚印地走过来，有厚实的教育实验作为基础。经过酝酿阶段、初试阶段、发展阶段、提高阶段、创新阶段，整整走了50年。在教育科学面前不要心血来潮，信口开河。

二是教育实验周期长，要耐得住寂寞，准备打持久战。教育实验必须经得起时间考验，经得住大面积应用的考验。没有一定量的时间和空间，结论是不可靠的。为了把尝试教学思想应用到幼儿教育，我沉到幼儿园搞了八年；为了把尝试教学思想推广到职业教育，我沉到职业学校搞了六年。

三是教育实验的对象是青少年，必须谨慎细致，逐步推进。物理、化学的实验对象是物质，失败了可以再做，而教育实验的对象是青少年，如果失败了，给青少年带来的心灵上的损害是无法挽回的，因此必须力争成功。实验前必须反复论证，制订研究计划；实验工作必须采取渐进的方式，从酝酿、实施到总结、提高，由点到面。由几个实验点到小范围试用，再到大面积推广。

四是教育实验会遇到种种困难，必须经受磨炼。教育实验中要处理方方面面的关系，特别是人际关系，非常复杂。传统教育的习惯势力比较顽固，不是轻易可以改变的。这一切都决定了教育实验的复杂性、艰巨性和不可预测性。实验中往往会遇到教育局长换了或校长换了，这往往会造成一个地区或一个学校的实验中断了。缺少实验经费也是一个难题，说来别人不会相信，搞了 50 年时间，搞成这样大的全国规模的尝试教学实验，我还从来没有拿到上级拨的一分钱的研究经费。出路就在于学会依靠大家，多为大家做事。

中国教师报：为什么很多学者评论尝试教学理论是继承和发展了中华教育思想？

邱：尝试教学理论吸取了不断发展中的中华教育思想的营养，继承和发展了中华教育的优良传统，是具有中国特色的教育理论。在中国这块沃土上产生了尝试教学理论，是历史的必然。

尝试教学思想自古有之。远在 3000 多年前殷周时代的《易经》，在其第四卦"蒙"卦中就有："匪我求童蒙，童蒙求我"，意为师长不应在孩子主动求教之前提出教孩子学习，而应该等待孩子来求教。这表明中华远古教育文明从一开始就从原始的生命直觉上提出"蒙童求我"的教育思想，这在人类教育史上是非常了不起的。这种"蒙童求我"的教育思想，为历代中国教育家所重视，并被继承发扬光大。

孔子的"不愤不启，不悱不发"，启发教学思想已经闪烁着尝试教学思想的光辉。孟子更明确说出："我虽不敏，请尝试之。"我国最早的教学论著作《学记》中的名言："学然后知不足，教然后知困。知不足，然后能自反也；知困，然后能自强也"，已经显露出"先练后讲，先学后教"的特征了。

宋代的朱熹主张，学生的最佳学习过程是自己读书，自己思考，反对别人把学习内容领会了向学生灌输。

现代教育家陶行知、胡适、叶圣陶等都主张让学生自己去尝试学习。叶圣陶认为最好的学习方法是"惟有让他们自己去尝试"，并说："无论成功与否，尝试都比不尝试有益得多；其故就在运用了一番心力，那一番心力是一辈子要运用的，除非不要读书。"

中国从古到今的教育家的教育思想中都闪耀出尝试教学思想。所以说，尝试教学理论并不是我的发明，我只是吸取了中华教育思想中的精华，并在大量的教育实验中不断提炼、不断完善和不断升华。

《中国教师报》2010 年 5 月 31 日　记者　高　翔

"尝试教育遍中国"的深层思考

本书以"我的教育梦"作为开篇，介绍了尝试教学法产生与发展的历程。把本文作为尾篇，分析研究与推广尝试教学法为什么能历经 30 多年而不衰，为什么能遍及中国并走向世界，这里的深层次原因是什么。本文提出的六方面原因，希望能引发读者的思考。

在中国，许多的教改实验大都是大起大落，难以深入持久地开展。而尝试教学法历经 30 多年，规模越来越大，范围越来越广。我一直在思考教改实验背后的原因，眼下我已 81 岁，趁还健在的时候，把自己的反思和感悟写出来，或许对构建具有中国特色的教育理论，对教学改革的发展有所参考。现从以下六个方面分析。

1. 以"改革开放的正确路线，稳定的政治局面"为保证

"文化大革命"前，由于受各种政治活动的影响，政策口号经常变，大纲教材不稳定，教育实验很难进行，大都半途夭折，大家对此都有切肤之痛。教育实验周期长，没有相对安定的政治局面，是无法坚持下去的。特别是由于受极"左"思潮的影响，教育实验工作者搞实验研究都是胆战心惊，担心哪一天会受到批判，被人一棍子打死。

"文化大革命"后，特别是改革开放以来，由于有稳定的政治局面，经济飞速增长，教育事业稳定发展。改革开放的政策促进了教学改革，大纲教材相对稳定，并逐步得到有计划、有步骤的更新。大兴教育实验之风，各种教改实验得到重视和支持，这样才使得尝试教学实验研究坚持了 30 多年，

才能做到经久不衰。事实证明，改革开放的正确路线和稳定的政治局面，是尝试教学研究发展的保证。

实验初期，尝试教学法受到小学数学教育界个别权威人士的压制，许多地区的实验纷纷下马，一些教育杂志也不敢发表尝试教学实验文章，我当时只是师范学校的普通教师，面对如此强大的压力，处境艰难，困难重重。正是由于改革开放的正确路线，"实践是检验真理的唯一标准"已深入人心，大家没有理会这位权威的话。江苏省教育厅和常州市教育局力排众议，任命我为常州师范学校副校长（主持学校工作），用事实证明邱学华没有犯错误，《中国教育报》派记者到常州经过实地调查，在头版向全国报道了尝试教学法实验，教育理论界的专家学者和各地教育局教研室纷纷撰文从理论和实践两方面支持尝试教学法，从而使尝试教学研究走出困境，并得到健康发展。

改革开放以来，新教学法不断产生，各种教改典型不断涌现，新课标新教材相继出现，丰富的教育实践又推动教育理论的发展，教育理论界呈现出一派繁荣景象。因此，我们应该珍惜来之不易的安定团结的政治局面，国家需要稳定，教学改革的深入和教育科学的发展也需要稳定。

2. 以"热爱教育事业，树立远大理想"为动力

我热爱教育事业，喜欢孩子，看到孩子的笑脸，我就有无穷无尽的乐趣，再苦再累也心甘情愿。中国的中小学生有两亿多，我的工作能为两亿多学生服务，该有多么重大的意义！这是我努力工作、坚持实验研究的强大精神动力。

干一行，爱一行。只有热爱自己的事业，甘心为此献身，才能有所成就。一个人连自己的事业都不热爱，当然不会成功，我用半个多世纪的时间对理想教学方法执着追求，经历千辛万苦不退缩，如果不用热爱来解释是无法理解的。

几十年的亲身经历，使我坚信中国的一句老话："有志者事竟成。""千里之行，始于足下。"一个人树立了远大的理想，立下了志愿，只是在人生的道路上跨出了第一步，真要达到目的、实现理想必须有执着追求的精神，勤奋

刻苦地工作。远大的目标必须靠一步一个脚印向前走，才能接近，才能达到。

搞尝试教学实验研究时，既要当校长，又要搞实验，还要著书立说，没有助手，只能一人拼命干，还要承受冷嘲热讽、流言蜚语。为了调查尝试教学法的应用范围以及收集有关数据，我进行了三次全国性调查，每次都印发一两千份表格，从发信、收信和电话联系，到统计数据，都要亲自干，每次都要用几个月时间。当时没有计算机，几万个数据都是用算盘统计分析的，工作量之大可想而知。

从1978年到现在，我编著与主编的著作近300本，有3 000多万字。同时，我跑遍了全国31个省、市、自治区以及港澳台地区，为教师作了约800场报告。很多人对此疑惑不解，问我哪里来的这么多时间，我回答说，我是用别人休息和打扑克的时间在工作。

由于我能作演讲，会写文章，又能给中小学生上公开课，一些朋友开玩笑地叫我"江南才子"，其实我心里明白，我并没有太高的天赋，只是能吃苦而已。我这个人没有别的本事，就是坐功挺大，一天在书桌前连续坐10多个小时读书写作都无倦意。在师范学校工作时，离家很远，骑自行车往返需两个小时。白天利用点滴时间思考问题，晚上伏案写作。搞研究的人不能急功近利，要耐得住寂寞，应该钻得进去，坐得下来。

3. 以"尝试是学习的本质，符合教育规律"为根本

教育规律是客观存在的，是不以人的意志为转移的。适者生存，违者淘汰。尝试教学研究之所以能30多年经久不衰，主要是因为抓住了"尝试是学习的本质，符合教育规律"这个根本。如果一项教改实验违反了教育规律，远离了学习的本质，肯定是不会长久的，会随着时间的推移而逐渐消失。

从人类社会发展史看，"尝试"促进了人类的发展，推动了社会的进步。类人猿为了生存，尝试站立起来，这是其进化成人类的关键一步。远古人通过不断尝试逐渐学会钻木取火、打猎捕鱼、养蚕织丝、制造工具，使人类本身获得了发展。由于人类不断敢于尝试，才有千千万万的创造发明，造就了丰富多彩的现代文明。

远古时代并没有现在意义上的学校和教师，他们靠什么传承生存技艺，不就是靠种种尝试吗？在打猎活动中学会打猎，从捕鱼活动中学会捕鱼，年轻一代在长辈的指导下，通过尝试活动学会生存技艺和传承文明。因此，尝试是人类学习的基本形式，真正的学习都是带有个人意义的尝试。

中华传统教育思想的内涵之一是尝试。从孔子、孟子到陶行知、叶圣陶，他们无不重视尝试学习。孟子是中国教育史上第一个提出"尝试"的教育家，他的名言"我虽不敏，请尝试之"，道出了尝试的普遍性。现代著名教育家叶圣陶比较系统地论述了尝试教育思想，他明确指出，培养学生阅读能力，养成良好的学习习惯的方法，"惟有让他们自己去尝试"，"无论成功与否，尝试都比不尝试有益得多；其故就在运用了一番心力，那一番心力是一辈子要运用的，除非不要读书"。

当下，我国教育界要研究教学改革中的趋同现象，许多教改典型，如洋思经验、杜郎口经验、衡水经验、青浦经验、宜兴经验、东庐经验等，虽各有特色，但都有一个共同点，就是都透发出尝试的思想。为什么这些教改典型地点不同，条件不同，原来并没有什么联系，可是结果却搞得差不多，都显示出尝试思想的活力。这种异曲同工、殊途同归的现象，说明是教育规律在起作用。这有力地证明，尝试学习符合教育规律，反映了学习的本来面目。

原教育部总督学柳斌先生提出："邱学华的贡献在于把'尝试'这个概念引进到教育、教学中来，这本身已从哲学高度上进行思考。"原中国教育学会常务副会长郭振有先生曾说："邱学华最大的贡献，是他从自己的长期实践和不懈探索中，找到了符合教育规律和切合中国教育实际，能够解决中国教育问题，具有中国特色的一种教育理论和实践模式——尝试教育。"

4. 以"理论联系实际，一切从实际出发"为道路

尝试教学研究之所以能取得成功，其中重要的原因是，我走的是一条"理论联系实际，一切从实际出发"的道路。

在华东师大教育系读书的时候，我对毛泽东的《实践论》《矛盾论》特别感兴趣，不知道看了多少遍。从古今中外教育家成长的经历来看，他们哪

一个不是在长期的教育实践中提出各自的教育思想的。古人说得好："纸上得来终觉浅，绝知此事要躬行。"

自华东师大教育系毕业后，我留校任教。如何从事教育科研，在我面前有两条路：一条是关起门搞研究，广泛搜集资料，汇集各方面的观点，再作理论上的分析，然后写出论文或专著，这种办法既省力也容易出成果；一条是深入学校搞教育实验和调查研究，再从实践上升到理论，而教育实验周期长，又容易受外界因素干扰，往往是既费时费力，也很难出成果。

我思考良久，觉得第一条路大都是重复别人讲过的话，理论分析得再好也是别人的东西，第二条路虽然艰难，但搞的是自己的东西，能够产生新方法、新思想和新理论。我毅然决定走理论联系实际的道路。

搞教育实验必须有实验基地，有利条件是我们师大有附属小学，我主动向教育系领导请示到附小搞实验研究，并兼任附小教导处副主任。决心已下，我就一边在大学上课，一边到附小工作。由于大学课时不多，我大部分时间在附小，后来干脆把铺盖搬到附小教师宿舍，同他们住在一起。从毕业一直到"文革"爆发，整整待了五年时间。

在师大附小，我的任务是领导数学教研组，培养青年教师，还要亲自给小学生上课。我在长期的教育实践中发现，学生"主"不起来的病根在于"先讲后练"，因为"教师讲，学生听；教师问，学生答；教师出题，学生做题"，始终把学生放于被动的位置上。因此，我萌发了一个大胆的想法：能否把"先讲后练"改为"先练后讲"，在几个班级试用一下，觉得可行，但当时政治运动不断，无法搞系统教育实验，这项实验后因"文革"而中断。

"文革"期间，我被迫离开华东师大，到江苏溧阳农村当了中学数学教师。其实，我的数学水平只有初中程度，只能一边学，一边教。后来我想，靠自学自己都学会了，何不把这套方法教给学生。我先出题让学生试做，学生有困难可看课本中的例题，然后我再讲解。事实上，这已经是尝试教学法的雏形。我是一个不合格的中学数学教师，靠了这套不成熟的尝试教学法，所带班级的成绩居然在全县名列前茅。由于自己亲自在教学第一线上课，有真切的体悟，尝试教学模式逐渐在我头脑中清晰起来，这就为后来开展大规模尝试教学实验作好了准备。

　　"文革"结束后，我回到家乡常州，在常州师范学校培训小学数学骨干教师。我以培训班为依托，从 1980 年正式开始进行尝试教育实验。选择培训班的学员当实验教师，我们共同进行实验。我把大部分精力放在实验班上，他们上课我听，我上课他们听，在实验中不断发现问题，不断解决问题。实验结果令人振奋，学生的自学能力和数学质量大幅度提高，证明了"先练后讲"的教学方法是科学的、可行的、有效的。我名之为尝试教学法，因为"尝试"两字在中国通俗易懂，而且能揭示这一教学法的本质特征，能够使之区别于其他教学法。学生先练带有尝试性质，可以做对，也会做错，在此基础上教师再进行有针对性的讲解，我觉得用"尝试"比用"发现""探究"更契合中小学生实际。

　　第一篇论文《尝试教学法的实践和理论》在《福建教育》（1980 年 11 月）上发表，当时引起了全国小学数学教育界的震动，其他教育杂志相继转载，各地纷纷开展实验。丰富的教育实践，不断会产生新的问题，必然会引发新的思考，在解决问题的过程中又会推动理论向纵深发展。我于 1988 年正式出版专著《尝试教学法》，提出比较系统的尝试教学法模式体系。

　　为了回答——为什么尝试教学法在中小学各科都呈现积极的效果反应，我从 1992 年开始新一轮的实验研究："尝试教学理论的研究和实践"，此研究作为全国教育科学重点研究课题，1996 年结题，通过专家鉴定。尝试教学理论的确立又推动全国尝试教学研究的发展，经过理论升华，2005 年我出版专著《尝试教学论》，完整地提出尝试教学理论的核心是"学生能尝试，尝试能成功，成功能创新"，并提出不同于美国心理学家桑代克"尝试错误学说"的"尝试成功理论"，然后又把尝试教育思想应用到德育工作、班主任工作、团队工作、家庭教育以及学校管理方面，提出"大尝试"的概念，并启动"尝试教育理论研究"丛书的编写工作。

　　综上所述，尝试教学法的产生和发展以及我个人的成长经历，充分证明教育实践是教育理论的源泉，教育理论工作者必须走理论联系实际的道路。正如我的导师刘佛年先生所说的："他所以能从一个农村小学教师发展成为知名的小学数学教育专家，就因为他的研究走的是一条理论联系实际的正确道路。"

5. 以"大胆创新，走自己的路"为方向

几十年来我一直在追寻一种理想的教学方法，要求是：学生学得愉快，教师教得轻松，教学质量又很高。我研究了许多外国教学法，大都是动听不实在，说得非常美好，实际上很难操作，不切合中国的实际。就拿美国布鲁纳的发现教学法为例，从二十世纪八十年代开始，在我国介绍和研究发现教学法的文章像雪片似地见于各种教育报刊，把这种教学法捧上天，吹得神乎其神，可是到现在还有多少教师在应用？！因为这种教学法仅停留在理论层面，仅能作为一种教育理念。实践证明，它不切合中小学生的实际情况。许多年前，日本伊藤武教授曾给我来信说，他在日本研究发现教学论多年，出版了专著，但应用者寥寥。他对我在中国可以大规模推广应用尝试教学法羡慕不已。

在华东师大教育系读书和工作时，我通读了陶行知先生的著作，陶行知是我最钦佩的教育家，是我的偶像。所以，毕业后我毅然到师大附小搞实验研究，走理论联系实际的道路。他的一段话永远铭记在我心中："我们在教育界任事的人，如果想自主，想进步，就须胆量放大，将实验精神，向那未发现的新理贯射进去，不怕辛苦，不怕疲劳，不怕障碍，不怕失败，一心要把那教育奥妙的新理，一个个发现出来。"

尝试教学法是怎样产生的？我在许多文章中都谈过，我经过长期的调查研究，发现了一个奥秘：为什么学生始终主动不起来，毛病就出在"先讲后练"，要根治这个毛病必须拿"先讲后练"开刀，能否反其道而行之，把"先讲后练"改成"先练后讲"，先练后讲的运用，便是尝试教学法的雏形。

千百年来，教师讲清楚了，学生都听懂了，然后学生再练，这种"先讲后练"的传统教学模式，被认为是天经地义的，不可更改的。所以，把"先讲后练"改成"先练后讲"，当时要有多大的勇气和胆识，应该说这是一次大胆的创新。现在流行的从美国舶买来的"翻转课堂"，事实上并没有翻转，只不过用"微视频"的形式提前听教师讲解而已。不客气地说，"先练后讲"的尝试教学模式才是真正的翻转课堂，它把"先讲后练"的传统教学模式彻底翻转过来了。可是这个我在30年前就搞了。

尝试教学法既然在中国大地上产生，必须走中国自己的道路。从"先练后讲"的雏形发展到完整的尝试教学法体系，我花了 10 年时间；将尝试教学法升华到尝试教学理论，我又花了 10 年时间；将尝试教学论升华到尝试教育理论，我又搞了 10 多年时间，目前还在进行中。这中间，我不迷信古人，也不迷信洋人，不唯书不唯上，坚信"实践是检验真理的唯一标准"，目前已建成比较扎实的尝试教育理论基础，已出版了六七十本著作，其中有五本标志性的书：《尝试教学法》《尝试教学论》《尝试教育研究》《尝试教学策略》《尝试教学全书》。据我所知，国外还没有哪一种教学理论有如此丰富的教学实践和扎实的理论基础。它同世界上许多有影响的教学理论相比，毫不逊色，我们应该有这个理论自信。

我们是有十几亿人口的社会主义大国，有五千年的文明史，还有两千多年的教育优良传统，更有改革开放 30 多年来教学改革的经验，为什么就不能在教育理论研究上走一条创新之路，建立具有中国特色的教学理论呢？我们要自信、自尊、自强，具有中国特色的教学理论一定能建立，具有中国特色的教育理论应该走向世界，为世界教育作出贡献。

6. 以"依靠集体力量，走群众路线"为策略

在尝试教育实验研究与发展中，不知有多少朋友关心和帮助了我。全国各地七八十万教师参与实验研究，许多教育界的专家、学者热情指导和参与理论建设；许多教育行政领导全力支持和积极推广，上至教育部、教育厅，下至各地教育局；更有不计其数的校长，在第一线组织实施实验，许多学校的校长换了几任都坚持实验应用。没有他们的关心支持和努力工作，尝试教育研究不可能走到今天，并取得成功。我一再说，尝试教学理论不是我个人的创造，它是集体智慧的结晶，是 30 多年来改革开放和教学改革的成果，凝聚了千千万万人的心血。

研究与推广并重，并互相促进，是尝试教学研究发展的重要策略。一项教育科研成果不能写本书得个奖就算完事，这里也有将科研成果转化成生产力的问题。我们研究的最终目的是为了下一代更好的发展，研究是为了解

决教育的实际问题，不去推广应用，研究还有什么意义呢？研究与推广这两者是能够互相促进的，把研究的成果作为推广中的指导思想和方法，理论指导实践；在推广应用中又会发现问题、思考问题，又能推动理论的发展。

其实，推广工作比研究工作更难，人家愿意不愿意搞实验，主动权在人家手里，需要去做讲解说服工作。除作学术报告外，最好的办法是亲自上示范课。尝试教学法如何在课堂教学中操作，一听课就清楚了。许多教师反映，听完报告后还是模模糊糊的，听了邱老师的示范课后真正明白了，才下决心搞实验。我能给中小学生上示范课，这成了我得天独厚的条件，并形成了我讲学的独特风格。既作报告又上示范课，受到教师的欢迎。这样走一地，传一片。我走遍了祖国的山山水水，把尝试教学法传向四方。这个现实使我体会到，一个教学理论工作者最好能精通一门学科教学，依靠这个平台研究和传播你的教育理论。因为教育理论不是空中楼阁，它必须通过一定的学科教学在课堂教学中体现出来。例如，尝试教学法的大面积推广，同我精通小学数学教学是分不开的。

一项教改实验必须有相对稳定的研究团队，把志同道合的人组织起来，才能更好地发挥集体的力量。在有关方面支持下我们成立了尝试教学理论研究会，由四方面人员组成：一是中小学教师和校长，二是教育行政部门领导，三是教育研究部门的领导和教研员，四是高校的教授、学者。把教育理论工作者同教育实践工作者结合起来，以研究会为平台开展研究与推广工作。它的主要工作是建立实验学校，举行学术年会、各种观摩会、研讨会、培训班等。这些研究活动把专题研讨、经验交流、培训教师以及各项教学展示活动结合起来，受到大家的欢迎。教育科学研究与推广工作应坚持为学生服务、为学校服务的方针，是公益性的，不搞有偿服务。虽然我们的课题是全国教育科学重点研究课题，但我坚持不向学校收取课题费、挂牌费或赞助费。学校不论大小，条件不论好坏，只要自愿申请，都可作为研究会的实验学校。

回顾几十年来的努力工作，我无怨无悔，乐此不疲。几十年的经历太多了，由于篇幅有限，不可能一一写出来。

附　录

　　附录中主要是辑录对邱学华与尝试教育的评论。前面 3 篇是媒体的采访和报道，后面是众家评论，因篇幅所限，采用摘录的形式。最后附上邱学华尝试教育的著作目录，以便读者查阅。

邱学华的"尝试"人生

温家宝说：要像宣传劳动模范、宣传科学家那样宣传教育家、宣传优秀教师，在全社会形成尊师重教的良好风尚。

何为教育家？谁可称为教育家？能够成为教育家的人，是在教育思想、理论或实践上有创见、有贡献、有影响的杰出人物。遵循人才成长规律，有自己独特的教育教学方法，创造性地开拓教育发展道路。有创见教育思想，顺应人的全面发展方向，以此来衡量邱学华，他是我国当代一位当之无愧的教育家。

今天，让我们走近邱学华。

1. 自学成才的尝试者

16岁的邱学华，开始了他人生的第一次"尝试"——明天，他就要走上小学五年级算术课的三尺讲台。想到明天就要走上讲台，他已经成竹在胸。

"今天是我第一次站到讲台上给同学们上课，作为见面礼，讲几个故事给大家听。"这是个头和大多数学生差不多高的邱学华在简单介绍自己之后的开场白。同学们一下子就安静起来，随着故事的跌宕起伏，还不时传来同学们的笑声。在门外听课的校长见同学们都认真听"课"，过后表扬小邱："别看小邱同志年龄不大，拿学生倒是蛮有办法的。"

17岁的邱学华，校长提拔他当了教导主任。在他当上教导主任以后，学校排课时，他总是先让别的老师挑课，剩下的全部由他大包大揽，因此小学各个年级的各门功课邱学华都上过。为了上好课，他只能一边学，一边教。最难的是教音乐课，要弹风琴，他就在星期天把自己关在学校里，从早到晚练习弹风琴，又偷偷跑到别的学校看教师怎样弹风琴。邱学华也从此喜欢上了音乐，无师自通地学会了拉二胡吹笛子。

"人生没有哪段路是白走的，只要你用心去走，只要你大胆尝试，没有走不通的、没有学不会的。虽说从小吃过不少苦，但现在想想我的吃苦耐劳精神就是在那时候养成的。""五年的农村小学教师生涯对我来说太重要了，它是我尝试人生的起点，它确立了我一生的追求，它使我同小学结下了不解之缘，它奠定了我搞教育理论研究的实践基础。"每当邱学华回忆至此，不无感慨。

20岁，由于老校长的调离，邱学华当上了校长。这可是全县最年轻的中心小学校长，许多人羡慕不已。可是邱学华却开始有了新的目标。在小学摸爬滚打几年，他深深爱上小学教育。可热情高归高，还有许多问题是他不能想明白也解决不了的。为什么教师辛辛苦苦，学生的成绩还提不高？为什么千叮万嘱，学生还会算错？为什么"差生"问题始终解决不了？……邱学华决定考大学。

为了研究小学教育，他报考的三个志愿都是师范大学的"教育系"。就这样，华东师范大学教育系成了邱学华一生的转折点。刘佛年、张耀翔、沈百英、邵瑞珍、赵祥麟、胡寄南，一个个闪亮的名字，他们严谨的治学态度和深入浅出的讲课风格都对邱学华产生了深刻影响。《大教学论》《爱弥尔》《理想国》《民主主义与教育》，邱学华如饥似渴地学习钻研。他特别喜欢毛泽东的《实践论》和《矛盾论》，这两本书奠定了邱学华的哲学基础，并对他的一生产生了重大影响。

在华东师大，邱学华又开始了他的大胆尝试：由于教育系一直没"小学算术教学法"课的教材，在1958年教育大革命中，当时还是大三学生的他提出能否组织学生编写一本的大胆设想。以邱学华为主的学生编写组在短短两个月不到的时间里，30多万字的《小学数学教学法讲义》就排版付印了。虽然有些粗糙，但是由于内容丰富，切合教学实际，特别是摆脱了苏联小学算术教学法的体系，成功探索了切合中国学校实际的教学法体系。这本书成为"抢手货"的同时，邱学华也成了新闻人物，受到时任教务长的刘佛年教授的赞扬。这是邱学华写书并且取得成功的第一次尝试，从此邱学华坚信：

只要大胆尝试，一定能够成功。

大学毕业之后，邱学华留校当了助教，对小学数学教学开展了全方位的研究，深入华东师大附小搞教学实验，走一条理论联系实际的研究道路。

"文革"期间，邱学华离开了华东师大，到江苏溧阳农村当了一名中学老师，但他一直没有停止自己的追求，仍痴迷于数学教学改革，采用先练后讲的办法教中学数学。

邱学华喜欢动脑筋，搞点新花样。在这里他就搞了两项小发明：一项是自制平板仪，一项是估算土圆囤里粮食重量的标尺。后一项发明竟然在公社粮站进行了推广，还受到了县教育局的表扬。

"文革"结束，许多单位都邀请邱学华去工作，有中央教科所、江苏省教委教研室、江苏省教材编写组、南京师范大学以及他的母校华东师大。由于种种原因，未能回到母校，邱学华却永生难忘刘佛年校长的知遇之恩。最后，邱学华选择回到家乡常州，为自己家乡的教育事业工作。

1980年，在常州师范学校搞小学数学教师培训的邱学华，办起了第一期"小学数学教学研究班"，这又是当时的全国第一。

由于效果很好，一批批学员都在教学第一线发挥着骨干带头作用。外省许多单位闻讯纷纷要求参加，事实上，这个研究班已经变成全国性的了。诸多学员后来大多成了各地小学数学教学研究方面的精英，所以有人称这是中国小学数学教学的"黄埔军校"。可以这么说，在全国各地都有邱学华的学生。

这一年，要组织到日本爱知县访问，幸运又一次垂青邱学华，全团5人中两位是教育厅的领导，三位是教师，除邱学华之外的一位是南通师范二附小的李吉林老师，一位是南师大附中的胡佰良校长。派教师出国考察，这是"文革"结束后的第一次。

这次出国访问可以说是邱学华人生道路上的一个转折点，彻底让他扫除了家庭出身不好的自卑感，找回了自信和尊严。

1983年，邱学华当上了常州师范学校的校长，也加入了共产党，可谓春风得意。可是为了深入研究尝试教学法，邱学华还是毅然辞去了师范学校校长职务，在教科所当一名普通的研究人员，全身心地投入尝试教学实验研究，走遍全国各地为教师作讲座、上观摩课，总结提高，撰写教育理论著作。

于是，我们便有了一个"教学流派的创立者"。

2. 教学流派的创立者

邱学华的一生，同"尝试"两字结下了不解之缘。邱学华什么都敢"尝试"。他用 40 多年时间进行尝试教学研究，从尝试教学法到尝试教育理论，又因执着于"尝试"教育研究而成名成"家"。

中国教育理论界"崇洋之风"一向很盛，有些人总认为中国教育落后，外国教育什么都好，开口布鲁纳，闭口赞柯夫。有位学者语重心长却也一针见血地指出，在中国，是翻译家当教育家。邱学华认为，借鉴外国教育理论是必要的，但更重要的是应该研究中国教育的实际问题，总结发扬中国人自己的教育理论和教育经验。

邱学华一生都没有离开过教学第一线，即使在华东师大期间，他一边在大学教书，一边到附小搞教育实验；在常州师范时，他一边当校长，一边到小学给小学生上课；即使年过花甲，他也毅然参加《人民教育》编辑部组织的特级教师讲师团，亲自赴西部老少边穷地区讲课。

通过长达 50 多年的实验研究，邱学华形成了他一生中最重要的教育理念：学生能在尝试中学习，学生能在尝试中成功。

当初的一个实验班已发展到现在的 80 多万个；范围遍及国内外；覆盖中小学及幼儿园各学科并扩展到职业学校；建立起 2200 多个实验基地；有近 100 个市、县（区）全面推广尝试教学法。华东师大名誉校长刘佛年教授指出："（其）发展之快，规模之广，在过去是很少见的。现已成为中国当代著名教学流派。"

"长期以来，邱学华形成了自己的研究风格，即牢牢扎根于教学实践的宽广大地。他在从事教学实践时，从未停止过教育理论的研究；同样，他在进行理论探讨时，也从未离开过教学实践岗位。"苏景春教授如是说。

事实就是这样，他北到黑龙江黑河，南到海南岛，东到山东威海"天尽头"，西到新疆伊犁，两上世界屋脊西藏，十多次进"北大荒"。全国许多城乡都留下了邱学华讲学的身影，都留下了难以忘怀的激动场面。也正因如此，我们有了一个"教育的光明使者""创造许多记录的长者"（朱永新语）。

3. 教育的光明使者

塔尔岭小学是内蒙古自治区阿拉善盟左旗的一所简易村小，这个学校的条件差得不能再差了，背靠贺兰山，面对戈壁沙漠，不通电，不通邮，一年看不见一张报纸，吃水要到 4 公里以外的地方去拉。过去这里学生的数学成绩一直在 40 分左右徘徊，开展尝试教学法实验后，第一年平均成绩超过了中心校；第二年由县里监考，教研室阅卷，学生平均成绩为 95 分，摘取了全县第一名的桂冠；第三年又名列全盟榜首。在坚持尝试教学法实验研究的11 年里，塔尔岭小学的教学成绩年年优秀，不是全县第一，就是全区第一，这创造了内蒙古教育的奇迹。

校长王旗荣是这个奇迹的创造者，原本他是仅有初中毕业水平的牧区蒙古族教师，目睹现状，他深刻体会到要想大面积提高教学质量，仅靠苦干是不够的，必须改革陈旧的教学方法。他从杂志上得知尝试教学法后，想方设法，克服重重困难到常州参加培训班，由于路途遥远，赶到常州时培训已经结束。邱学华就给他一个人讲解，除讲授尝试教学法外，还介绍了一整套小学数学教学方法。返回内蒙古，王旗荣亲自实验，于是有了这个奇迹。 盟教育部门领导好生纳闷，问明原因后，立刻在全盟推广实验。这样的"奇迹"还有很多。

为了在更大范围内推广尝试教学法，邱学华还专门创办了"邱学华尝试教学在线"网站（www.try-qxh.com），"老夫聊发少年狂"是朱永新在听闻之后给他的一句褒奖之辞。为了研究与推广尝试教学法，邱学华每年要在全国各地举办各种研讨会、观摩会，每两年开一次年会，参加的教师十分踊跃，少则几百人，多则几千人。他还经常应邀到全国各地讲课，听众何止千千万万。他又是一位勤奋的多产作家，至今已编著和主编了 239 本著作，总印数达一千多万册。他还尽全力把先进的教育思想和教学方法传播到全国四面八方。因此称他为"教育的光明使者"并不为过。

邱学华也果真童心未泯，坦诚谈论他最喜欢的东西。

最喜欢说的一句话：在人类居住的这个蓝色星球上，什么样的奇迹都会发生，问题在于你是否敢去尝试。

最高兴的事：自己的工作能同两亿多的中小学生联系起来。

最幸福的事：我的学生遍及全国，桃李满天下。我给幼儿园小朋友、小学生、中学生、大学生直到研究生上课。跑遍了全国 31 个省、市、自治区以及港澳台。给师生作讲座 700 多场，听众约 50 万人次。

朱永新说：他（邱学华）在小学数学的建树为同道所公认。作为一种尝试教育思想，一种教学模式，尝试教学法已经被运用到中小学以及幼儿园、大学。20 多年来，实验教师撰写的论文 10 万多篇，已形成中国当代著名的教学流派之一。他多年如一日推广尝试教学法，跋山涉水，为基层送去先进的教育理念，是一个名副其实的"教育的光明使者"。

邱学华的"与时俱进"精神更是令人感动。这些年来，他的尝试教学法伴随着素质教育、创新教育、新课程一起成长，他乐此不疲地吸收新的理念、新的养料，不断地完善自己的体系，不断地传播自己的理论。

一路上有他"光明"的足迹，也有他"扶贫"的足迹。

4. 教育"扶贫"的推行者

王小菊，出生在湘西土家族苗族自治州永顺县西岐乡流浪溪村岔坡组。这里属于纯土家山寨，坐落于大山深处。新中国成立前还过着刀耕火种、半农半猎的生活，全山寨没有一个人读过书，靠的是储豆计数、结绳记事。为生活所迫，很多青壮年当过土匪。解放 50 年，这里仍然不通车、不通水、不通电。最近几年退耕还林，这里的山民才陆续从大山搬迁到平地。王小菊家由于父母都是文盲，家庭状况一直很差，是全山寨最后搬出的一户。

由于家庭贫困，王小菊到猛洞河专修学院上半工半读班，免除学杂费，每年又得到邱学华奖励基金 200 元资助。在猛洞河专修学院，像王小菊这样的学生每年有 30 名。

三岔坪小学是湘西山区一所苗族小学，课桌破旧。邱学华带领几位名师到湘西义务讲学，再动员港澳朋友捐赠，使全校学生都坐上新的课桌椅，教师有了新的办公桌。

2006年，邱学华已有71岁高龄，主动到云南峨山彝族自治县小街中学义务担任名誉校长，每学期去两次，每次3～5天，成为小街中学不拿工资的义务校长。在一所少数民族的中学全面实施尝试教学法，争取在三五年内打造出一所全国名校。

尝试教学理论研究会的各种研讨会、观摩会都有扶贫措施，贫困地区教师可免去会务费，还赠送资料，特别困难的优秀教师还可报销差旅费。此外，邱学华还动员沿海发达地区的学校与西部贫困地区的学校开展一帮一手拉手活动，现已结成8对。

除了物资扶贫"输血"，邱学华还提供能提高贫困地区造血功能的智力扶贫。湖南土家族苗族自治州有这样一份资料：据不完全统计，1997年以来，邱老找我们面谈15次，写亲笔信82封，电话指导57次。

这样的例子也还有很多很多……

是的，他的"光明"足迹有多远，他的"扶贫"足迹就有多远。

5. 后记

邱学华说：作为一个教师，我当过小学教师、大学教师、中学教师、师范学校教师，我是幸运的。作为一个教育理论工作者，在大家的帮助下，我构建了具有中国特色的尝试教育理论，我是成功的。作为一个教育实践工作者，我能给全国各地各民族的孩子上课，走遍祖国的山山水水，我是快乐的。回首往事，风风雨雨70年。在成长的道路上不断尝试，不断成功。发自内心地说，我是幸运的，我是快乐的。我相信尝试是创造的前提，尝试是成功的阶梯。这条尝试人生的道路我将继续走下去！

《长三角教育》记者　顾林骏

"尝试教育"遍中国

1. 教育理想

学生能在尝试中学习，在尝试中成功，在尝试中创新。

2. 教育名言

在人类居住的这个蓝色星球上，什么样的奇迹都会发生，问题在于你是否敢于去尝试。

3. 教育思考与实践

邱学华从 16 岁开始当农村小学教师时起，就虚心学习、潜心研究，因创作口算表而受到县教育局的表扬，为了钻研小学教育，他发奋自学，考取了华东师大教育系，毕业后留校教《小学数学教学法》。为了改变注入式、满堂灌的旧教学模式，他从 1980 开始尝试教学实验，克服种种困难，坚持实验，执着追求，使尝试教学法成为当代中国著名的教学流派之一。尝试教学实验遍及全国 31 个省、市、自治区以及港、澳、台，约 70 万教师参与，受教学生达 3000 多万，成为全国乃至世界最大规模的教学实验之一。他走遍全国，给中小学教师作报告 700 多场，听众约 50 万，他编著和主编的著作达 270 多本，在国内外发表论文 500 多篇，被朱永新教授誉为"教育的光明使者""创造许多记录的长者"。

4. 精彩回放

"你们有没有比曹冲称象更好的办法？"老师问。"我不用石头，用泥土。""不用石头不用泥，用瓢把水舀进船里。""老师，我有一个更好的办法，让人自己走到船上，每个人报一下体重就行了。"

听了他们争先恐后、五花八门的回答，你不要以为他们在做脑筋急转弯或是竞猜游戏，这是一位语文老师在教小学课文《曹冲称象》。这种令人耳目一新的教学方法就是"尝试教学法"。

由"先讲后练"满堂灌式的教学转变为"先练后讲""先试后导"的尝试教学，经过16年的教学实践和理论探讨，已被逐步证实并为广大教师所接受，取得了显著的学习效果，且被称之为具有中国教育特色的新教学法。"尝试教学法"不但在国内引起了热烈的反响，还被译成日文、英文、德文，在一些国家传播。这是记者从全国教育科学规划领导小组办公室基本理论组在湖南省十堰市召开的全国教育科学"八五"规划重点研究课题"尝试教学理论研究"专家鉴定会暨全国协作区第八届尝试教学研讨会（1996年10月12日至15日）上获得的。

"尝试教学法"是由中国教育学会数学教育研究发展中心尝试教育学理论研究会理事长邱学华教授从1980年开始，博采众长，结合古今中外教育中的有益经验，按照中国及教育的特点，探索出的一种教学法。这种教学法将"先讲后练"的传统教学模式转换成"先练后讲"，在尝试练习的过程中指导学生自学课本、引导学生讨论，然后教师再有针对性地讲解。这样做可以使学生在尝试中学习，鼓励其开动脑筋，充分发挥其学习的积极性、主动性，获得更佳的学习效果，提高学生素质。多年来，大量的教学实践已经证明学生尝试的成功率一般都在90%以上。

同时，"尝试教学法"也提高了教师的教学水平，容易被教师吸收应用。目前，尝试教学法的推广应用已遍及全国各省、市、自治区，形成了一个"以数学科为试点，向其他学科渗透；以小学为试点，向中学渗透；以普教为试点，向职教特教渗透；以城区为试点，向县镇渗透"的一个多层次、多学科，普教、职教、特教统筹发展的尝试教学实验网络，受到专家们的好评。

尝试教学理论之所以在国内外产生巨大的影响，是因为它根植于丰富的教学实践。邱学华在长期的教育、教学实践中不断磨练自己、反思自己。经他的朋友汪刘生教授介绍，我们得知：邱学华毕业于华东师大教育系，聪明好学，能力强，文笔好，当了 10 年大学教师，又是刘佛年教授的高足，他完全可以关起门来，查文献，找资料，写论文，成为一个著作等身、满腹经纶的教育学者。然而，他却义无反顾地走上一条理论联系实际的道路。他不但深入教学实际，而且自己亲自上示范课，在教学第一线获取第一手资料。诚如他自己所云："我深信，教育实践是教育理论的源泉，因而我始终没有离开讲台。我的许多新方法、新思想都是在教育实践的过程中萌发出来的。"也正如苏春景教授所说的："邱学华在从事教学实践时，从未停止过教学理论研究；同样，他在进行教学理论探讨时也从未离开过教学实践岗位。"随着尝试教学法的逐步铺开，尝试教学理论的研究取得了突破性进展。1994 年经全国教育科学规划领导小组批准，该理论被列入全国教育科学"八五"规划重点研究课题。经过全国教育科学规划领导小组教育基本理论组成员，该课题成果鉴定组组长查有梁教授等专家评审，认为我国目前在尝试教学法理论的研究上有三个方面的新突破：其一，在理论研究上克服通常的从理论研究到理论研究，"尝试教学"是在"实践—认识—再实践—再认识"的基础上进行的理论研究，即应用型的理论研究；其二，在教学模式中构建了一套"准备练习—出示尝试题—自学课本—尝试练习—学生讨论—教师讲解—第二次尝试练习"的简单易行、普及型、操作性比较强的尝试教学模式；其三在提高教学的质量上，突出了教师在教学思想、方法上的转变，教学科研意识的增强，有助于提高学生素质，为从应试教育转变到素质教育作了一个很好的尝试。

邱学华说，这种教学模式改变了学生接受现成知识的被动性，让学生在尝试中主动探索，为学生提供了独立思考、大胆创新的空间，更加适合培养21 世纪人才的需要。国家教委基础教育司给予了充分的肯定："尝试教学法取得了很好的效果，促进了我国各地教法改革的广泛开展。"

新华社记者　袁正洪

学习理论：走向世界，走向未来

——首届尝试学习理论国际研讨会纪实

1. 尝试学习理论——"让世界倾听中国的声音"

　　植根于中国本土，在中国古代优秀教学思想基础上升华出的尝试教学理论的实验研究与推广应用已遍及 31 个省、市、自治区以及香港、澳门、台湾地区等，随着研究的不断深入，逐步走向世界。邱学华老师的多篇论文先后发表于日本《新算数研究》、德国《教育世界》、《国际数学教育大会（RCME）论文集》（1991 年北京），在国际上产生一定的影响。其中，德国《教育世界》杂志发表邱学华老师文章时还专门写了按语推介。日本国立横滨大学教授片桐重男认为："当前培养学生自发、自主的理念是数学教育的主旨。尝试教学法对培养学生自主学习是比较理想的方法之一。"2010 年 11 月 19 日至 21 日，为了推动尝试教学思想走向世界，在深圳市南山区教育局的支持下，首届尝试学习理论国际研讨会在南山区松坪学校召开，来自世界各地的知名教授、学者、校长齐聚一堂，共议尝试学习理论。

　　"请不要告诉我，让我先试一试"，这是邱学华老师为本次大会所作的主题报告。报告高屋建瓴，系统、全面、深入地介绍了尝试教学理论的发展历程，开启了全新的教学思潮。

　　尝试学习理论有着怎样的特性？美国佛州大学教授、美国总统领导下的教育科学基金评审三人小组委员之一、国际著名智能测量专家瓦格纳教授认为，尝试学习理论体现了两大特性：一是创新性。尝试教学法的"先学后教"思想将学生推向前台，有利于学生更有效地、主动地学习，有利于教学的创新；在学习理论中，全面、系统地提出和实践尝试教学理论，这本身就是一种创新。二是系统性。它不是单一的教学行动，而是系统性的教育教学改革过程。它不是单一的、粗浅层次的教学实验，而是有着全面的、较高层次的教学实验，其中的五步教学体现了系统教学的科学思想。因此，尝试教学理论有着极为强大的生命力。

一种教育理论，如何综合考虑传承传统与发展创新？乌克兰首都基辅市苏霍姆林斯基实验学校校长、乌克兰教育科学学院通讯院士瓦·尼·哈依鲁莲娜谈道："我的教龄已四十八年了，我实践了多种教学思想，最有效的是苏霍姆林斯基思想，他的教育思想一直引导着我们学校的教学。参加这次活动，使我认识了邱学华先生的尝试学习理论。他的教育理念同苏霍姆林斯基的教育思想是一致的，都是尊重学生，相信学生，指导学生自己学习。你们实验学校（指深圳市松坪学校）的课堂教学同我们苏霍姆林斯基实验学校有许多相似之处。邱学华先生的尝试学习理论给我们以新的思考，我们将在今后的教育教学中，适当渗透，从中发展我们的教育教学理论。"

教育教学如何有效促进学生的教育与发展？澳大利亚南澳洲教育部课程开发中心主任、现受南澳洲教育部委派任宁波市国际学校校长的约翰·特纳既熟悉西方教育，又初步了解了中国教育。他着重把尝试学习与西方的引导探索学习作了比较。他认为，尝试学习同引导探索学习基本是一致的，但尝试学习更适合于中国大班额的、有课本的课堂教学。邱学华先生的尝试学习理论，对于我们的教育教学来说，是非常重要的。它源于中国，有自己的理论体系和行动程序，能有效促进学生的教育与发展。

新世纪是一个科技高度发达的世纪，教学如何应对新时期全新的挑战？香港开始了"优才"教育的实践与探索。香港天才教育学会会长、优才学校总监李业富博士谈道："我开始学习尝试教学思想至今已二十多年了。多年来，自己借鉴尝试教学思想创办优才学校，从地下室开始办学，现在已经受香港特区政府委派管理两个优才学校了。尝试教学法提出'五步六段'课堂模式、'十二条'教学建议，都对我们的教学很有启发。现在，我们的初中学生参加高中英语、生物、数学考试，成绩均达到或超过九成。学生不仅能考试，综合实践能力也很强。这些，都得益于尝试教学思想。"

一种教育理论与教师的教育人生有何关联？澳门大学教育学院、澳门数学教育学会会长汪甄南先生谈道："以前，澳门的老师很辛苦的。早上七点钟到校，晚上七点多钟才回到家，但是教学效果不明显。十五年前，我第一次在天津市遇到邱学华先生，并接触到尝试教学法，我就在澳门推广尝试教学法，多次邀请邱学华先生到澳门讲学指导。现在，尝试教学法已不断在澳门中小学全面铺开。在尝试教学实验不断推进过程中，教师不再像以前那么辛苦了，现在每个学校都知道和使用尝试教学法进行教学了，连不少高校教师、大学生都在写尝试教学方面的论文。现在，学生的学习更快乐、更高效。尝试教学法，让我们澳门教师学会做有智有谋的智慧型教师，从中享受幸福的教育人生。"

2. 尝试学习行动——春华秋实，行者无疆

撒下一粒种子，收获一片绿洲。尝试教学实验走进特区，走进南山，也已经有近 20 年了。1994 年，南山区的南油小学，就已经开始进行尝试教学实验了。2008 年，主要面向打工群体的九年制学校南山区松坪学校正式全面引进尝试学习理论，课堂教学有了根本的变化，学校也因此被誉为"小杜郎口"。一位参加本次研讨会的南山区教育界老领导如是说："十几年来，尝试教学实验是南山区坚持时间最长，而且还在坚持的一个教学实验。"其实，不仅是南山，全国各地许多地方亦然。

春华秋实。尝试教学实验已经经历了 30 个春秋，从尝试教学法发展到尝试教学理论，又从尝试教学理论发展到尝试学习理论。30 年来，参与实验研究和推广应用的有近两千所实验基地校，有六七十万教师、3000 多万学生。实验从最初的小学数学，拓展到小学各个学科、幼儿教育，进而延伸到中学各个学科以及大学教育，其教学效果、发展速度、研究成果、影响力度，都在不断创造出全新的记录。尝试教学理论之所以有强大的生命力，是因为它是在实践中产生的。它从博大精深的中国教育思想中吸取精华，以中国教育中合理的尝试思想为内核，不断深化和改进教育实践，具有鲜明的民族性。

尝试学习理论之所以能走出国门，是因为它能与当代主流教育思想相融合，具有走向世界的旺盛的生命活力。

行文至此，该介绍一下尝试教学理论的创立者了，他就是令人尊敬的国家级有突出贡献的专家、享受国务院政府特殊津贴专家、著名特级教师、江苏省中小学荣誉教授邱学华老师！他是全国第一个尝试教学法发明者；他办过全国最大规模的小学数学观摩会（5000 多人参加，在广东佛山）；他的实验时间最长（30 年，目前还在继续进行）；他的教学法专著总发行量 100 多万册，他的小学数学教育教学专著总发行量 300 多万册，他编写的小学生数学读物总发行量达 1000 多万册，这三项纪录在世界小学数学史上都不多见。他引领着一代代的教师、一所所学校，用尝试教育理论教出一片片新天地，用尝试学习理论育出一批批新少年，用尝试思想精神书写一个个不凡的人生。

邱老师还创办了"邱学华尝试教学在线"（网址：www.try-qxh.com），内容丰富，富有时代感，已成为广大中小学数学教师专业成长的加油站与追求完美教育人生的精神家园。

在首届尝试学习理论国际研讨会开幕式上，乌克兰的瓦·尼·哈依鲁莲娜校长按照她学校几十年的传统做一件事——在这庄严的会议上点燃三支蜡烛：第一支代表善良，第二支代表创造，第三支代表欢乐。这一仪式，给与会者留下深刻的印象。

让我们共同努力，让这三支蜡烛永远燃烧，三种光彩永远点亮校园！让我们共同行动，让尝试学习理论继续走向世界，继续大步走向未来！

作者叶建云，福建省优秀教师。本文发表于《广东教育》2011 年 2 月。

对邱学华与尝试教学法的众家评说

　　尝试教学法问世以来经历了三十余年风雨，从尝试教学法发展成为影响极大的尝试教育流派。国内外教育专家、中小学一线教师和管理者对尝试教学给予了极大关注，主要集中在两方面。一方面是尝试教学法发展成为尝试教学流派的研究，另一方面是尝试教学法创始人邱学华老师从一位普通教师成长为当代教育家的历程。如今，尝试教育正在走向世界，海内外众多人士都对尝试教育发表了自己的见解，研究尝试教育的文章已数不胜数，为了节省篇幅，取其中具有代表性的摘要在此呈现。相关内容由华东师范大学课程与教学系博士张静整理。

尝试教学法影响广泛，生命力强大

　　尝试教学法问世七八年来，影响已遍及全国，发展之快，规模之大，在过去是很少见的，我想这是因为邱学华同志提倡的这种方法有它的特点：它既吸收了古今中外一些有影响的教学法的积极因素，又符合我国大部分学校当前的教学条件与需要；它既有一定的理论基础，而实践的方法又简便易行，几乎每个小学教师都能掌握，每个学生都能适应；它虽有一个大致的模式，但又反对机械搬用，强调从实际情况出发灵活应用；它在实践中已显示了巨大的效果，但又实事求是地指出自己的局限性，承认它不是万应如意的灵药。这就使这种教学法具有观点比较全面、实践方法比较灵活的特点，因此也就给它带来了较强的生命力。

　　　　　　　　　　　　——华东师范大学名誉校长　刘佛年

尝试教学法具有时代性、先进性

"邱学华老师是我国当代的教育家，他爱岗敬业，严谨笃学，从教六十年来为国家培养了大批人才，为中国的教育事业做出了卓越贡献。"

"尝试教学法具有时代性、先进性。当今时代，科学技术迅猛发展，知识成倍增长，学校教学不可能，也没有必要把现存的知识都传授给学生，更重要的是教会学生学习，从可持续发展的角度教会学生探究知识的能力。尝试教学法可以激发学生积极思维，学思结合，知行结合，培养学生的创造性思维和学习能力。正如因为它是这样一种教学理论和学习理论，所以可以推广到所有学校教学。"

——中国教育学会名誉会长、北京师范大学教授、博导　顾明远

尝试：教育改革的一个核心理念

邱学华最大的贡献是，他从自己的长期和不懈探索中，找到了一种符合教育规律和切合中国教育实际、能够解决中国教育问题、具有中国特色的教育理论和实践模式——尝试教育。教育家之所以能被称为教育家，非常重要的是，他必须提出一个自己的鲜明的教育理念。"尝试教育"这个概念，可以说是邱学华的一大发现、一大发明和一大创造。

——原中国教育学会常务副会长　郭振有

教育的"光明使者"

在中国教育界，有一位创造了许多记录的长者。这位不知疲倦的长者，走遍了祖国的大江南北，山山水水，作过数百场报告，给孩子们上过数百场公开课，全国有3000多万学生、70万教师在教学过程中使用他的教学方法。他就是尝试教学法的创始人——邱学华先生。

他多年如一日推广尝试教学法，跋山涉水，为基层送去先进的教育理念，是一个名副其实的教育的"光明使者"。

——中国教育学会副会长、"新教育"实验创立者 朱永新

形成了独具风格，自成一派的教学体系

邱学华先生扎根我国小学数学教育理论研究和实践领域，创造性地提出了"尝试教学法"，并不断完善发展，形成了独具风格、自成一派的教学法体系，为我国小学数学教育教学探索了一条新路子，为我国小学数学教育的改革发展做出了积极贡献。

——中国教育学会副会长，西师版《小学数学课本》主编，原西南师范大学技长、教授、博导 宋乃庆

"邱学华现象"值得很好地研究

"邱学华现象"的产生离不开邱学华本人的学识、意志、才华和人格魅力。一个人能坚持 20 年做实验研究，本身就是一件难能可贵的事。实验初期受到的讽刺嘲笑、压制打击，他顶住了；推广阶段遇到重重困难，他克服了。他勇于创新，敢于向传统教学模式挑战，把"先讲后练"改为"先练后讲"，着力培养学生的创新精神、探索精神、创造精神，他永远不满足于现状，在教学实践中不断探索，从尝试教学法→尝试教学指导原则→尝试教学理论，不断完善，不断进取。

——原山东省教科所所长、研究员，现山东省教育厅副厅长 王 坦

有胜于古，有胜于洋

读了邱学华的《尝试教学法》之后，深有感触。五六十年前我当学生

的时候，在举国崇洋的空气中就持有异见；但恨自己建树太少，无以为国人鸣不平。难道一个亿万人民的国家，就不该有自己的像样的新东西吗？否！否！

我认为尝试教学法是"古为今用，有胜于古；洋为中用，有胜于洋"。

——河南大学教育系教授　陈梓北

"尝试"比"探究发现"更切实际

对基础教育而言，尝试教学有探究发现教学的同样优点，却比探究发现教学更切实际，更有效率。理由有三：

1. 尝试教学是每个学生都能参与的，探究发现却并非人人都能做到。学生进行尝试，门槛低，心理负担轻，适合在基础教育实行。

2. 尝试教学是每堂课都能进行的。尝试可以进行到底，也可以中途停止，机动灵活，不像"探究、发现"那样沉重。也就是说，教学成本较低。

3. 尝试教学是每个教师都能驾驭的。尝试的本意是"先学后教""先做后说"。尝试之后，还是要教师"讲"和"说"的。教师依然起主导作用，不会出现"放羊式"的混乱，或者学生因为能力不够陷入"无法发现"的困境。

——华东师范大学数学教育学院教授　张奠宙

从小学教师到教育家

中国有一位由小学教师成长起来的教育家，他五十余年如一日，一直从事小学数学的教学、研究与改革，并卓有成效，是我国知名的小学数学教学法专家；他从尝试中来，走自己的路，在对小学数学进行全方位研究的基础上，提出的尝试教学法已经发展成为尝试教育理论，并得到我国教育理论界的认可；他不满足于提出一个教学法，也不满足于构建一种新的教学流派，而是不断地致力于将尝试教学理论渗透于新课程改革的大潮之中。这就是尝试教学理论的创立者邱学华先生。

——鲁东大学教育科学学院院长、教授、博导 苏春景

尝试教学法切入了当今课堂教学改革核心主题

尝试教学法对于传统课堂教学变革的创新之处就在于，它改变了教与学的关系，教和学的方式。它为当今课堂教学改革核心主题的突破提供了宝贵的经验和借鉴。这说明，诞生于二十世纪八十年代的尝试教学改革实验确实体现出它的超前性和先进性。尝试教学的有些精神如"先练后讲"，对于后来的一些教学改革产生了示范和启示效应，如后来的洋思中学，杜郎口中学等学校提倡的"先学后教"的改革思路，可能就是对"先练后讲"思想的改造与发挥。

——华中师范大学教育科学学院教授 陈佑清

邱学华——当之无愧的教育家

什么样的人才能被称为教育家呢？换言之，教育家的含义是什么呢？《教育大辞典》对此的解释是："教育家（educator）是在教育思想、理论或者实践上有创见、有贡献、有影响的杰出人物。"

以此来衡量邱学华，他通过40多年的实验研究，创立了具有中国特色的尝试教育理论，既受到教育理论界的认可，又受到广大教师的欢迎。这一教学理论已在全国大规模地推广应用，他确实是一位教育思想有创见、教育理论有贡献、教育实践有影响的杰出人物，是我国当代一位当之无愧的教育家。

——杭州师范大学教授 汪刘生

儿童的认识与发展：尝试教育的理论假设

邱学华的"尝试教育"，其理论框架与操作体系越来越完善、缜密，也越来越为广大教师所认可和接受，并在实践中不断丰富、提升。

尝试教育之所以能成功，其中有个重要的理论假设，是理论假设让其站在科学的高地上，用理论指导研究。这个理论假设是从儿童出发，以儿童的自主学习为主题的，因此这是一个关于儿童发展的假说。

——江苏省教育科学研究院　成尚荣

一生只做一件事

他有过被人欣赏的幸运，也有过被人歧视的落魄，在他的职业生涯中，他最热心的是当一个普通的中小学老师，他最钟情的是从事基础教育科研工作，他经历进而投入时间最多的是尝试教学理论。我们或许为他没有继续留在高校成为一个大学教授而遗憾，或许为他婉拒当教科所所长而不理解。实际上，如果他真成了一个大学教授，无非是在教授如云的高校教师名单中又增加一个邱学华的名字；如果他真成了教科所所长，无非是在他的名片上又增加了一个"干部"的头衔。然而尝试教学理论在中国只有一个。

——天津市教育科学研究院研究员　王敏捷

在实践中创立的尝试教学法切合中国实际

近200年来，外国关于各种教学法的理论，可归纳为两个主流思想，争持不下。一个重视学生的学习过程，例如布鲁纳等；一个重视学生的学习成果，例如盖聂。尝试教学法则兼顾二者的优点：引导学生尝试，就是一种良好的学习过程；学生尝试成功，就是获得学习成果。外国教育研究和提倡的教学法，适用于课室大、设备先进、学生人数少的学习环境。理论和实践始终有距离，问题是距离的大小。很多教育理论看起来头头是道，但做起来困难重重，主要的原因是没有经过实践，又没有配套的符合实施的条件。中国很多小学尚未具备上述条件，班级人数多，教学设备差，由中国人从实践中创立的尝试教学法，则比较合用。

——香港中华教育研究社理事长　余荣燊

我们需要像邱学华老师一样执着的人

尝试教学法经过邱学华老师半个世纪的努力，已经经历萌芽、形成、发展的过程，到达了推广阶段，获得了广大的回响。就从事数学教育的人看来，这是一个很难能可贵的努力成果。可是建构导向的数学教学在台湾却推广得不如预期，因为我们发现，理念虽然很好，但是老师们在执行上却产生了各自解读与诠释的差异性，而且这样的教学需要老师不仅对于数学学科知识具有脉络上的了解，还需要针对学生的认知发展层次采用不同的教学策略，这并不容易做到。或许我们需要更多像邱学华老师一样执着的人，卷起袖子就能上讲台，又能提出浅显易懂的教学法，让老师们都心服口服地尝试吧。

——台湾教育研究院研究员　周筱婷

尝试教学法深入澳门教师的心中

16年来，"尝试教学法"在澳门从无到有，从小到大，它正在改变着澳门的数学教育。可以毫不夸张地说："尝试教学已根植于澳门，已被广大数学教师接受。"

由于澳门的特殊地位，它是一个多元文化社会，长期以来吸取和包容东方和西方的教育思想和教学方法，可是还没有哪一种教学法像尝试教学法那样深入澳门教师的心中。

——澳门大学教育学院、澳门数学教育学会会长　汪甄南

尝试学习理论具有创新性和系统性

尝试教学法的"先学后教""先练后讲"思想将学生推向前台，有利于学生更有效地、主动地学习，有利于教学的创新；在学习理论中，全面、系统地提出和实践尝试教育理论，我还是第一次听到，这本身就是一种创新。

——美国佛州大学教授、美国总统领导下的教育科学基金评审小组三人评审员之一、国际著名智能测量专家　瓦格纳

尝试教育正在促进中国的教学改革

我相信邱先生的尝试学习理论对于中国的教育改革是非常重要的贡献。邱先生强调了学生建立自我学习和自我教育的需求，老师只有在学生努力自我学习和自我尝试的过程中遇到困难之后，才进行干预。

尝试学习的一个重要特点是它可以在很大的班级内进行，所以我认为邱先生的尝试学习方式更符合中国学校的实际情况。

——原澳大利亚南澳州教育厅课程开发中心主任　约翰·特纳

"我把心灵献给孩子"思想之典范

邱学华教授五十余年如一日，坚持奋斗在中小学教育实践第一线，即便在教育科学研究所工作也从不离开学校，他像苏霍姆林斯基那样，把"永远不离开学校"看作是自己的崇高职责！他也是那样脚踏实地，敬业有加，乐此不疲，呕心沥血，全身心地通过尝试教育这项研究，为广大中小学生的健康成长和全面发展贡献自我。正如苏霍姆林斯基所言："教学和教育的技巧和艺术就在于，要使每个儿童的力量和可能性都发挥出来。"邱学华教授的事迹，我们认为就是苏霍姆林斯基大力提倡的"我把心灵献给孩子"的思想

之典范！

——乌克兰国家教育科学院通讯院士、基辅市苏霍姆林斯基实验学校校长　瓦·尼·哈依鲁莲娜

培养儿童独立思考、解决问题能力的理想方法

培养每一个儿童具有能够自己决定应该做的事并能独立解决问题的能力和态度，这是教育的重要目标。

要培养这样的能力和态度，必须让儿童投身于诸如此类的行动中去。而教师则必须在他们参加这些行动的过程中给予指导，使他们能够比较自主地决定自己的行动，自主地解决问题。

从这一点看，尝试教学法先让儿童进行思考讨论，然后给予指导，它不失为一种理想的方法。

——日本新算数研究会副会长　片桐重男

尝试教学理论是杜郎口自主学习模式的重要理论基础之一

邱先生一生为尝试而来，情系教育，不辞辛苦；笔耕不辍，著述等身，自成中国著名教学流派，深深影响了中国的教育，推动了中国教育的发展，是教育的"光明使者"，当之无愧的教育家。

我先学习了尝试教学理论，然后有幸结识了邱先生，他欣然同意我们的邀请，担任杜郎口中学教学总顾问。我们把尝试教学理论作为我校"三三六"自主学习模式的重要理论基础之一，也因此使杜郎口中学的课堂发生了彻底变化，焕发出勃勃生机。

——山东省茌平县杜郎口中学校长　崔其升

尝试教学理论使洋思教学模式更加科学，更为领先

洋思中学从小到大，由弱而强，由经验型学校向理论型学校转变，无不浸透着邱老先生的关注、关心、关怀。他多少次为我校总结教学经验……洋思的每一点进步，每一次发展无不凝聚着他的心血。

他将尝试教学法与洋思的"先学后教，当堂训练"教学模式有机融合，使洋思教学模式更加科学，更为领先。

——江苏省泰兴市洋思中学校长　秦培元

尝试教学法在泸溪县三十年

泸溪县地处湖南省西部，是一个国扶和移民库区贫困县，由于历史和地理的原因，经济欠发达，文化落后。在这种背景下，如何提高我县的教育教学质量，已成为全县教育工作者共同的新课题。为此，我们积极谋求一种适合我县县情的好方法和好途径。1983 年，我们终于寻到了尝试教学法。30 年来，由于领导重视，教师青睐，学生喜欢，尝试教学法在我县得到了全面推广，经久不衰，教育教学质量稳步提升，经济虽然落后，但基础教育质量名列湘西自治州前茅。

——湖南省泸溪县教育局

他真不愧是教育战线的"活雷锋"

桑植县地处湘西边缘，是贺龙元帅的家乡，也是一个少数民族聚居的经济文化落后的山区。近年来，我们引进邱学华同志提出的"尝试教学法"，并取得了可喜的成绩。为了大面积推广"尝试教学法"，我们举办了讲习班，邱学华同志牺牲了休息时间，顶着烈日，冒着酷暑，长途跋涉，为我县教师义务讲学，上示范课。

邱学华同志在我县期间的一言一行、一举一动，不仅显示了他的博学

多才，更重要的是充分体现了他那极其崇高的共产主义情操，用他自己的话来说就是"这次来讲课，一不要讲课金，二不要礼品，三不要宴请，一切从简，为少数民族地区的教育事业尽一份力！"简单而朴实的语言，蕴含着何等崇高的品德！他真不愧是教育战线上的"活雷锋"。

——湖南省桑植县教育局

尝试教育理论引入德育工作中

针对学校德育工作普遍存在的"重说教，轻实践"的问题，我们将尝试教育理论引入德育工作中，把加强和推进教育工作的重点放在"创新德育形式，强化尝试养成"上，更加关注学生的道德、意志、行为，强调学生的行动，让学生大胆尝试，采取"先行后知""先做后导"的策略，在尝试中去实践，去体验，凸显学校德育的主体性和实践性。

——黑龙江省鸡西市教育局

我们推行尝试教学法的充足理由

推进课程改革尤其是课堂教学改革，必须有先进的教育理论作指导，为了寻找适合我区教育改革发展的理论支撑，我们历时数年，行走大江南北，参加过无数次课改培训。最后，经过分析对比，我们选择尝试教学法。其理由是：一、基于邱学华老师的魅力感染；二、基于尝试教法的学术感召；三、基于先进学校和地区的经验启迪；四、基于均衡发展的现实需要。

——四川省宜宾市翠屏区教育局

建立全市性的尝试教学实验网络

我市委以 [1995]22 号文件，下达到各县区，要求在全市范围内推广尝试教学法。到目前为止，全市参与尝试教学实验的学校达 100 余所，实验班 250 多个。通过贯彻实施"以数学学科为试点，向其他学科渗透；以小学为试点，向中学渗透；以普教为试点，向职教特教渗透；以城区为试点，向县镇渗透"的推广战略，现已初步形成一个多层次、多学科和普教、职教、特教统筹发展的尝试教学实验网络。

——湖北省十堰市教育委员会

邱学华尝试教育著作目录

[1]《小学数学尝试教学法》(主编),福建教育出版社,1986年1月。

[2]《尝试教学法》(编著),福建教育出版社,1989年。

[3]《尝试教学法新进展》(主编),气象出版社,1992年3月。

[4]《新编小学数学备课指导》(一套6本)(主编),气象出版社,1993年5月。

[5]《小学数学尝试教学法课例》(主编),接力出版社,1993年10月。

[6]《尝试教学理论研究》(主编),接力出版社,1994年7月。

[7]《尝试教学法(修订本)》(著),福建教育出版社,1995年5月。

[8]《尝试·成功·发展》(主编),湖北人民出版社,1996年10月。

[9]《尝试教学新论》(著),辽宁人民出版社,1998年1月。

[10]《尝试开拓创新》(主编),海南出版社,1998年8月。

[11]《幼儿尝试教育活动设计》(主编),教育科学出版社,1999年。

[12]《小学数学尝试教学设计》(主编),教育科学出版社,1999年。

[13]《小学数学尝试学习准备与测定》(主编),海南出版社,1999年1月。

[14]《邱学华尝试教学课堂艺术》(著),教育科学出版社,2000年4月。

[15]《尝试创新研究》(主编),海南出版社,2000年7月。

[16]《小学语文尝试教学设计》(主编),教育科学出版社,1999年。

[17]《尝试教学全书》(主编),北方工业大学出版社,2000年3月。

[18]《尝试教学研究报告集》(主编),海南出版社,2001年8月。

[19]《尝试教学与学法培养》(主编),海南出版社,2001年10月。

[20]《邱学华与尝试教学法》(与苏春景合作编著),中国青年出版社,

2002 年。

[21]《尝试学习研究》（主编），海南出版社，2002 年 8 月。

[22]《尝试成功的学习》（主编），教育科学出版社，2002 年 5 月。

[23]《中学尝试教学设计》（主编），教育科学出版社，2002 年 9 月。

[24]《尝试教学与素质教育》（主编），海南出版社，2002 年 5 月。

[25]《邱学华与尝试教育》（与苏春景合作），国际文化出版公司，2003年 8 月。

[26]《尝试教学论》（著），教育科学出版社，2005 年 9 月。

[27]《蔡林森与洋思经验》（与蔡林森合作），国际文化出版公司，2005年 12 月。

[28]"教育家成长"丛书《邱学华与尝试教育人生》（著），北京师范大学出版社，2006 年 1 月。

[29]"尝试教学理论研究"丛书《职业学校尝试教育设计》（主编），教育科学出版社，2009 年 7 月。

[30]"中国当代著名教学流派"丛书《崔其升与杜郎口经验》（与崔其升等合作），首都师范大学出版社，2010 年 3 月。

[31]《尝试教学策略》（与张良朋合作），北京师范大学出版社，2010年 8 月。

[32]《尝试教育研究》（主编），北京师范大学出版社，2012 年 10 月。

[33]《基于尝试教育理论德育工作》（主编），天津教育出版社，2014年 4 月。

[34]《基于尝试教育理论之中学政治课堂》（主编），天津教育出版社，2014 年 4 月。

[35]《邱学华与尝试教育人生（修订本）》（著），北京师范大学出版社，2015 年 10 月。

[36]《怎样用尝试教学法上课》（与张良朋合作），江西人民出版社，2016 年 1 月。